2021 Fuzhou Statistical Yearbook

福州统计年鉴

福州市统计局
国家统计局福州调查队 编

中国统计出版社
China Statistics Press

图书在版编目（C I P）数据

福州统计年鉴. 2021 = Fuzhou Statistical Yearbook 2021 / 福州市统计局，国家统计局福州调查队编. -- 北京 : 中国统计出版社，2021.9
ISBN 978-7-5037-9579-4

Ⅰ. ①福… Ⅱ. ①福… ②国… Ⅲ. ①统计资料－福州－2021－年鉴 Ⅳ. ①C832.571-54

中国版本图书馆 CIP 数据核字(2021)第 156642 号

福州统计年鉴－2021

作　　者/ 福州市统计局　国家统计局福州调查队
责任编辑/ 钟钰
装帧设计/ 游闽洪
出版发行/ 中国统计出版社有限公司
地　　址/ 北京市丰台区西三环南路甲 6 号
邮政编码/ 100073
电　　话/ 邮购（010）63376909　书店（010）68783171
网　　址/ http://www.zgtjcbs.com
印　　刷/ 福州统济印务有限公司
经　　销/ 新华书店
开　　本/ 890mm×1240mm　1/16
字　　数/ 1210 千字
印　　张/ 23.5　彩页 1
版　　别/ 2021 年 9 月第 1 版
版　　次/ 2021 年 9 月第 1 次印刷
定　　价/ 300.00 元

本书附同版本 CD-ROM 一张，光盘内容以书面文字为准。
如有印装差错，由本社发行部调换。

《福州统计年鉴—2021》
编委会和编辑人员

编委会

主　　任：彭锦华　黄秀坤

副 主 任：林世荣　朱　政　彭应根　曹寿全　陈　杰
黄壮志　金昌勇　翁玉彬　黄大豪　柯宇丰
李亚东　黄爱芝　崔建明　吴文芳　王周健
王　勇

编　　委：(以姓氏笔画为序)
王　勇　王丹青　王珠琴　叶　平　刘秀国
刘绍月　刘奕伶　吴　敏　吴　鹏　吴岩生
吴辉康　沈晓晴　陈　晖　陈　群　陈云青
林巧丽　林荣煌　卓则兴　郑秀梅　柯文婷
洪　玮　龚元婷　梁德新　缪晓晖

编　　审：黄壮志

编辑部

总 编 辑：吴辉康

编辑人员：吴辉康　张丽均　林鸿胤　陈　孜　谢　屏
董　莉

编 者 说 明

一、《福州统计年鉴—2021》是一部全面反映福州市国民经济和社会发展情况的资料性年刊。全书收录了2020年福州市及所辖各县（市）区、各部门经济和社会发展等方面的统计数据，以及历史重要年份福州市国民经济主要指标的统计数据。

二、全书内容分为17个篇目：(一）综合；(二）国民经济核算；(三）人口；(四）就业与职工工资；(五）农林牧渔业；(六）工业与交通；(七）房地产开发投资；(八）建筑业；(九）批发零售、住宿餐饮与旅游业；(十）对外经济；(十一）价格指数；(十二）财政金融；(十三）人民生活；(十四）科技、教育与文化；(十五）卫生、体育与其他；(十六）城市比较；(十七）附录。在城市比较部分，收集了福建省各设区市、全国省会城市及副省级城市主要经济指标对比资料，各篇末均附有《主要统计指标解释》。

三、本年鉴重要统计数据的资料来源、计算口径等均在各篇另有注明。

四、本年鉴使用的度量衡单位均采用国家统一标准计量单位。

五、本年鉴表中的符号使用如下：

“空格”表示该项指标无数据、未掌握该指标数据或不足小数位的数据；“#”表示其中项。

六、本年鉴“规模以上”工业企业系指年主营业务收入2000万及以上的工业企业；“限额以上”批发零售和住宿餐饮业分别指年主营业务收入2000万元及以上的批发企业、年主营业务收入500万元及以上的零售企业和主营业务收入200万元及以上的住宿餐饮企业。

七、本年鉴中地区生产总值、农林牧渔业总产值、工业总产值等总量指标按当年价格计算，增长速度和产值指数按可比价格计算。

八、本年鉴根据年报制度的变化对某些篇章的统计指标进行了规范和调整。

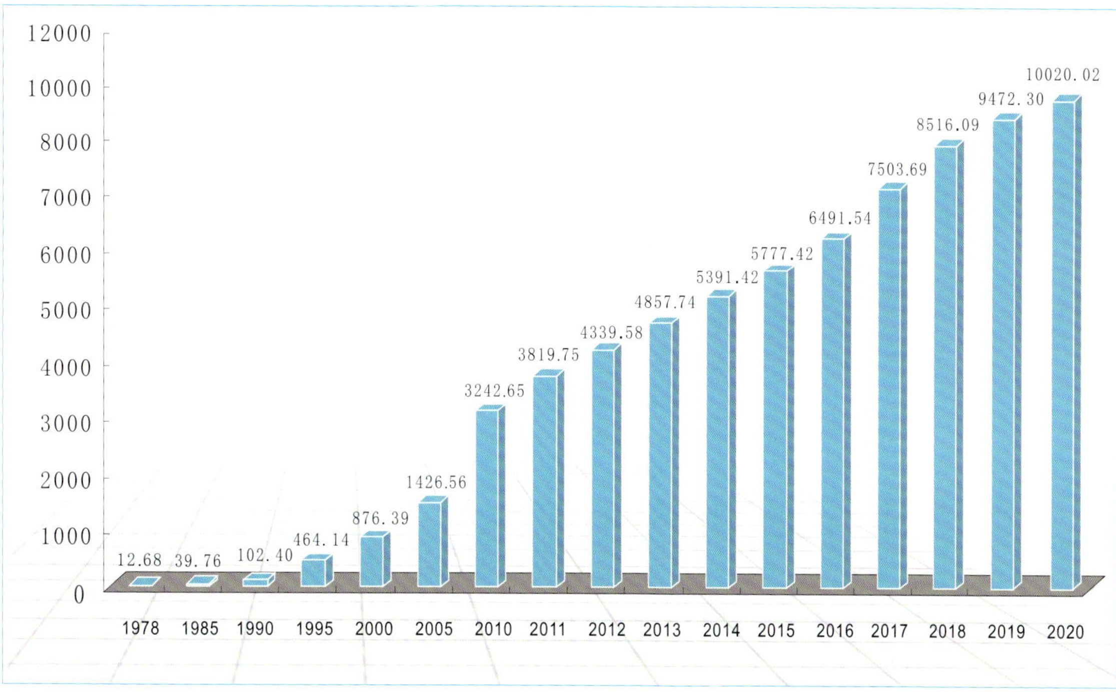

生产总值（亿元）

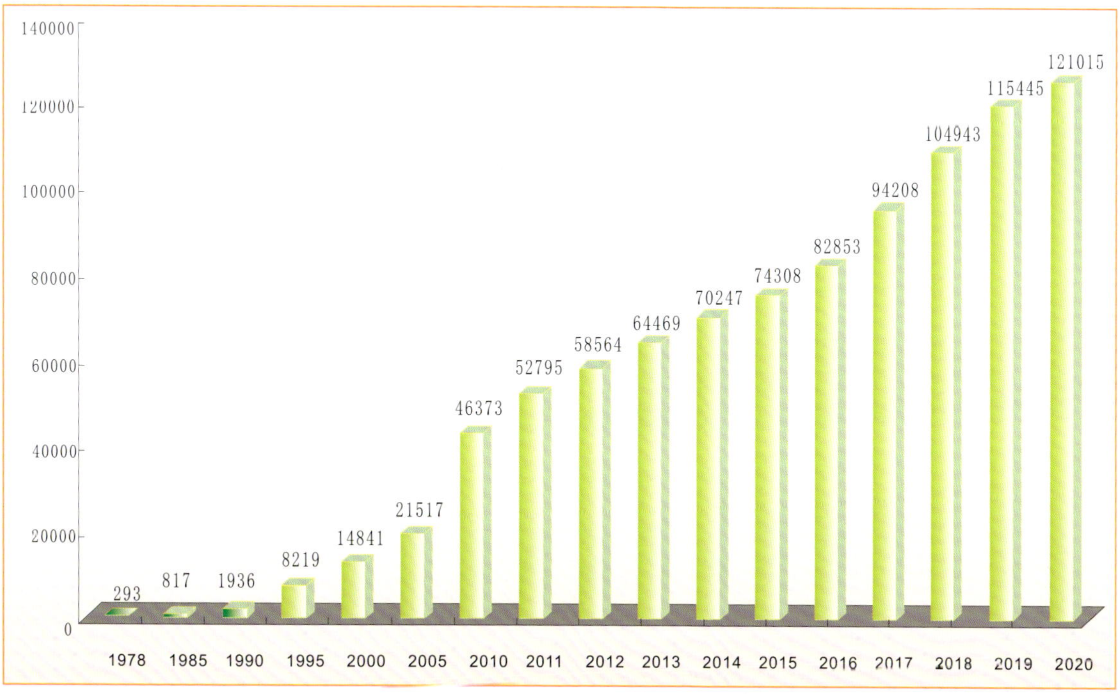

人均生产总值（元）

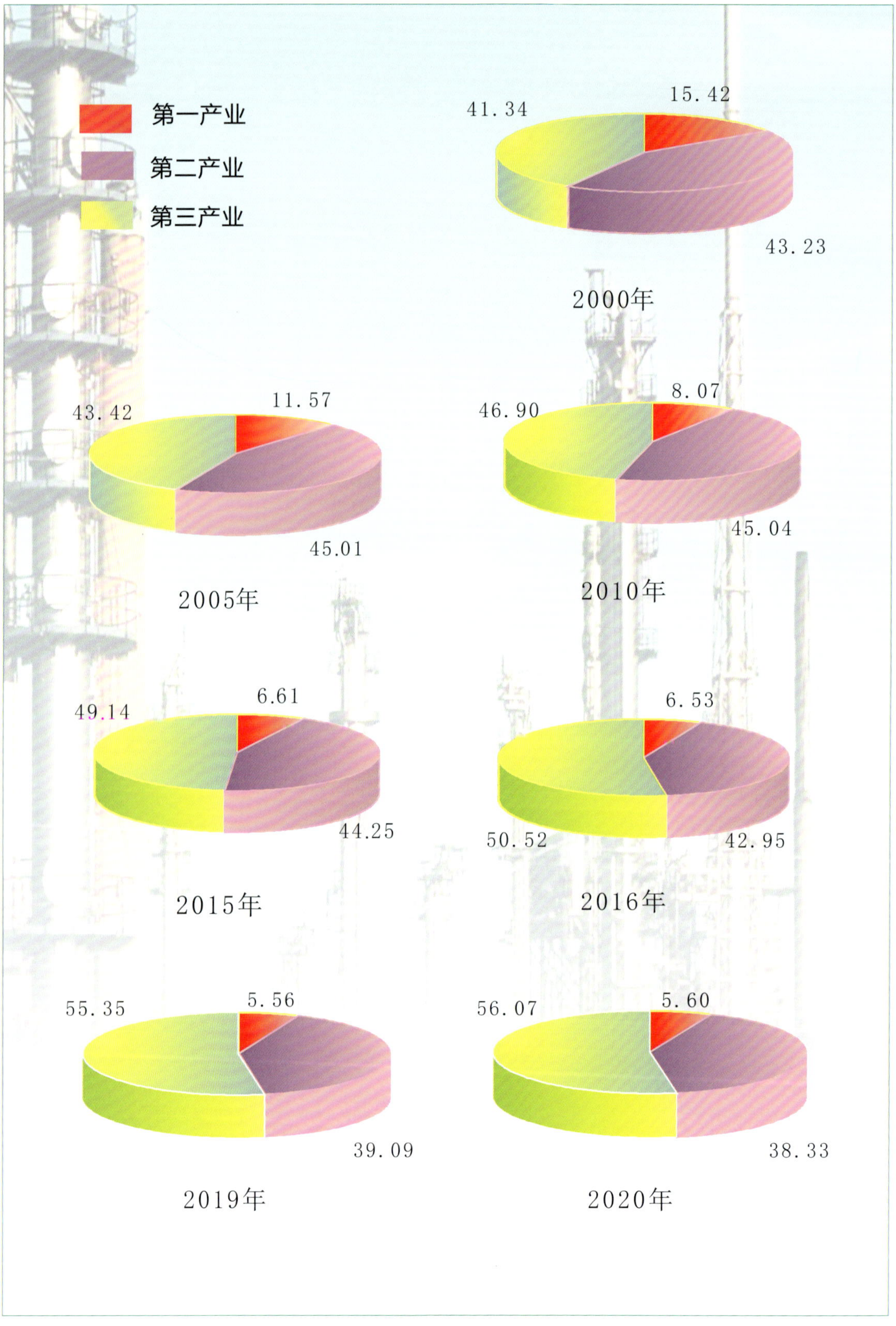
第一产业
第二产业
第三产业
41.34
15.42
43.23
2000年
43.42
11.57
45.01
2005年
46.90
8.07
45.04
2010年
49.14
6.61
44.25
2015年
6.53
50.52
42.95
2016年
55.35
5.56
39.09
2019年
56.07
5.60
38.33
2020年

三次产业比例（%）

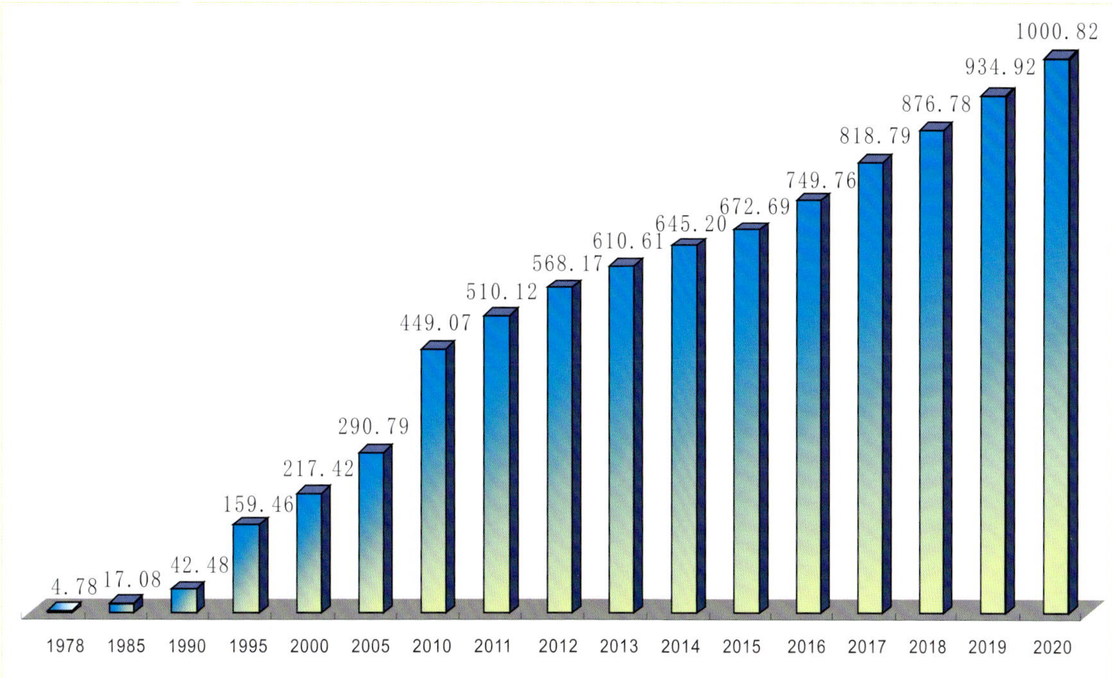

农林牧渔业总产值（亿元）

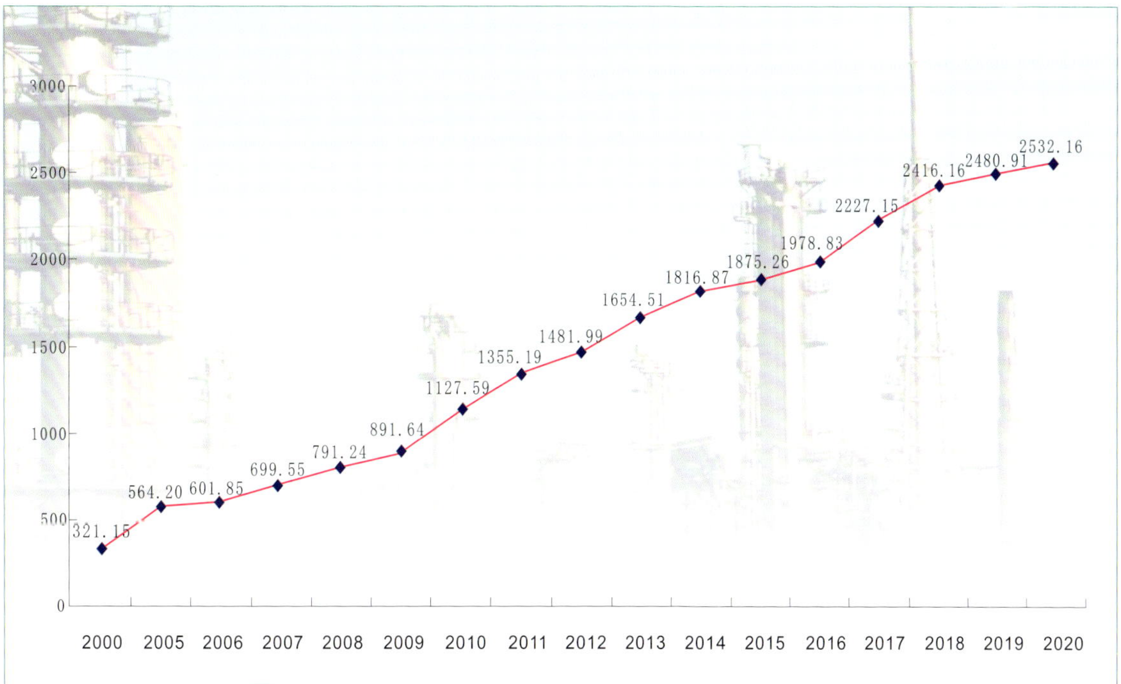

工业增加值（亿元）

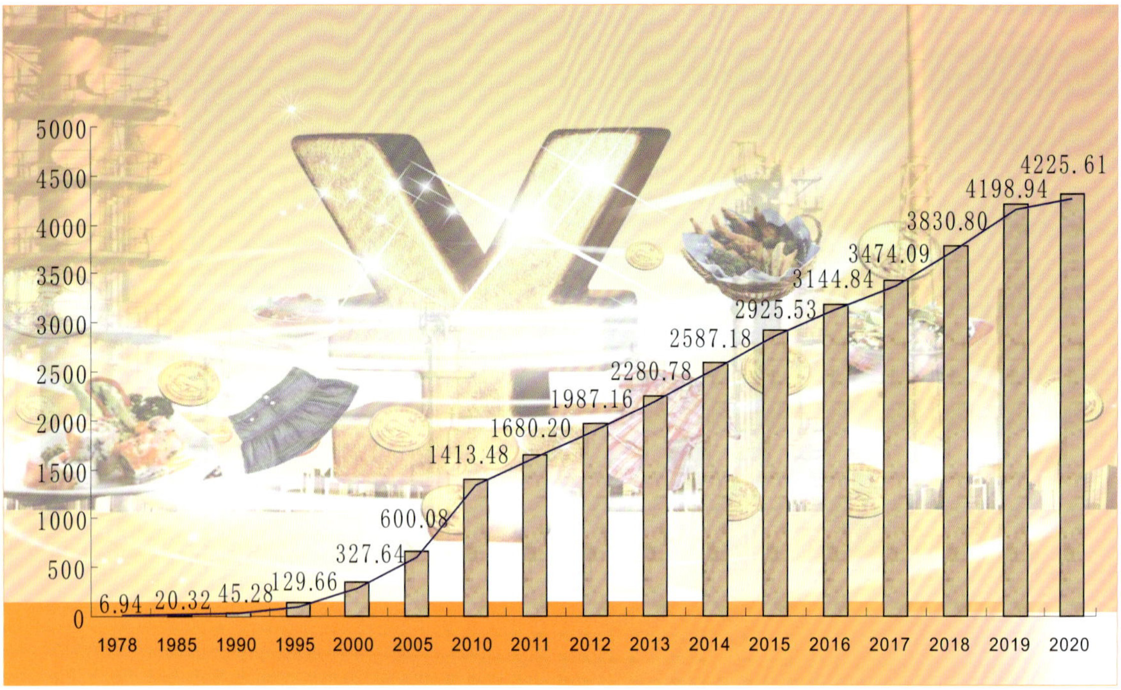

社会消费品零售总额（亿元）

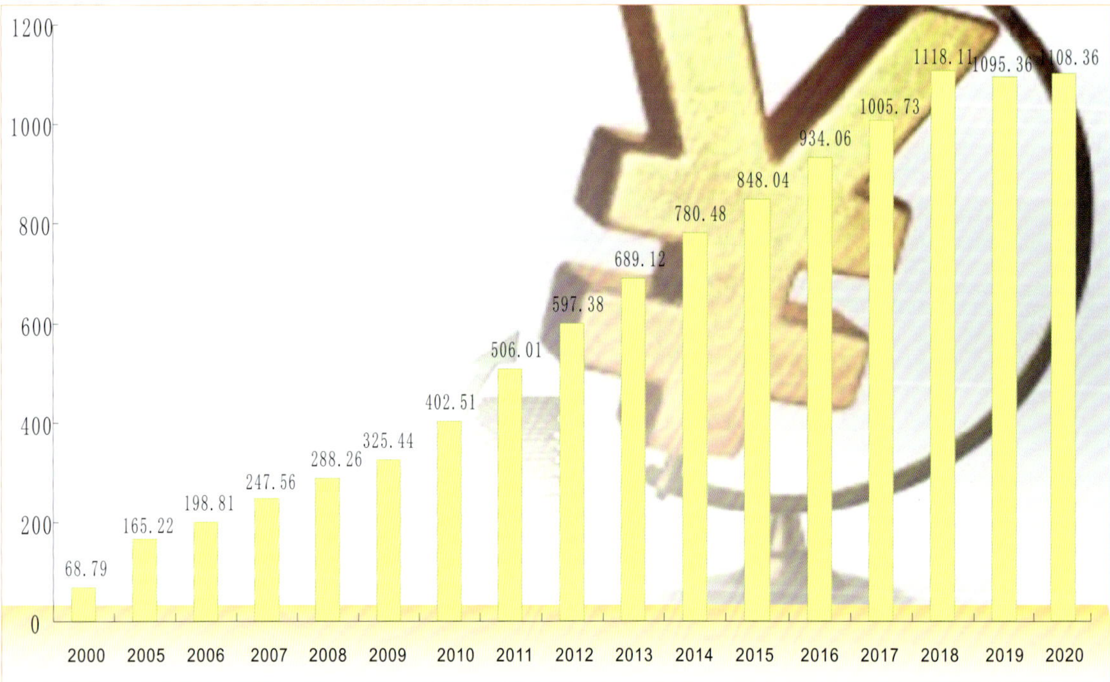

一般公共预算总收入（亿元）

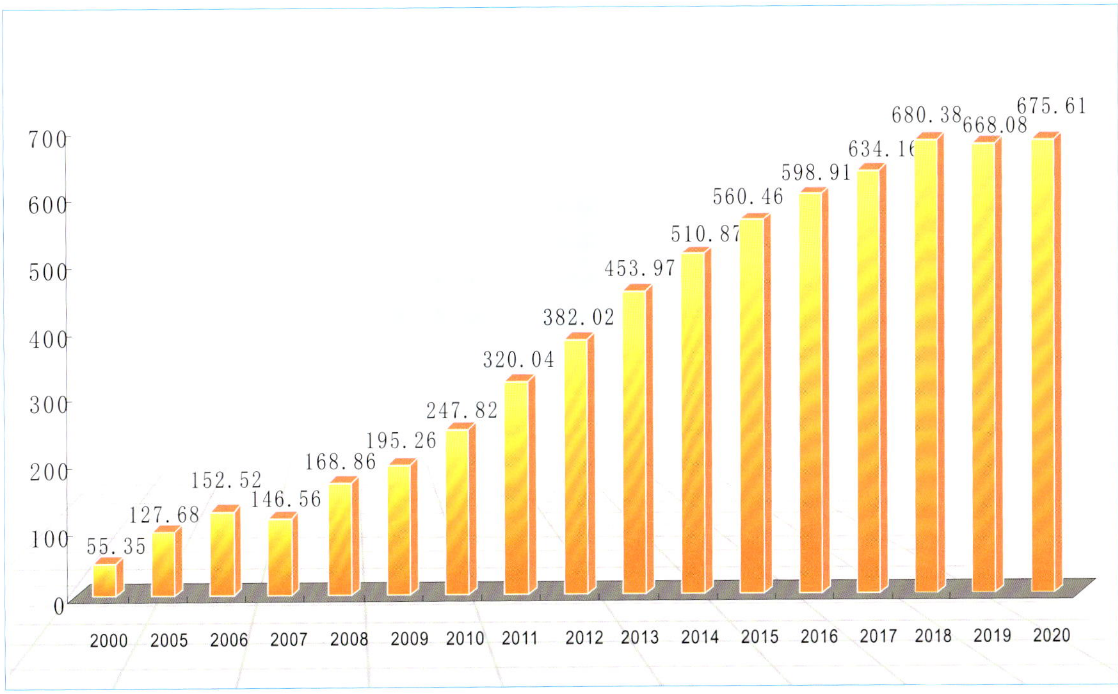

一般公共预算收入（亿元）

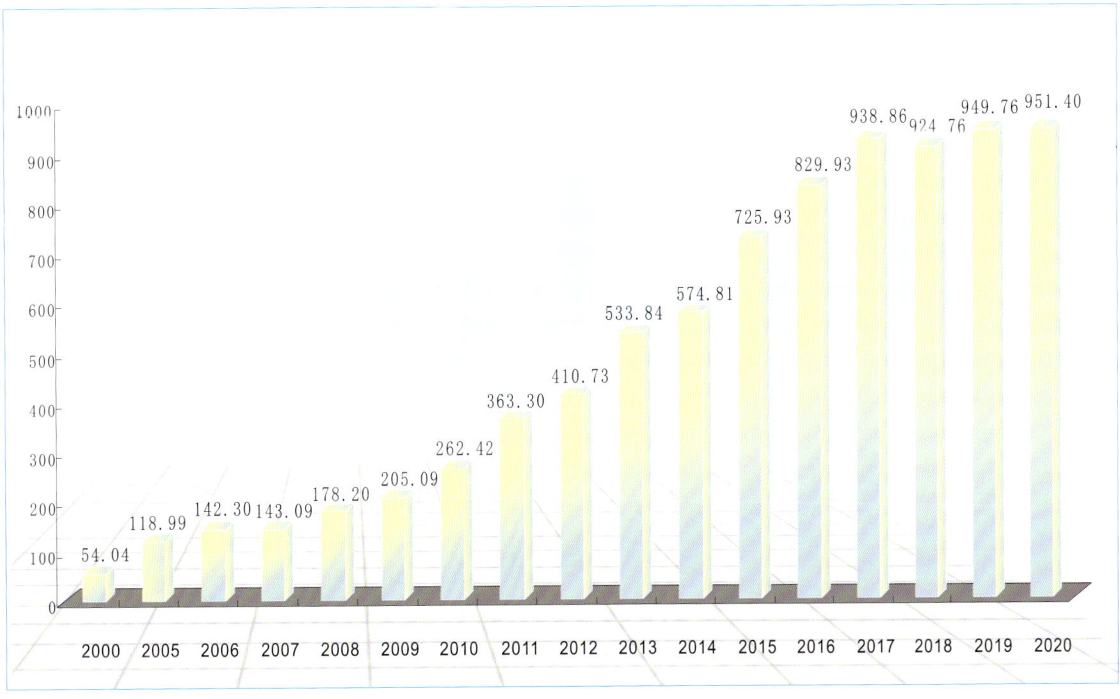

一般公共预算支出（亿元）

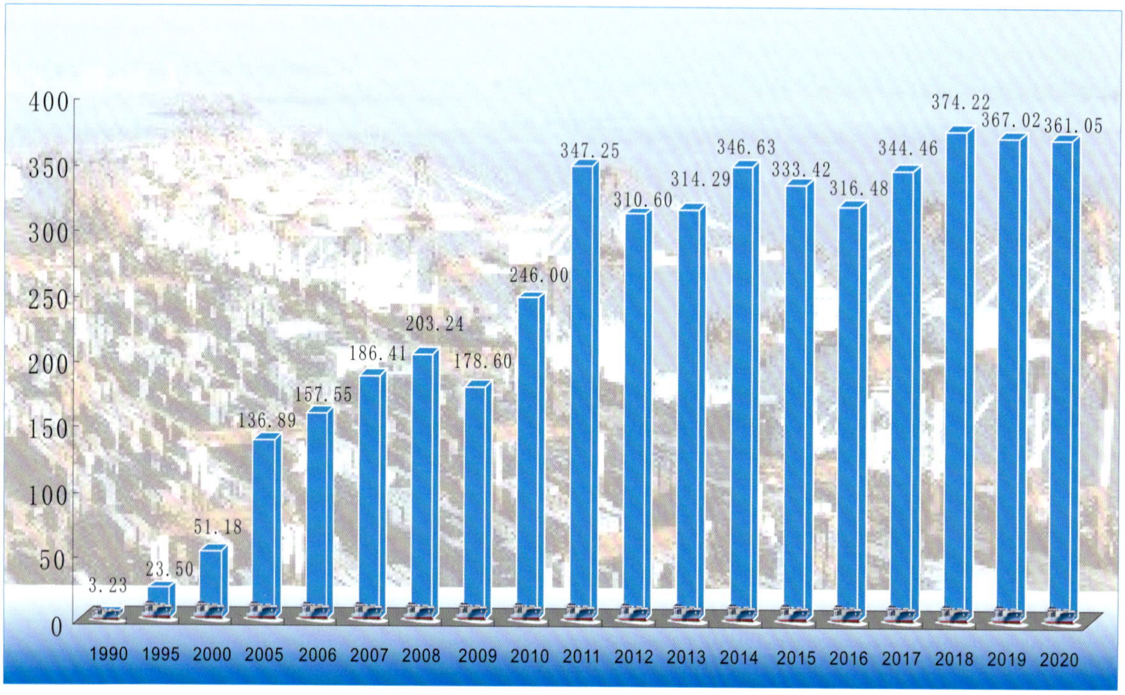

进出口总值（亿美元）

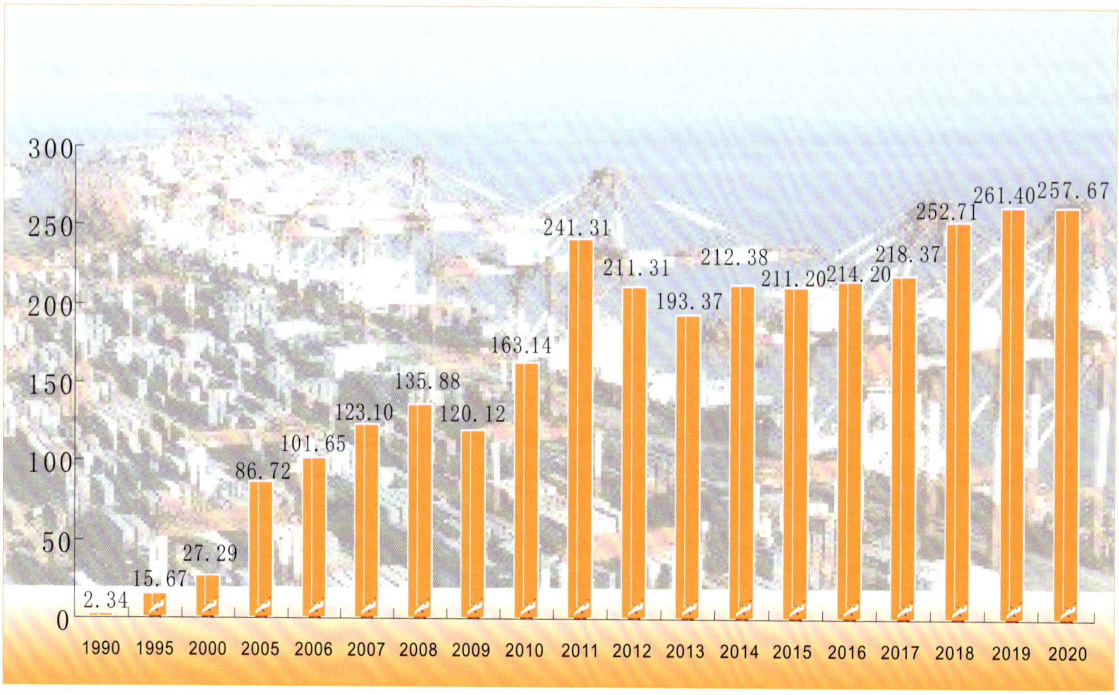

出口总值（亿美元）

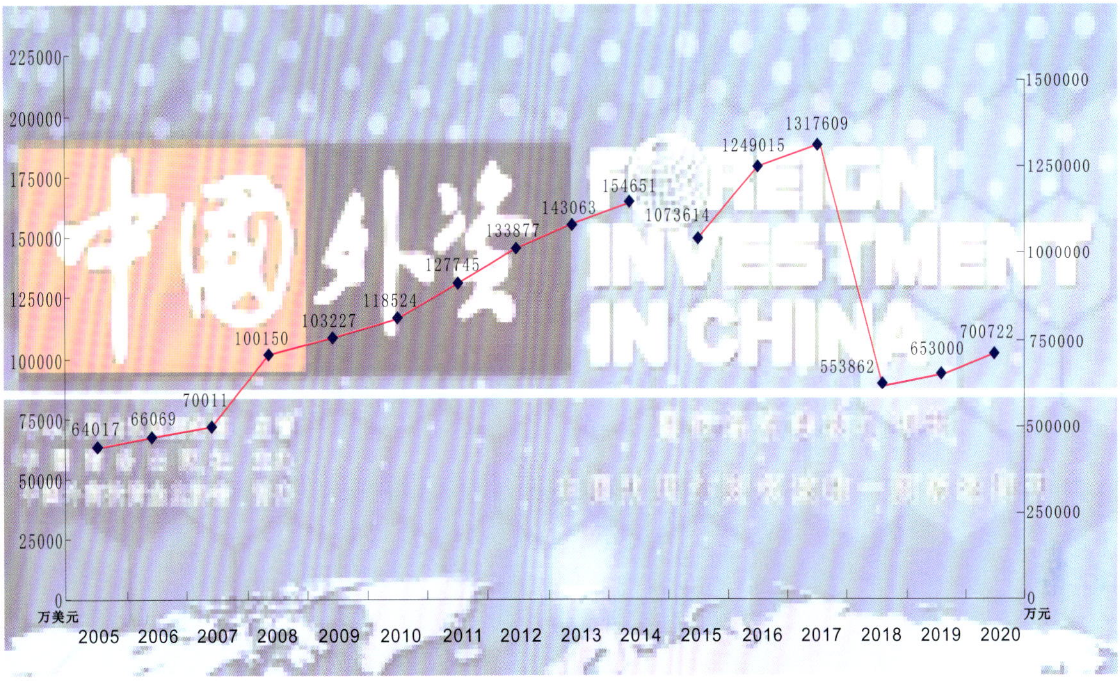

实际利用外资（验资口径，万美元、万元）

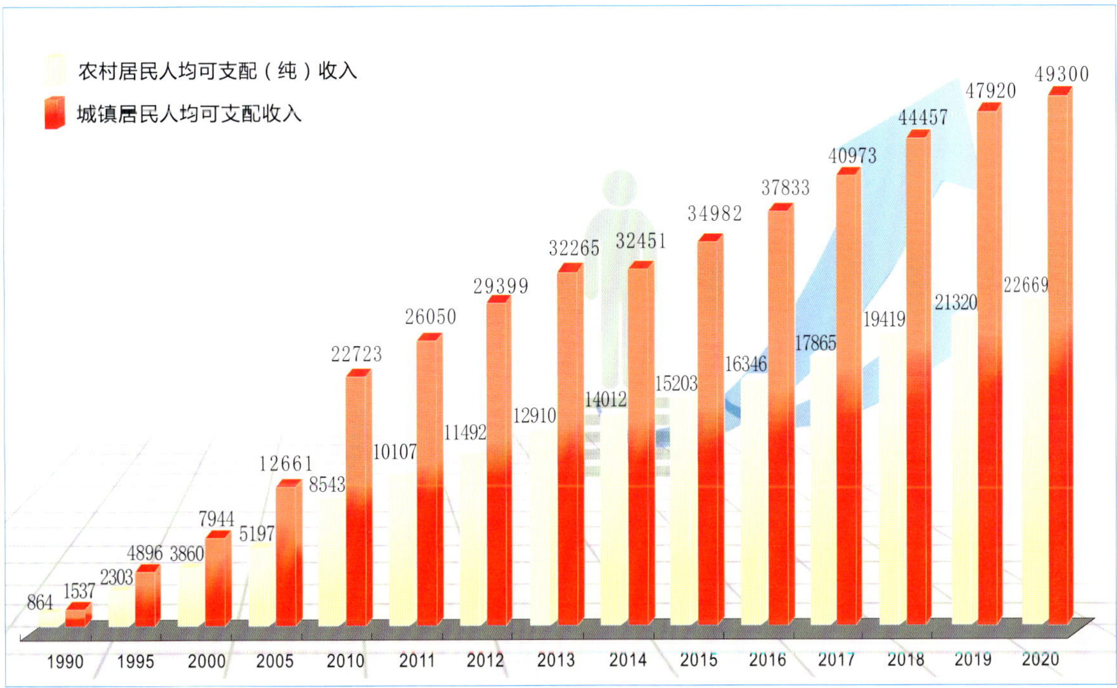

城乡居民收入（元）

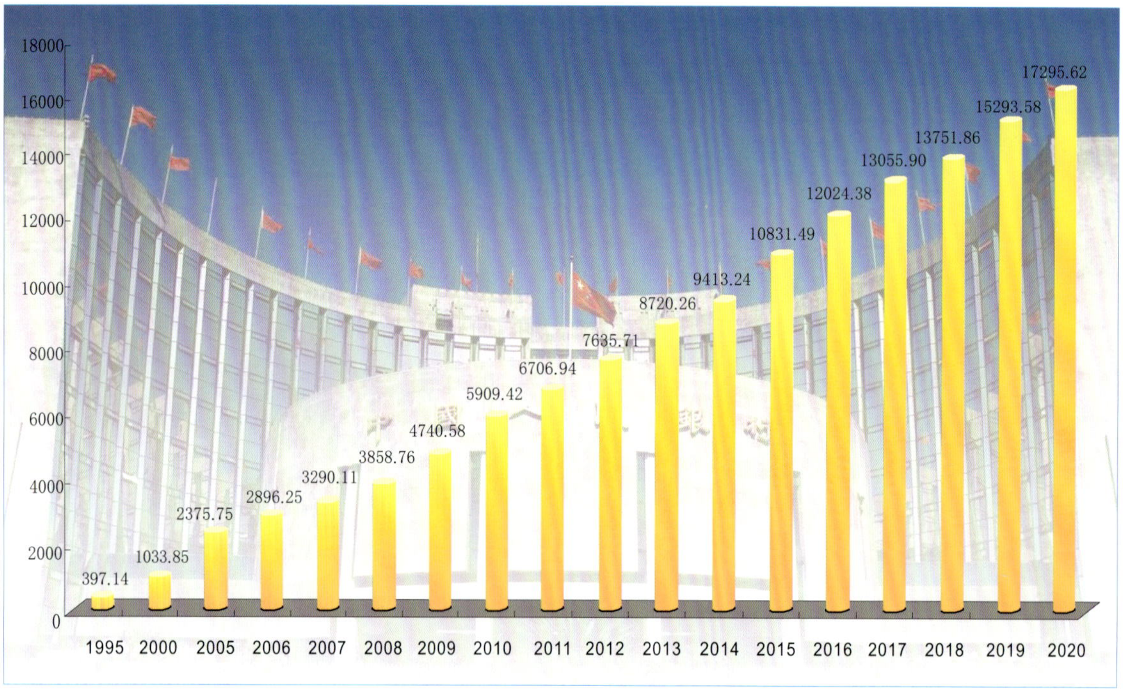

金融机构人民币存款余额（亿元）

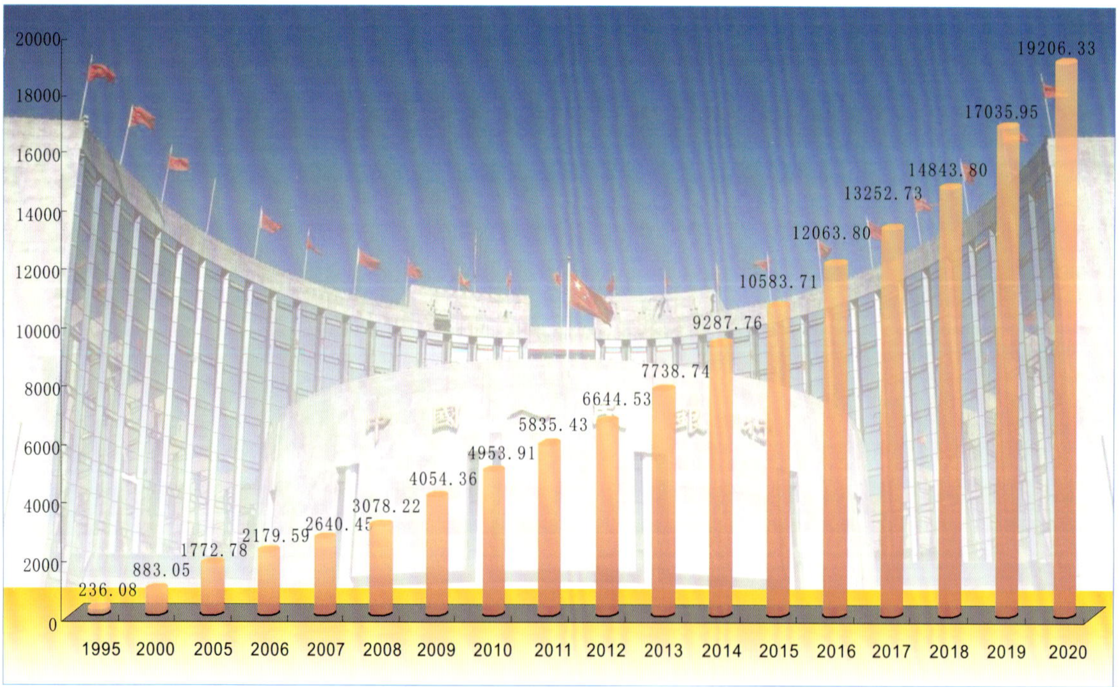

金融机构人民币贷款余额（亿元）

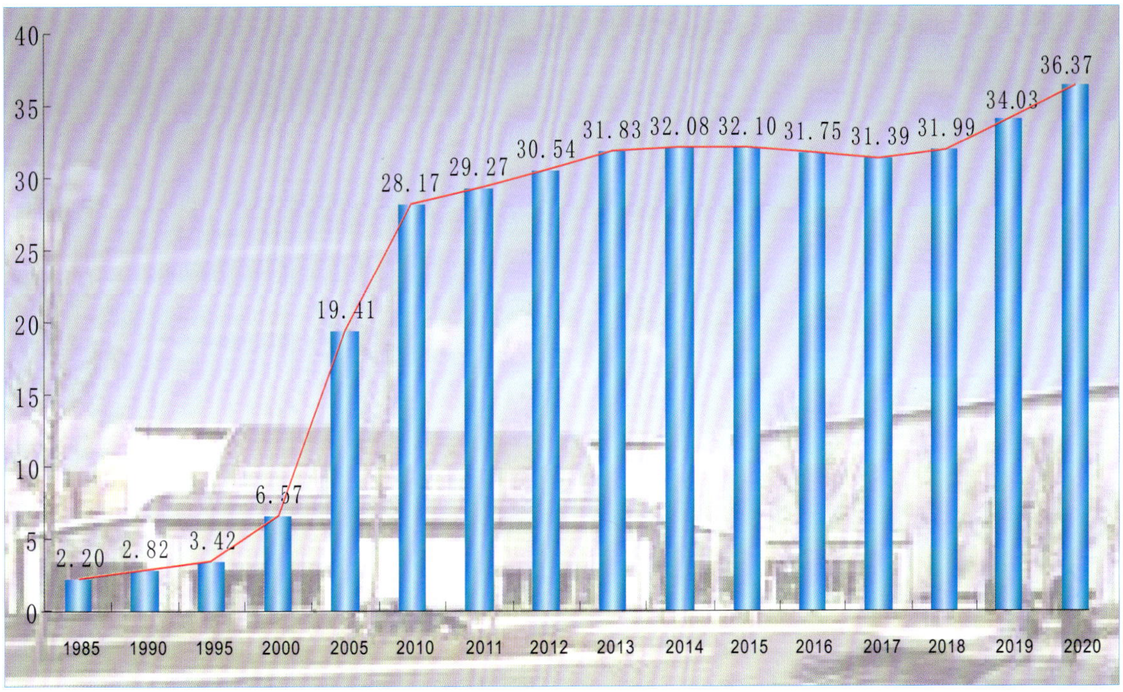

普通高校在校学生（万人）

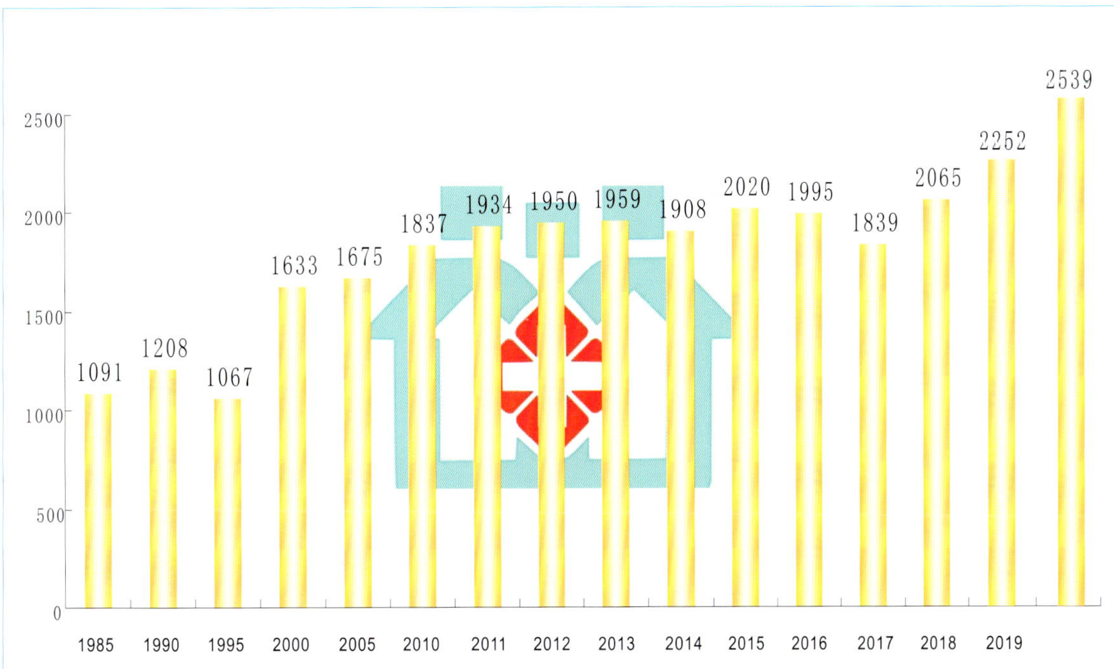

卫生医疗机构（个）

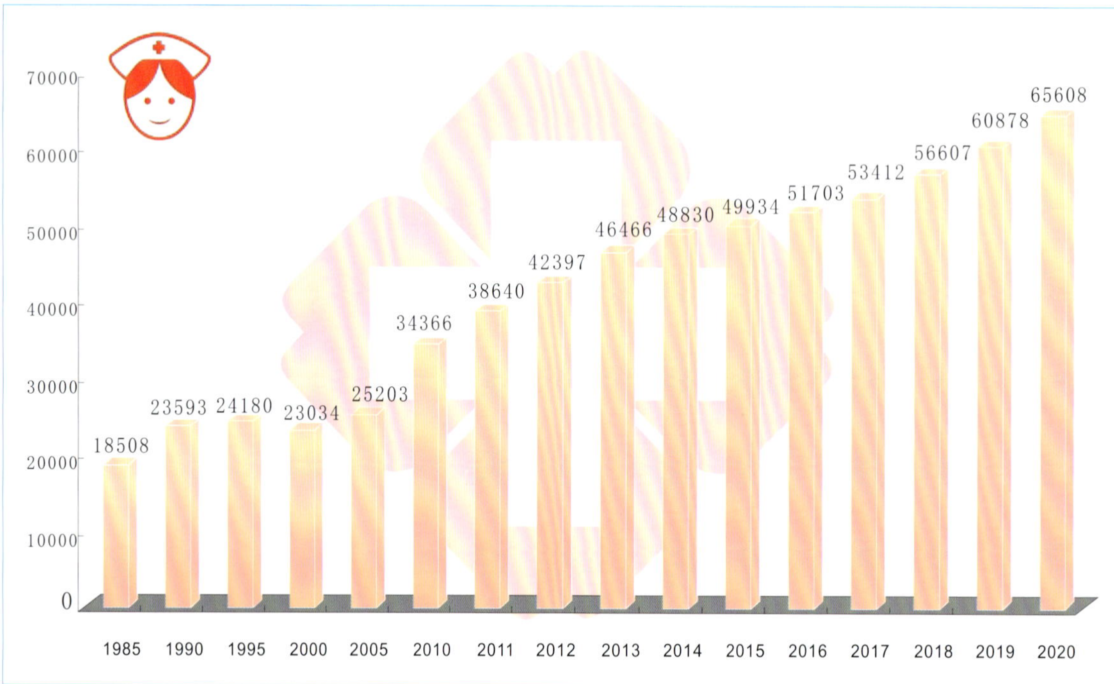

卫生技术人员（人）

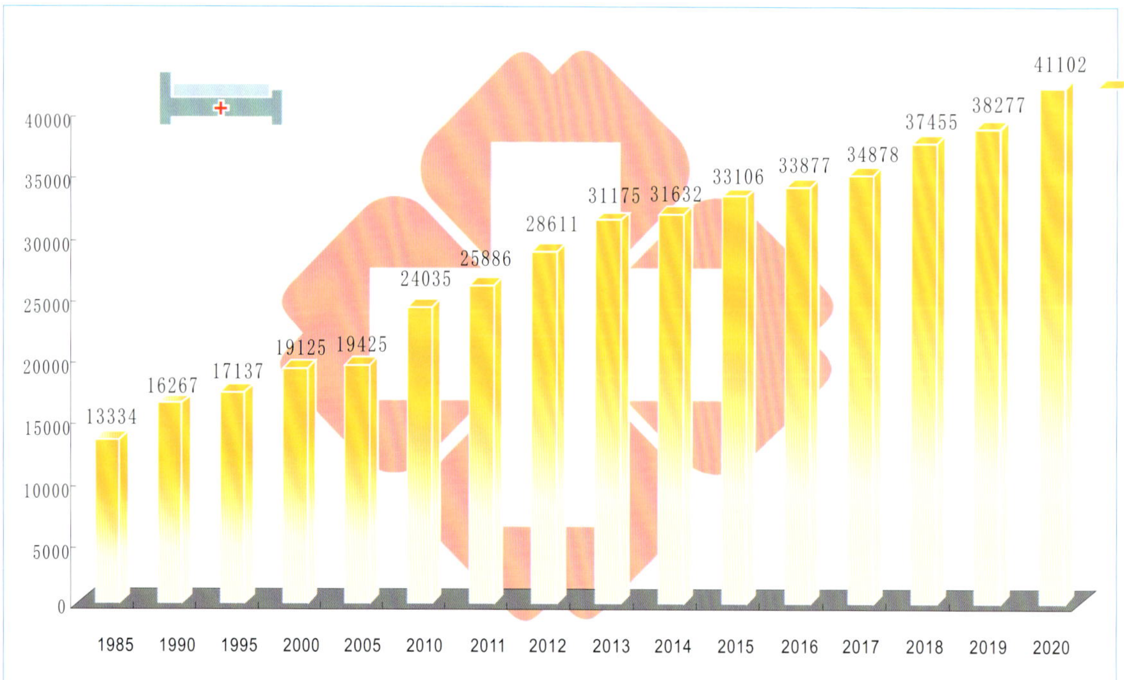

卫生机构医疗床位（张）

目　　录

综　　合

国民经济核算

人　　口

就业与职工工资

农林牧渔业

工业与交通

房地产开发投资

建 筑 业

批发零售、住宿餐饮与旅游业

对外经济

价格指数

财政金融

人民生活

科技、教育与文化

卫生、体育与其他

城市比较

附　　录

1 综　合

1-1 行政区划

（2020年末）　单位:个

县(市)区	街道、乡(镇)数				村(居)委会数		
	合　计	街　道	镇	乡	合　计	社区居委会	村委会
总　计	189	43	102	44	2918	529	2389
市　区	64	35	25	4	831	327	504
鼓楼区	10	9	1		69	69	
台江区	10	10			52	52	
仓山区	13	8	5		181	79	102
晋安区	9	3	4	2	194	80	114
马尾区	4	1	3		78	16	62
长乐区	18	4	12	2	257	31	226
七县(市)	125	8	77	40	2087	202	1885
福清市	24	7	17		496	58	438
闽侯县	15	1	8	6	328	31	297
连江县	23		19	4	280	37	243
罗源县	11		6	5	202	13	189
闽清县	16		11	5	292	21	271
永泰县	21		9	12	272	17	255
平潭县	15		7	8	217	25	192

注:2017年起市区含长乐,下同。

1-2 国民经济和社会发展总量和速度指标

项目	单位	总量指标						
		1990年	1995年	2000年	2005年	2010年	2015年	2018年
人口与就业								
年末户籍总人口	万人	535.30	562.27	589.23	614.84	645.90	678.37	702.66
#市区人口	万人	129.24	137.52	148.49	176.11	188.59	199.96	284.59
社会从业人员	万人	245.83	280.45	293.62	330.00	389.24	511.77	625.38
#城镇单位职工人数	万人	75.79	82.40	68.42	80.95	105.48	156.28	174.23
城镇私营个体从业人员	万人	6.19	9.67	21.30	37.19	65.35	122.83	218.00
国民经济核算								
地区生产总值	亿元	102.40	464.14	876.39	1426.56	3242.65	5777.42	8516.09
第一产业	亿元	29.41	98.52	135.18	165.03	261.60	381.80	494.93
第二产业	亿元	41.21	167.19	378.89	642.13	1460.35	2556.68	3498.50
第三产业	亿元	31.78	198.44	362.32	619.41	1520.70	2838.93	4522.66
工业	亿元	34.50	130.01	321.15	543.74	1184.72	1876.89	2412.70
建筑业	亿元	6.71	37.18	57.74	101.25	281.96	689.36	1103.42
工农业								
农林牧渔业总产值	亿元	42.48	159.46	217.42	290.79	480.01	764.88	876.78
规模以上工业总产值	亿元			750.11	1860.18	4544.17	7845.00	
固定资产投资								
固定资产投资	亿元		174.75	237.53	603.26	2317.44	4893.91	
#房地产开发投资	亿元		55.00	75.85	222.03	670.69	1381.12	1440.32
贸易与价格								
社会消费品零售总额	亿元	45.28	179.58	327.64	600.08	1413.48	2925.53	3830.80
居民消费价格指数(以上年为100)	%	100.1	118.2	101.7	102.6	103.2	101.7	
对外经济								
进出口总额	亿美元	3.23	23.50	51.18	136.89	246.00	333.42	373.04
出口总额	亿美元	2.34	15.67	27.29	86.72	163.14	211.20	251.89
进口总额	亿美元	0.89	7.82	23.89	50.17	82.86	122.23	121.15
新批外资项目	项	233	678	295	326	186	339	524
合同外资金额	亿美元	2.74	32.27	9.55	11.66	16.73	31.75	40.01
实际利用外资(历史可比口径)	亿美元	1.02	11.25	8.01	16.00	24.82		
(验资口径)	亿元						107.36	55.39

注:1.2017年起固定资产为不含农户数据,下同。
2.2016年、2017年农林牧渔业产值等数据,以第三次全国农业普查数据为基础进行了核定和修订,下同。

		平均增长速度(%)					
2019 年	2020 年	1991-2020 年	1996-2020 年	2001-2020 年	2006-2020 年	2011-2020 年	2016-2020 年
710.09	715.41	0.97	0.97	0.97	1.02	1.03	1.07
289.66	293.56	2.77	3.08	3.47	3.47	4.52	7.98
602.95							
176.19	155.96	2.43	2.58	4.21	4.47	3.99	-0.04
193.76							
9472.30	10020.02	13.62	11.72	10.93	10.84	9.34	7.73
526.68	560.70	4.70	3.78	2.67	2.62	2.85	3.60
3702.61	3840.77	15.05	12.95	11.42	10.92	9.38	6.37
5243.01	5618.55	14.79	12.01	12.06	12.08	10.11	9.45
2480.91	2532.16	15.13	12.92	11.04	10.34	8.73	5.55
1241.22	1328.23	13.59	11.87	12.66	12.96	11.34	8.53
934.92	1000.82	6.12	4.86	4.08	4.34	4.07	3.70
			16.43	19.10	18.64	12.95	9.86
1812.77	2070.23		15.62	17.98	16.05	11.93	8.43
4198.94	4225.61	16.32	13.47	13.64	13.90	11.57	7.63
367.56	361.05	17.03	11.55	10.26	6.68	3.91	1.60
262.79	257.67	16.97	11.85	11.88	7.53	4.68	4.06
104.78	103.37	17.17	10.88	7.60	4.94	2.24	-3.30
310	297	0.81	-3.25	0.03	-0.62	4.79	-2.61
39.40	26.90	7.92	-0.73	5.32	5.73	4.86	-3.26
65.30	70.07						-8.18

1-2 续表

项目	单位	总量指标						
		1990年	1995年	2000年	2005年	2010年	2015年	2018年
财政金融								
一般公共预算总收入	亿元		37.84	68.79	165.22	402.51	848.04	1118.11
一般公共预算收入	亿元	10.94	25.82	55.35	127.68	247.82	560.46	680.38
一般公共预算支出	亿元	8.28	27.45	54.04	118.99	262.42	725.93	924.76
金融机构存款年末余额	亿元	85.41	397.14	1033.85	2375.75	5909.42	10831.49	13751.86
金融机构贷款年末余额	亿元	67.72	236.08	883.05	1772.78	4953.91	10583.71	14843.80
人民生活								
城镇非私营单位在岗职工平均工资	元	2128	5827	11199	18314	34806	62478	83175
城镇居民人均可支配收入	元	1537	4896	7944	12661	22723	34982	44457
城镇居民人均消费支出	元	1381	4021	6009	8382	15778	24825	29849
农村居民人均可支配(纯)收入	元	864	2303	3860	5197	8543	15203	19419
农村居民人均消费支出	元	765	1818	2921	3503	6071	13152	16250
教育卫生								
普通高等学校数	所	12	12	13	36	31	32	34
普通高等学校在校学生数	人	28188	34162	65737	194073	281680	320965	319943
普通高等学校专任教师数	人	4329	4047	4754	12698	17209	19982	20523
普通中学学校数	所	247	327	364	467	326	322	320
普通中学在校学生数	人	213767	285031	378207	417772	327105	300024	321625
普通中学专任教师数	人	13140	16461	20305	25158	24390	24091	24737
卫生机构数	个	1208	1067	1633	1675	1837	2020	2065
#医院、卫生院	个	198	199	242	240	202	232	243
卫生技术人员数	人	23953	24180	23034	25203	34366	49934	56607
#医　生	人	9330	10275	10639	11056	13813	18307	21189
卫生机构床位数	张	16267	17137	19125	19425	24035	33106	37455

2019 年	2020 年	平均增长速度(%)					
		1991-2020 年	1996-2020 年	2001-2020 年	2006-2020 年	2011-2020 年	2016-2020 年
1095.36	1108.36		14.36	14.79	13.36	10.41	5.02
668.08	675.61	14.73	13.95	13.33	11.75	10.55	3.81
949.76	951.40	17.13	15.24	15.42	14.87	13.75	5.56
15293.58	17295.62	19.37	16.29	15.13	14.15	11.34	9.81
17035.95	19206.33	20.71	19.24	16.65	17.22	14.51	12.66
88952	96478	13.56	11.88	11.37	11.71	10.73	9.08
47920	49300	12.26	9.68	9.56	9.49	8.05	7.10
32662	32019	11.05	8.65	8.73	9.35	7.33	5.22
21320	22669	11.51	9.58	9.26	10.32	10.25	8.32
17711	17713	11.04	9.53	9.43	11.41	11.30	6.14
35	34	3.53	4.25	4.92	-0.38	0.93	1.22
340330	363738	8.90	9.92	8.93	4.28	2.59	2.53
21334	22133	5.59	7.03	7.99	3.77	2.55	2.07
326	328	0.95	0.01	-0.52	-2.33	0.06	0.37
349443	367626	1.82	1.02	-0.14	-0.85	1.17	4.15
25216	27806	2.53	2.12	1.58	0.67	1.32	2.91
2252	2539	2.51	3.53	2.23	2.81	3.29	4.68
255	264	0.96	1.14	0.44	0.64	2.71	2.62
60878	65608	3.42	4.07	5.37	6.59	6.68	5.61
23588	25459	3.40	3.70	4.46	5.72	6.31	6.82
38277	41102	3.14	3.56	3.90	5.12	5.51	4.42

1-3 各个计划时期主要经济指标总量

项　　目	单 位	"一五"时期	"二五"时期	1963~1965年	"三五"时期	"四五"时期	"五五"时期	"六五"时期
地区生产总值	亿元	16.73	26.69	16.59	30.74	42.87	65.26	143.43
第一产业	亿元	6.70	7.46	5.94	10.82	13.11	17.91	44.84
第二产业	亿元	3.32	9.38	4.12	9.16	18.33	29.83	63.49
第三产业	亿元	6.71	9.86	6.53	10.80	11.43	17.52	35.10
农林牧渔业总产值	亿元	7.74	10.51	8.60	16.56	19.33	26.17	63.94
工业总产值	亿元	6.76	18.95	10.88	26.59	38.50	79.54	161.99
一般公共预算总收入	亿元	2.23	4.79	1.95	4.20	7.67	10.54	16.98
一般公共预算收入	亿元	2.23	4.79	1.95	4.20	7.67	10.54	16.98
一般公共预算支出	亿元	1.08	2.17	1.26	2.42	3.98	6.21	11.81
金融机构存款年末余额	亿元	1.42	3.93	3.45	3.92	5.85	15.12	28.98
金融机构贷款年末余额	亿元	1.23	4.14	2.94	4.82	7.39	13.81	30.29
社会消费品零售总额	亿元	12.23	18.56	12.05	20.70	24.70	37.81	72.27
出口总额	亿美元						0.02	0.56
实际利用外资(验资口径)	亿元							

1-3　续表

项　　目	单 位	"七五"时期	"八五"时期	"九五"时期	"十五"时期	"十一五"时期	"十二五"时期	"十三五"时期
地区生产总值	亿元	372.02	1327.78	3743.34	5869.10	11990.20	24185.91	42003.64
第一产业	亿元	108.68	295.78	630.45	737.28	1058.67	1739.33	2467.47
第二产业	亿元	156.69	501.83	1532.21	2684.17	5159.15	10943.52	16929.99
第三产业	亿元	106.66	530.17	1581.68	2447.64	5772.39	11503.06	22606.18
农林牧渔业总产值	亿元	157.60	460.37	1009.35	1230.61	1952.59	3356.13	4381.07
工业总产值	亿元	485.13	1686.96	4578.07	8334.73	18045.87	35685.57	
一般公共预算总收入	亿元	42.06	94.22	298.15	708.20	1462.53	3421.03	5261.62
一般公共预算收入	亿元	42.06	94.22	213.19	457.44	911.02	2227.36	3257.14
一般公共预算支出	亿元	32.88	87.05	215.72	428.17	931.10	2608.61	4594.70
金融机构存款年末余额	亿元	85.41	351.44	1033.85	2375.75	5909.42	10831.49	71421.34
金融机构贷款年末余额	亿元	67.72	203.21	883.05	1772.78	4953.91	10583.71	76402.60
社会消费品零售总额	亿元	180.29	419.10	1286.52	2334.21	5143.62	11460.85	18874.28
出口总额	亿美元	5.21	45.72	103.39	272.92	643.89	1069.57	1204.89
实际利用外资(验资口径)	亿元							447.42

1-4 各个计划时期主要经济指标年均发展速度

单位:%

项　　目	"恢复"时期(1950~1952)	"一五"时期(1953~1957)	"二五"时期	1963~1965年	"三五"时期	"四五"时期	"五五"时期
年末户籍总人口	103.01	102.71	102.46	102.41	101.75	102.69	101.93
#市区人口	103.61	103.72	102.95	101.31	98.81	102.08	102.14
地区生产总值	119.71	111.20	97.81	112.37	101.10	105.41	112.35
第一产业	116.58	106.85	92.96	116.75	100.15	98.57	111.59
第二产业	133.76	113.94	104.98	115.10	106.37	112.39	113.38
第三产业	121.74	109.89	108.52	105.66	97.79	105.67	111.54
农林牧渔业总产值	114.41	107.15	97.05	114.45	101.15	99.34	107.80
全部工业总产值	126.76	116.38	108.03	119.24	108.39	112.01	111.10
一般公共预算收入	393.50	114.20	111.06	101.67	105.39	104.74	109.92
一般公共预算支出		113.47	101.20	107.15	110.05	105.27	110.36
金融机构存款年末余额	162.05	122.45	122.52	95.72	102.60	108.31	120.93
金融机构贷款年末余额	132.57	158.86	127.47	89.22	110.39	108.91	113.33
社会消费品零售总额	124.29	114.30	107.83	98.80	100.45	106.18	113.64
出口总额							
实际利用外资额(历史可比口径)							
实际利用外资额(验资口径)							
城镇非私营单位在岗职工平均工资			98.31	103.76	98.67	101.72	102.49
城镇居民人均可支配收入	111.02	107.89	102.02	105.45	103.15	103.11	103.22
农村居民人均可支配(纯)收入	105.38	102.42	104.43	108.00	104.86	95.56	106.62

1-4　续表　　　　单位:%

项　　目	“六五”时期	“七五”时期	“八五”时期	“九五”时期	“十五”时期	“十一五”时期	“十二五”时期	“十三五”时期
年末户籍总人口	101.68	101.83	100.99	100.94	100.85	100.99	100.99	101.07
#市区人口	102.04	101.67	101.25	101.55	103.47	101.38	101.18	107.98
地区生产总值	114.04	111.07	123.62	114.98	111.17	113.91	110.98	107.73
第一产业	108.06	116.53	109.43	108.32	102.81	102.18	102.10	103.60
第二产业	116.72	106.53	126.16	119.27	112.94	114.05	112.48	106.37
第三产业	115.22	113.65	129.77	111.84	111.98	116.13	110.77	109.45
农林牧渔业总产值	109.39	108.63	112.66	108.06	103.29	104.88	104.44	103.70
全部工业总产值	117.18	119.88	127.68	121.99	116.28	118.78	113.40	
一般公共预算收入	114.25	116.32	118.73	118.73	118.20	114.18	117.73	103.81
一般公共预算支出	122.04	116.16	127.08	114.51	117.07	117.14	122.57	105.56
金融机构存款年末余额	113.90	124.13	132.69	128.91	118.11	119.99	112.88	109.81
金融机构贷款年末余额	117.02	117.45	124.58	141.61	114.96	122.82	116.40	112.66
社会消费品零售总额	113.97	117.38	123.42	120.37	112.87	118.69	115.66	107.63
出口总额	176.85	175.98	146.33	121.42	126.01	113.47	105.30	104.06
实际利用外资额(历史可比口径)	155.92	146.03	161.56	93.43	114.84	109.18		
实际利用外资额(验资口径)						113.11	107.22	91.82
城镇非私营单位在岗职工平均工资	108.86	115.00	122.32	113.96	110.34	113.70	112.41	109.08
城镇居民人均可支配收入	116.64	117.78	126.08	110.16	109.77	112.41	110.86	107.10
农村居民人均可支配(纯)收入	125.66	115.35	121.66	110.88	106.13	110.45	112.75	108.32

1-5 国民经济主要比例关系

单位:%

项　　目	1995 年	2000 年	2005 年	2006 年	2007 年	2008 年	2009 年	2010 年
三次产业结构								
第一产业	21.23	15.43	11.57	9.89	9.32	9.21	8.38	8.07
第二产业	36.02	43.23	45.01	42.83	41.91	41.68	42.77	45.04
第三产业	42.75	41.34	43.42	47.28	48.77	49.11	48.84	46.90
工农业总产值结构								
农林牧渔业	23.93	16.21	11.63	10.96	10.10	10.09	9.39	8.97
工　业	76.07	83.79	88.37	89.04	89.90	89.91	90.61	91.03
农林牧渔业总产值结构								
#农　业	31.53	28.44	27.78	28.22	26.55	21.97	26.61	27.06
林　业	3.45	3.19	2.19	2.21	2.21	1.72	2.48	2.77
牧　业	17.25	18.15	17.56	16.11	15.38	12.54	14.17	12.73
渔　业	47.77	50.22	51.94	52.92	51.68	41.21	52.76	53.79
工业总产值轻重工业结构								
轻工业	58.41	43.88	38.93	39.70	40.14	39.84	40.48	40.04
重工业	41.59	56.12	61.07	60.30	59.86	60.16	59.52	59.96
固定资产投资额结构								
#房地产开发投资	21.47	31.93	36.80	41.13	34.60	24.81	21.97	28.94
进出口总额结构								
出口总额	66.71	53.39	63.35	64.52	66.04	66.79	67.26	66.32
进口总额	33.29	46.61	36.65	36.65	33.96	33.21	32.74	33.68

注:工业总产值中主要比例关系 2000 年起为规模以上工业的比例。

1-5　续表　　　　　　　　　　　　　　　　　　　　　　　　　　　　　　单位:%

项　目	2011 年	2012 年	2013 年	2014 年	2015 年	2016 年	2017 年	2018 年	2019 年	2020 年
三次产业结构										
第一产业	7.70	7.59	7.31	7.02	6.61	6.53	6.15	5.81	5.56	5.60
第二产业	44.91	45.42	45.90	45.83	44.25	42.95	41.31	41.08	39.09	38.33
第三产业	47.39	46.99	46.78	47.15	49.14	50.52	52.54	53.11	55.35	56.07
工农业总产值结构										
农林牧渔业	8.60	8.96	8.60	8.36	8.54	7.84	8.40	8.25		
工　业	91.40	91.04	91.40	91.64	91.46	92.16	91.60	91.75		
农林牧渔业总产值结构										
#农　业	26.17	25.93	25.80	27.43	28.06	29.52	30.47	30.81	30.78	29.45
林　业	2.86	2.72	2.76	3.14	2.93	3.37	3.03	3.47	3.86	3.56
牧　业	13.44	11.79	10.81	9.95	9.92	9.96	8.41	7.17	8.20	10.49
渔　业	54.14	56.41	57.56	56.44	56.00	53.79	54.85	55.30	53.90	53.27
工业总产值轻重工业结构										
轻工业	41.17	44.77	45.88	47.39	49.86	51.43	53.69			
重工业	58.83	55.23	54.12	52.61	50.14	48.57	46.31			
固定资产投资额结构										
#房地产开发投资	35.16	29.76	32.68	32.86	28.22	32.18	29.09			
进出口总额结构										
出口总额	69.49	68.03	61.53	61.27	63.34	67.68	63.43	67.52	71.49	71.37
进口总额	30.51	31.97	38.47	38.73	36.66	32.32	36.57	32.48	28.51	28.63

1-6 主要经济指标人均值

项目	单位	1995年	2000年	2005年	2006年	2007年	2008年	2009年	2010年	2011年
地区生产总值	元	8219	14841	20292	24630	30489	34852	39116	46373	52795
农林牧渔业总产值	元	2853	3709	4750	5063	5524	6354	6449	7476	7638
工业总产值	元	8280	18360	36104	41144	49170	56260	62241	75829	81180
固定资产投资额	元	3127	4052	9855	11835	15984	19726	25845	36091	37599
社会消费品零售总额	元	2385	5998	10857	10465	12545	14899	17128	20214	23223
进出口总额	美元	420	874	2236	2546	2975	3214	2803	3831	4800
出口总额	美元	280	466	1417	1643	1965	2146	1885	2541	3335
进口总额	美元	140	408	820	903	1011	1067	918	1284	1464
实际利用外资额（验资口径）	元									
一般公共预算总收入	元	677	1278	3193	3809	3951	4552	5108	6269	6994
一般公共预算收入	元	462	944	2086	2465	2339	2667	3065	3859	4423
一般公共预算支出	元	491	922	1941	2300	2284	2779	3219	4087	5021
城镇非私营单位在岗职工平均工资	元	5827	11199	18314	20666	23950	27521	30704	34806	41725
城镇居民人均可支配收入	元	4896	7944	12661	14206	16642	19009	20289	22723	26050
城镇居民人均消费支出	元	4021	6009	8382	9595	11790	13541	14105	15778	17847
农村居民人均可支配(纯)收入	元	2303	3860	5197	5592	6286	7142	7669	8543	10107

1-6　续表

项　　目	单 位	2012 年	2013 年	2014 年	2015 年	2016 年	2017 年	2018 年	2019 年	2020 年
地区生产总值	元	58564	64469	70247	74308	82853	94208	104943	115445	121015
农林牧渔业总产值	元	8436	9061	9521	9838	9569	10280	10804	11395	12087
工业总产值	元	85739	96271	104362	105405	112449	112132	120091		
固定资产投资额	元	44082	51358	57688	62944	66599	73112			
社会消费品零售总额	元	26817	30269	33709	37627	40138	43617	47206	51175	51034
进出口总额	美元	4192	4171	4516	4288	4040	4322	4597	4480	4361
出口总额	美元	2852	2566	2767	2716	2734	2741	3104	3203	3112
进口总额	美元	1340	1605	1749	1572	1306	1581	1493	1277	1248
实际利用外资额（验资口径）	元				1381	1594	1654	683	796	846
一般公共预算总收入	元	8062	9146	10169	10907	11922	12627	13778	13350	13386
一般公共预算收入	元	5155	6025	6656	7208	7644	7962	8384	8142	8160
一般公共预算支出	元	5543	7085	7489	9337	10593	11787	11396	11575	11490
城镇非私营单位在岗职工平均工资	元	48089	53333	58839	62478	67630	75133	83175	88952	96478
城镇居民人均可支配收入	元	29399	32265	32451	34982	37833	40973	44457	47920	49300
城镇居民人均消费支出	元	20040	21695	23330	24825	26392	27427	29849	32662	32019
农村居民人均可支配(纯)收入	元	11492	12910	14012	15203	16346	17865	19419	21320	22669

1-7　平均每天主要社会经济活动

项　目	单位	1995年	2000年	2005年	2006年	2007年	2008年	2009年	2010年	2011年
地区生产总值	万元	12716	24011	39084	45110	56258	64704	73409	88840	104651
工业总产值	万元	13885	30790	60548	69752	84401	98208	108648	133399	160914
农林牧渔业总产值	万元	4369	5957	7967	8583	9483	11022	11257	13151	15140
固定资产投资	万元	4788	6508	16528	20064	27437	34216	45116	63492	74528
社会消费品零售总额	万元	3552	8952	16441	19167	23167	27661	32144	38726	46033
进出口总额	万美元	644	1402	3750	4316	5107	5575	4893	6740	9514
出口总额	万美元	429	748	2376	2785	3373	3723	3291	4470	6611
进口总额	万美元	215	654	1375	1532	1735	1846	1602	2270	2903
实际利用外资额（验资口径）	万元									
一般公共预算总收入	万元	1037	2052	5355	6458	6783	7896	8916	11028	13863
一般公共预算收入	万元	707	1517	3498	4179	4015	4626	5350	6790	8768
一般公共预算支出	万元	752	1481	3256	3899	3921	4821	5619	7190	9953
沿海港口货物吞吐量	吨	30110	66438	203918	242400	176247	183633	221756	195200	225158
出生人数	人	262	338	151	175	191	295	164	399	235
死亡人数	人	72	111	59	73	79	102	58	142	108

1-7　续表

项　目	单位	2012 年	2013 年	2014 年	2015 年	2016 年	2017 年	2018 年	2019 年	2020 年
地区生产总值	万元	118568	133089	147710	158285	177364	205581	233318	259515	273771
工业总产值	万元	174062	198739	219446	224527	240721	244693	266996		
农林牧渔业总产值	万元	17127	18705	20021	20956	20485	22433	24021	25614	27345
固定资产投资	万元	89493	106023	121304	134080	142570	159545			
社会消费品零售总额	万元	54294	62487	70882	80151	85925	95180	104953	115039	115454
进出口总额	万美元	8510	8611	9497	9135	8647	9437	10253	10070	9865
出口总额	万美元	5789	5298	5819	5786	5852	5983	6924	7200	7040
进口总额	万美元	2720	3313	3678	3349	2795	3454	3329	2871	2824
实际利用外资额（验资口径）	万元				2941	3413	3610	1517	1789	1915
一般公共预算总收入	万元	16367	18880	21383	23234	25521	27554	30633	30010	30283
一般公共预算收入	万元	10466	12438	13996	15355	16364	17374	18641	18303	18459
一般公共预算支出	万元	11253	14626	15748	19889	22676	25722	25336	26021	25995
沿海港口货物吞吐量	吨	256802	287805	327195	311263	322735	328339	399629	466800	544908
出生人数	人	228	322	323	282	282	339	297	250	211
死亡人数	人	79	70	84	84	82	228	107	109	118

1-8 主要年份工农林牧渔业总产值

单位:亿元

年 份	工农林牧渔业			工农林牧渔业比重(%)	
		农林牧渔业	工 业	农林牧渔业	工 业
1952	2.07	1.23	0.84	59.58	40.42
1957	3.65	1.85	1.80	50.71	49.29
1962	5.12	2.45	2.67	47.83	52.17
1965	7.80	3.21	4.59	41.18	58.82
1970	10.69	3.98	6.71	37.25	62.75
1975	15.84	3.69	12.14	23.33	76.67
1978	20.96	4.78	16.18	22.80	77.20
1979	24.34	6.28	18.06	25.80	74.20
1980	27.36	7.43	19.94	27.14	72.86
1981	31.29	9.50	21.80	30.35	69.65
1982	35.17	11.39	23.78	32.39	67.61
1983	42.71	11.90	30.81	27.86	72.14
1984	54.56	14.08	40.48	25.81	74.19
1985	62.21	17.08	45.13	27.45	72.55
1986	70.97	19.38	51.59	27.31	72.69
1987	90.50	23.54	66.95	26.02	73.98
1988	135.33	33.72	101.61	24.92	75.08
1989	166.17	38.48	127.70	23.16	76.84
1990	179.76	42.48	137.28	23.63	76.37
1991	214.50	45.59	168.91	21.25	78.75
1992	278.93	57.48	221.45	20.61	79.39
1993	416.55	79.82	336.74	19.16	80.84
1994	571.06	118.02	453.04	20.67	79.33
1995	666.28	159.46	506.82	23.93	76.07
1996	838.88	177.52	661.36	21.16	78.84
1997	997.15	194.31	802.84	19.49	80.51
1998	1143.86	204.87	938.99	17.91	82.09
1999	1266.26	215.23	1051.04	17.00	83.00
2000	1341.27	217.42	1123.85	16.21	83.79
2001	1378.03	215.39	1162.64	15.63	84.37
2002	1563.99	221.08	1342.91	14.14	85.86
2003	1861.93	234.84	1627.09	12.61	87.39
2004	2260.62	268.50	1992.10	11.88	88.12
2005	2500.78	290.79	2209.99	11.63	88.37
2006	2859.22	313.26	2545.96	10.96	89.04
2007	3426.75	346.12	3080.63	10.10	89.90
2008	3986.89	402.31	3584.58	10.09	89.91
2009	4376.53	410.88	3965.65	9.39	90.61
2010	5349.07	480.01	4869.05	8.97	91.03
2011	6425.96	552.60	5873.36	8.60	91.40
2012	6978.37	625.12	6353.25	8.96	91.04
2013	7936.74	682.75	7253.98	8.60	91.40
2014	8740.54	730.77	8009.76	8.36	91.64
2015	8960.10	764.88	8195.22	8.54	91.46
2016	9560.13	749.76	8810.37	7.84	92.16
2017	9750.07	818.79	8931.28	8.40	91.60
2018	10622.15	876.78	9745.37	8.25	91.75
2019		934.92			
2020		1000.82			

主要统计指标解释

当年价格　指报告期的实际价格,如工厂的出厂价格,农产品的收购价格,商业的零售价格等。按当年价格计算,是指一些以货币表现的物量指标如工农业总产值、国内生产总值等,按照当年的实际价格来计算总量。使用当年价格计算的数字,是为了使国民经济各项指标相互衔接,便于考察当年经济效益,便于对生产和流通、生产和分配、生产和消费进行经济核算的综合平衡。

按当年价格计算的价值指标,在不同年份之间进行对比时,因为包含有各年间价格变动因素,不能确切反映实物量的增减变动。必须消除价格变动因素后,才能真实反映经济发展动态。因此,在计算增长速度时都使用按可比价格计算的数字。

可比价格　指在不同时期的价值指标对比时,扣除了价格变动的因素,以确切反映物量的变化。按可比价格计算有两种方法:一种是直接用产品产量乘某一年的不变价格计算;另一种是用价格指数换算。

不变价格　指用同类产品的年平均价格作为固定价格,来计算各年产品价值。按不变价格计算的产品价值扣除了价格变动因素,不同时期对比可以反映生产的发展速度。新中国成立后,随着工农业产品价格水平的变化,国家统计局先后五次制定了全国统一的工业产品不变价格和农业产品不变价格。从1949年到1957年使用1952年工(农)业产品不变价格,从1957年到1971年使用1957年不变价格,从1971年到1981年使用1970年不变价格,从1981年到1990年使用1980年不变价格,从1990年开始使用1990年不变价格。

平均增长速度　我国计算平均增长速度有两种方法。一种是习惯上经常使用的“水平法”,又称几何平均法,是以间隔期最后一年的水平同基期水平对比来计算平均每年增长(或下降)速度。另一种是“累计法”,又称代数平均法或方程法,是以间隔期内各年的总和同基期水平对比来计算平均每年增长(或下降)速度。在一般正常情况下,两种方法计算的平均每年增长速度比较接近,但在经济发展不平衡,出现大起大落时,两种方法计算的结果差别较大。

本《年鉴》内所列的平均增长速度,均用“水平法”计算。从某年到某年平均增长速度的年份,均不包括基数年在内。如改革开放以来的平均增长速度是以1978年为基期计算的,则写为1979-2010年平均增长速度,其余类推。

各个计划时期　表内所用各个“时期”代表的年份如下:恢复时期为1950年到1952年;第一个五年计划时期(简称一五时期)为1953年到1957年;第二个五年计划时期(简称二五时期)为1958年到1962年;第三个五年计划时期(简称三五时期)为1966年到1970年;第四个五年计划期(简称四五时期)为1971年到1975年;第五个五年计划时期(简称五五时期)为1976年到1980年;第六个五年计划时期(简称六五时期)为1981年到1985年;第七个五年计划(简称七五时期)为1986年到1990年;第八个五年计划时期(简称八五时期)为1991年到1995年;第九个五年计划时期(简称九五时期)为1996年到2000年;第十个五年计划时期(简称十五时期)为2001年到2005年;第十一个五年计划时期(简称十一五时期)为2006年到2010年;第十二个五年计划时期(简称十二五时期)为2011年到2015年;第十三个五年计划时期(简称十三五时期)为2016年到2020年。

国民经济行业分类　在统计工作中为取得分行业的数据资料并统一分类和编码,正确反映国民经济各行业的结构和发展状况,便于研究国民经济的各项比例关系,而制定的国民经济行业划分标准。按现行统计制度规定,我国行业划分为20门类,排列顺序如下:

(1)农、林、牧、渔业;(2)采矿业;(3)制造业;(4)电力、燃气及水的生产和供应业;(5)建筑业;(6)批发和零售业;(7)交通运输、仓储和邮政业;(8)住宿和餐饮业;(9)信息传输、软件和信息技术服务业;(10)金融业;(11)房地产业;(12)租赁和商务服务业;(13)科学研究和技术服务业;(14)水利、环境和公共设施管理业;(15)居民服务、修理和其他服务业;(16)教育;(17)卫生和社会工作;(18)文化、体育和娱乐业;(19)公共管理、社会保障和社会组织;(20)国际组织。

三次产业 是根据社会生产活动历史发展的顺序对产业结构的划分,产品直接取自自然界的部门称为第一产业,对初级产品进行再加工的部门称为第二产业,为生产和消费提供各种服务的部门称为第三产业。它是世界上较为通用的产业结构分类,但各国的划分不尽一致。我国的三次产业划分:

第一产业:农林牧渔业(包括农业、林业、牧业和渔业等,不包含农村牧渔服务业)。

第二产业:工业(包括采掘业,制造业,电力、煤气及水的生产和供应业,不包括开采辅助活动和金属制品、机械和设备修理业)和建筑业。

第三产业:除第一、第二产业以外的其他各业。由于第三产业包括的行业多、范围广,根据我国的实际情况,第三产业可分为两大部门:一是流通部门,二是服务部门。具体又可分为四个层次。

2 国民经济核算

2-1　总产出中间投入率和增加值率

单位:%

项　　目	2000年	2005年	2006年	2007年	2008年	2009年	2010年	2011年
社会劳动生产率(元/人)	29910	43822	49149	58834	65597	73436	89609	104365
总产出中间投入率	59.5	63.4	63.6	63.3	63.1	62.4	63.1	64.1
第一产业	37.8	39.9	40.3	40.9	41.2	41.0	41.0	41.0
第二产业	71.0	74.1	75.4	75.7	75.7	74.0	74.0	75.4
第三产业	38.5	46.2	43.4	42.2	41.5	44.1	44.2	42.9
#工　业	72.3	74.5	76.3	77.2	77.4	75.7	75.8	76.5
建筑业	61.8	71.7	69.7	63.7	63.2	63.3	61.4	69.7
批发和零售业	36.6	29.0	19.3	16.3	14.6	26.4	25.8	27.2
交通运输、仓储和邮政业	42.9	53.5	53.5	54.5	54.7	56.0	56.1	59.2
金融业	16.7	53.9	59.1	55.6	55.6	57.8	59.2	53.0
房地产业	12.8	18.8	12.2	18.5	14.0	23.2	16.6	16.7
增加值率	40.5	36.6	36.4	36.7	36.9	37.6	36.9	35.9
第一产业	62.2	60.1	59.7	59.1	58.8	59.0	59.0	59.0
第二产业	29.0	25.9	24.6	24.3	24.3	26.0	26.0	24.6
第三产业	61.5	53.8	56.6	57.8	58.5	55.9	55.8	57.1
#工　业	27.7	25.5	23.7	22.8	22.6	24.3	24.2	23.5
建筑业	38.2	28.3	30.3	36.3	36.8	36.7	38.6	30.3
批发和零售业	63.4	71.0	80.7	83.7	85.4	73.6	74.2	72.8
交通运输、仓储和邮政业	57.1	46.5	46.5	45.5	45.3	44.0	43.9	40.8
金融业	83.3	46.1	40.9	44.4	44.4	42.2	40.8	47.0
房地产业	87.2	81.2	87.8	81.5	86.0	76.8	83.4	83.3

注:1.本表均按当年价格计算;

2.《国民经济核算》篇各表,2004年及以前年份开采辅助活动及金属制品、机械和设备修理业列入第二产业统计;2004-2018年根据第四次经济普查数据重新修订;2020年数据为快报数。

3.各项构成加和不为100时,为细项四舍五入差异。

4.经济普查数据修订期间未开展2018年至今支出法核算。

2-1 续表

单位:%

项目	2012年	2013年	2014年	2015年	2016年	2017年	2018年	2019年	2020年
社会劳动生产率(元/人)	**114804**	**126504**	**138242**	**144436**	**159302**	**182794**	**205703**	**227700**	**239713**
总产出中间投入率	63.1	62.9	63.8	63.8	64.7	63.3	64.6		
第一产业	41.0	41.2	41.1	41.2	41.5	41.8	41.7		
第二产业	74.1	73.8	74.9	75.3	76.2	74.8	77.0		
第三产业	43.0	43.0	42.2	42.8	44.9	46.1	43.4		
#工　业	75.1	74.9	75.7	76.7	76.9	75.6	77.1		
建筑业	69.7	69.3	71.9	70.3	74.1	72.8	76.7		
批发和零售业	27.2	27.0	30.5	32.1	31.3	33.4	31.7		
交通运输、仓储和邮政业	56.9	57.4	58.4	53.8	56.4	57.0	55.4		
金融业	49.8	48.4	43.2	45.0	45.0	22.2	25.5		
房地产业	18.3	28.0	24.0	17.8	27.6	40.5	35.0		
增加值率	36.9	37.1	36.2	36.2	35.3	36.7	35.4		
第一产业	59.0	58.8	58.9	58.8	58.5	58.2	58.3		
第二产业	25.9	26.2	25.1	24.7	23.8	25.2	23.0		
第三产业	57.0	57.0	57.8	57.2	55.1	53.9	56.6		
#工　业	24.9	25.1	24.3	23.3	23.1	24.4	22.9		
建筑业	30.3	30.7	28.1	29.7	25.9	27.2	23.3		
批发和零售业	72.8	73.0	69.5	67.9	68.7	66.6	68.3		
交通运输、仓储和邮政业	43.1	42.6	41.6	46.2	43.6	43.0	44.6		
金融业	50.2	51.6	56.8	55.0	55.0	77.8	74.5		
房地产业	81.7	72.0	76.0	82.2	72.4	59.5	65.0		

2-2 主要年份地区生产总值

单位：亿元

年 份	地区生产总值	第一产业	第二产业	第三产业	工 业	建筑业
1950	1.46	0.79	0.21	0.46		
1952	2.34	1.12	0.43	0.79	0.23	0.20
1957	4.08	1.45	0.94	1.68	0.50	0.44
1962	4.74	1.57	1.13	2.04	0.75	0.38
1965	6.21	2.19	1.72	2.29	1.28	0.44
1970	6.97	2.52	2.40	2.05	1.88	0.53
1975	9.24	2.41	4.41	2.42	3.40	1.01
1978	12.68	3.39	5.99	3.30	4.53	1.46
1979	14.97	4.25	6.87	3.86	5.06	1.81
1980	18.17	5.17	8.21	4.78	5.58	2.63
1985	39.76	12.15	17.79	9.81	14.31	3.76
1990	102.40	29.41	41.21	31.78	34.50	6.71
1991	118.83	31.75	51.11	35.97	40.77	10.34
1992	150.00	39.61	62.92	47.47	49.86	13.07
1993	245.72	53.04	89.17	103.51	69.16	20.01
1994	349.08	72.87	131.44	144.78	103.37	28.07
1995	464.14	98.52	167.19	198.44	130.01	37.18
1996	575.58	110.89	220.53	244.16	170.45	50.08
1997	687.33	120.99	267.46	298.88	214.73	52.73
1998	776.66	128.55	317.29	331.82	253.61	63.68
1999	827.39	134.84	348.04	344.51	285.50	62.54
2000	876.39	135.18	378.89	362.32	321.15	57.74
2001	943.24	132.64	409.43	401.16	346.98	62.46
2002	1011.69	136.03	449.69	425.98	385.36	64.33
2003	1162.13	143.70	549.00	469.43	463.84	85.16
2004	1325.48	159.89	633.93	531.66	539.12	97.60
2005	1426.56	165.03	642.13	619.41	543.74	101.25
2006	1646.52	162.89	705.19	778.43	592.83	115.46
2007	2053.43	191.44	860.54	1001.45	715.96	148.42
2008	2368.16	218.12	987.00	1163.04	806.00	185.33
2009	2679.44	224.62	1146.05	1308.77	930.33	220.61
2010	3242.65	261.60	1460.35	1520.70	1184.72	281.96
2011	3819.75	294.05	1715.40	1810.30	1361.31	361.52
2012	4339.58	329.54	1970.87	2039.17	1547.48	431.66
2013	4857.74	355.21	2229.90	2272.63	1737.29	498.17
2014	5391.42	378.73	2470.66	2542.03	1918.20	558.60
2015	5777.42	381.80	2556.68	2838.93	1876.89	689.36
2016	6491.54	423.93	2788.34	3279.26	2017.86	777.08
2017	7503.69	461.22	3099.78	3942.69	2196.10	915.60
2018	8516.09	494.93	3498.50	4522.66	2412.70	1103.42
2019	9472.30	526.68	3702.61	5243.01	2480.91	1241.22
2020	10020.02	560.70	3840.77	5618.55	2532.16	1328.23

2-2 续表 单位:亿元

年　份	批发零售餐饮业	交通运输仓储和邮政业	金融业	房地产业	其它服务业	人均地区生产总值(元)
1950						66
1952	0.18	0.15				100
1957	0.35	0.32				153
1962	0.63	0.39				158
1965	0.50	0.44				192
1970	0.51	0.39				199
1975	0.69	0.46				229
1978	0.87	0.64	0.82	0.18	0.80	293
1979	1.01	0.75	0.99	0.21	0.90	340
1980	1.25	0.92	1.24	0.26	1.10	406
1985	2.76	2.05	2.62	0.55	2.05	817
1990	6.13	6.21	7.99	1.73	9.72	1936
1991	6.82	7.66	9.29	1.99	10.22	2190
1992	9.18	10.84	12.73	2.63	12.10	2763
1993	26.70	22.96	20.13	7.34	26.38	4441
1994	35.88	35.78	24.74	12.89	35.49	6244
1995	49.11	48.52	37.33	15.51	47.97	8219
1996	68.59	66.00	27.85	16.17	65.54	10126
1997	82.88	73.44	47.70	18.64	76.21	11891
1998	94.00	79.46	46.76	23.41	88.19	13330
1999	97.69	84.90	42.58	25.33	94.01	14308
2000	112.54	90.20	39.08	27.60	92.89	14841
2001	121.20	97.76	41.36	32.10	108.76	15835
2002	131.87	103.14	37.72	36.78	116.48	16901
2003	141.88	112.00	45.13	44.76	125.67	17695
2004	143.29	92.77	52.16	48.22	195.22	20144
2005	159.73	96.03	45.06	77.59	241.00	21517
2006	178.41	108.25	65.78	120.29	305.70	24630
2007	245.78	120.14	104.70	125.02	405.81	30489
2008	290.01	135.01	137.07	124.40	476.55	34852
2009	325.53	143.24	159.62	133.30	547.08	39116
2010	402.31	165.61	191.92	140.08	620.78	46373
2011	449.75	171.91	253.03	206.91	728.70	52795
2012	498.14	190.96	301.23	230.42	818.43	58564
2013	543.20	208.26	348.45	263.18	909.55	64469
2014	589.53	242.88	427.10	255.86	1026.67	70247
2015	651.78	227.70	576.39	276.59	1106.47	74308
2016	735.45	230.50	658.11	358.06	1297.14	82853
2017	848.41	282.49	797.13	453.79	1560.87	94208
2018	946.56	290.76	883.67	558.14	1843.53	104943
2019	1149.32	314.67	1015.19	654.04	2109.79	115445
2020	1187.52	331.26	1150.86	733.62	2215.30	121015

2-3 主要年份地区生产总值指数

（以上年为100）

单位：%

年份	地区生产总值	第一产业	第二产业	第三产业	工业	建筑业	交通运输仓储和邮政业	批发和零售业	人均地区生产总值
1952	117.0	110.2	155.9	118.9	160.0	150.2	118.9	113.3	114.0
1957	112.1	110.5	105.4	80.2	100.6	111.6	80.2	73.8	109.6
1962	95.6	105.9	80.3	96.6	86.0	71.1	96.6	132.2	93.8
1965	117.4	118.2	134.2	106.4	131.1	144.2	106.4	103.4	114.8
1970	107.2	110.4	120.2	91.7	118.5	126.8	93.2	94.7	107.5
1975	101.2	94.7	106.3	101.2	109.9	95.6	101.2	110.4	98.9
1978	122.0	117.9	135.0	108.4	123.4	190.8	109.4	107.2	119.6
1979	114.5	113.2	114.4	116.1	111.4	123.9	116.1	116.1	112.2
1980	119.9	117.3	120.5	122.0	111.3	146.1	121.8	121.8	118.3
1985	128.5	108.9	131.7	142.7	136.8	115.3	150.9	149.7	126.4
1990	108.2	152.1	79.0	138.9	79.0	79.0	132.0	123.3	106.1
1991	112.2	106.6	119.7	107.6	115.8	138.0	118.7	105.6	109.3
1992	119.5	111.7	121.0	124.5	124.8	106.1	130.4	133.8	119.5
1993	140.0	107.2	130.7	179.6	133.1	119.2	184.8	224.8	138.6
1994	126.1	96.3	142.1	124.0	144.3	130.5	145.2	120.4	124.8
1995	121.9	127.7	118.8	123.4	118.3	121.7	127.6	122.5	120.7
1996	122.5	118.9	129.6	115.7	129.6	129.8	122.8	133.6	121.7
1997	117.8	106.3	121.1	118.3	124.2	103.5	111.9	115.4	115.9
1998	115.7	108.7	121.1	111.2	121.2	120.3	107.7	113.6	114.8
1999	109.4	106.6	113.0	105.3	114.8	100.6	108.3	107.5	110.2
2000	110.0	101.8	112.4	109.2	114.8	93.5	109.2	115.9	107.7
2001	108.9	100.2	111.4	109.4	111.8	109.3	107.2	110.4	107.9
2002	110.2	103.9	114.0	108.3	115.7	104.3	108.0	110.4	109.7
2003	113.6	103.5	119.7	110.8	118.8	125.6	111.8	108.0	112.9
2004	112.7	103.9	114.9	112.7	115.0	114.3	115.0	109.5	112.3
2005	110.5	102.6	105.2	119.0	105.0	106.7	108.7	114.6	109.6
2006	112.6	93.4	108.5	121.9	108.5	108.4	107.8	109.3	111.6
2007	115.9	104.5	114.4	119.6	114.0	116.3	100.7	129.3	115.0
2008	113.8	104.8	113.8	115.3	113.4	116.3	110.8	113.4	112.7
2009	113.1	104.7	115.1	112.6	113.8	121.7	106.8	114.3	112.1
2010	114.2	104.0	118.7	111.6	118.7	119.0	114.5	116.8	111.8
2011	111.7	104.2	114.8	110.0	113.9	118.6	111.5	110.3	109.5
2012	112.2	104.7	115.0	110.6	114.2	118.2	103.3	108.2	109.5
2013	111.5	95.5	114.1	111.3	113.9	113.9	108.5	109.4	109.6
2014	110.0	103.3	111.4	109.4	111.5	110.9	113.4	110.0	107.9
2015	109.5	103.1	107.3	112.6	106.7	109.8	105.3	103.7	108.0
2016	108.4	102.5	108.1	109.6	107.3	109.6	101.1	105.5	107.6
2017	108.7	103.8	105.6	112.2	105.4	106.7	116.8	113.3	107.0
2018	108.6	104.2	107.5	110.1	107.0	109.4	108.7	106.2	106.6
2019	107.9	103.5	104.5	111.1	103.0	108.2	107.0	118.7	106.7
2020	105.1	104.0	106.2	104.4	105.1	108.8	105.7	104.2	104.2

2-4 主要年份地区生产总值指数

(以 1952 年为 100)

单位:%

年份	地区生产总值	第一产业	第二产业	第三产业	人均地区生产总值
1952	100.0	100.0	100.0	100.0	100.0
1957	170.0	139.3	192.1	160.3	149.4
1962	152.2	96.7	244.9	241.3	119.0
1965	215.9	153.9	373.5	284.6	156.5
1970	228.1	155.1	508.7	254.5	153.0
1975	296.8	144.3	912.3	335.3	172.3
1978	387.0	188.0	1240.1	408.7	209.9
1979	443.1	212.8	1418.9	474.6	235.6
1980	531.3	249.6	1709.2	578.9	278.7
1985	1024.8	367.7	3703.0	1175.3	494.1
1990	1732.2	790.3	5080.6	2229.3	768.4
1991	1943.8	842.1	6080.7	2398.9	839.9
1992	2323.7	940.5	7359.3	2985.5	1004.0
1993	2777.8	1050.5	8906.8	3715.4	1200.0
1994	3889.0	1126.1	11641.2	6672.9	1662.7
1995	4904.0	1084.5	16542.1	8274.5	2074.9
1996	5978.0	1384.9	19652.0	10210.7	2504.3
1997	7323.0	1646.6	25469.0	11813.8	3046.9
1998	8626.5	1750.3	30842.9	13975.7	3530.4
1999	9980.9	1902.6	37350.8	15540.9	4052.7
2000	10919.1	2028.2	42206.4	16364.6	4467.4
2001	12011.0	2064.7	47440.0	17870.2	4811.0
2002	13080.0	2068.8	52848.1	19550.0	5191.1
2003	14414.1	2149.5	60246.9	21172.6	5694.6
2004	16374.5	2224.7	72115.5	23459.2	6429.2
2005	18093.8	2282.6	75865.5	27916.5	7046.4
2006	20373.6	2131.9	82314.1	34030.2	7863.8
2007	23613.0	2227.9	94167.3	40700.1	9043.4
2008	26871.6	2334.8	107162.4	46927.2	10191.9
2009	30391.8	2444.5	123343.9	52840.1	11425.1
2010	34707.4	2542.3	146409.3	58969.5	12773.3
2011	38768.2	2649.1	168077.8	64866.5	13985.5
2012	43497.9	2773.6	193289.5	71742.3	15314.5
2013	48500.2	2648.8	220543.3	79849.2	16785.0
2014	53350.2	2736.2	245685.3	87355.0	18118.6
2015	58418.4	2821.0	263620.3	98361.8	19575.9
2016	63325.6	2891.6	284973.5	107804.5	21067.3
2017	68834.9	3001.4	300932.1	120956.6	22536.6
2018	74754.7	3127.5	323502.0	133173.3	24033.2
2019	80660.3	3237.0	338059.6	147955.5	25635.7
2020	84774.0	3366.4	359019.2	154465.5	26701.8

2-5 主要年份地区生产总值构成

单位:%

年 份	地区生产总值	第一产业	第二产业	第三产业	工 业	建筑业
1950	100.00	54.30	14.06	31.63		
1952	100.00	47.93	18.49	33.58	9.98	8.51
1957	100.00	35.68	23.17	41.15	12.36	10.81
1962	100.00	33.08	23.89	43.04	15.78	8.10
1965	100.00	35.37	27.76	36.87	20.70	7.06
1970	100.00	36.10	34.47	29.43	26.94	7.53
1975	100.00	26.11	47.74	26.15	36.81	10.93
1978	100.00	26.76	47.24	26.00	35.73	11.51
1979	100.00	28.36	45.88	25.76	33.77	12.10
1980	100.00	28.48	45.19	26.33	30.73	14.46
1985	100.00	30.57	44.75	24.69	36.00	9.45
1990	100.00	28.72	40.25	31.03	33.70	6.55
1991	100.00	26.72	43.01	30.27	34.31	8.70
1992	100.00	26.41	41.95	31.65	33.24	8.71
1993	100.00	21.59	36.29	42.12	28.15	8.14
1994	100.00	20.87	37.65	41.47	29.61	8.04
1995	100.00	21.23	36.02	42.75	28.01	8.01
1996	100.00	19.27	38.31	42.42	29.61	8.70
1997	100.00	17.60	38.91	43.48	31.24	7.67
1998	100.00	16.55	40.85	42.72	32.65	8.20
1999	100.00	16.30	42.07	41.64	34.51	7.56
2000	100.00	15.42	43.23	41.34	36.65	6.59
2001	100.00	14.06	43.41	42.53	36.79	6.62
2002	100.00	13.45	44.45	42.11	38.09	6.36
2003	100.00	12.37	47.24	40.39	39.91	7.33
2004	100.00	12.06	47.83	40.11	40.67	7.36
2005	100.00	11.57	45.01	43.42	38.12	7.10
2006	100.00	9.89	42.83	47.28	36.01	7.01
2007	100.00	9.32	41.91	48.77	34.87	7.23
2008	100.00	9.21	41.68	49.11	34.03	7.83
2009	100.00	8.38	42.77	48.84	34.72	8.23
2010	100.00	8.07	45.04	46.90	36.54	8.70
2011	100.00	7.70	44.91	47.39	35.64	9.46
2012	100.00	7.59	45.42	46.99	35.66	9.95
2013	100.00	7.31	45.90	46.78	35.76	10.26
2014	100.00	7.02	45.83	47.15	35.58	10.36
2015	100.00	6.61	44.25	49.14	32.49	11.93
2016	100.00	6.53	42.95	50.52	31.08	11.97
2017	100.00	6.15	41.31	52.54	29.27	12.20
2018	100.00	5.81	41.08	53.11	28.33	12.96
2019	100.00	5.56	39.09	55.35	26.19	13.10
2020	100.00	5.60	38.33	56.07	25.27	13.26

2-6 主要年份第三产业增加值构成

单位:%

年份	第三产业增加值	交通运输仓储和邮政业	批发零售餐饮业	金融业	房地产业	其他服务业
1950	100.00					
1952	100.00	19.16	23.06			
1957	100.00	19.16	21.09			
1962	100.00	19.16	30.66			
1965	100.00	19.16	21.75			
1970	100.00	18.85	24.80			
1975	100.00	19.16	28.43			
1978	100.00	19.32	26.25	24.82	5.43	24.18
1979	100.00	19.31	26.24	25.78	5.43	23.24
1980	100.00	19.29	26.20	25.94	5.53	23.05
1985	100.00	20.42	27.50	26.15	5.53	20.40
1990	100.00	19.54	19.30	25.15	5.43	30.58
1991	100.00	21.29	18.95	25.81	5.53	28.41
1992	100.00	22.83	19.34	26.81	5.53	25.49
1993	100.00	22.18	25.79	19.45	7.09	25.49
1994	100.00	24.72	24.78	17.09	8.90	24.51
1995	100.00	24.45	24.75	18.81	7.82	24.17
1996	100.00	27.03	28.09	11.41	6.62	26.84
1997	100.00	24.57	27.73	15.96	6.24	25.50
1998	100.00	23.95	28.33	14.09	7.05	26.58
1999	100.00	24.64	28.36	12.36	7.35	27.29
2000	100.00	24.90	31.06	10.79	7.62	25.64
2001	100.00	24.37	30.21	10.31	8.00	27.11
2002	100.00	24.21	30.96	8.85	8.63	27.34
2003	100.00	23.86	30.22	9.61	9.53	26.77
2004	100.00	17.45	26.95	9.81	9.07	36.72
2005	100.00	15.50	25.79	7.27	12.53	38.91
2006	100.00	13.91	22.92	8.45	15.45	39.27
2007	100.00	12.00	24.54	10.45	12.48	40.52
2008	100.00	11.61	24.94	11.79	10.70	40.97
2009	100.00	10.94	24.87	12.20	10.19	41.80
2010	100.00	10.89	26.46	12.62	9.21	40.82
2011	100.00	9.50	24.84	13.98	11.43	40.25
2012	100.00	9.36	24.43	14.77	11.30	40.14
2013	100.00	9.16	23.90	15.33	11.58	40.02
2014	100.00	9.55	23.19	16.80	10.07	40.39
2015	100.00	8.02	22.96	20.30	9.74	38.97
2016	100.00	7.03	22.43	20.07	10.92	39.56
2017	100.00	7.17	21.52	20.22	11.51	39.59
2018	100.00	6.43	20.93	19.54	12.34	40.76
2019	100.00	6.00	21.92	19.36	12.47	40.24
2020	100.00	5.90	21.14	20.48	13.06	39.43

2-7 各个计划时期地区生产总值平均发展指数

单位：%

年 份	地区生产总值	第一产业	第二产业	第三产业	工 业	建筑业	交通运输仓储和邮政业	批发和零售业
"一五"时期	111.2	106.9	113.9	109.9	113.6	114.3	109.9	108.0
"二五"时期	97.8	93.0	105.0	108.5	109.6	98.5	108.5	117.0
调整时期	112.4	116.8	115.1	105.7	119.9	104.5	105.6	94.3
"三五"时期	101.1	100.2	106.4	97.8	107.3	103.2	97.5	100.4
"四五"时期	105.4	98.6	112.4	105.7	112.0	113.4	106.0	108.6
"五五"时期	112.4	111.6	113.4	111.5	110.6	121.2	111.7	109.7
"六五"时期	114.0	108.1	116.7	115.2	120.4	107.1	116.5	116.3
"七五"时期	111.1	116.5	106.5	113.7	107.4	102.7	112.5	105.7
"八五"时期	123.6	109.4	126.2	129.8	126.8	122.6	139.6	136.2
"九五"时期	115.0	108.3	119.3	111.8	120.8	108.7	111.8	116.9
"十五"时期	111.2	102.8	112.9	112.0	113.2	111.8	110.1	110.6
"十一五"时期	113.9	102.2	114.1	116.1	113.6	116.3	108.0	116.4
"十二五"时期	111.0	102.1	112.5	110.8	112.0	114.2	108.3	108.3
"十三五"时期	107.7	103.6	106.4	109.4	105.5	108.5	107.7	109.4

2-8　地区生产总值项目构成

（2018 年）　　单位:亿元

项　　目	增加值	劳动者报酬	生产税净额	固定资产折旧	营业盈余
地区生产总值	**8516.09**	**4405.67**	**985.04**	**881.48**	**2243.91**
第一产业	494.93	484.01		10.92	
第二产业	3498.50	1833.20	505.75	412.06	747.49
第三产业	4522.66	2088.46	479.29	458.49	1496.42
工　业	2412.70	965.69	390.77	396.16	660.09
建筑业	1103.42	871.84	116.22	16.80	98.57
批发和零售业	848.59	299.34	187.69	48.03	313.52
批发业	504.95	157.10	127.52	29.94	190.40
零售业	343.63	142.24	60.17	18.10	123.13
交通运输、仓储和邮政业	290.76	151.50	17.62	63.89	57.74
住宿和餐饮业	133.23	67.60	10.15	8.64	46.83
信息传输、软件和信息技术服务业	262.06	153.30	-0.90	37.97	71.69
# 软件和信息技术服务业	167.42	94.06	15.14	7.30	50.93
金融业	883.67	179.05	67.26	29.20	608.15
房地产业	558.14	83.74	129.35	156.82	188.23
# 房地产开发经营业	347.56	38.47	121.83	7.36	179.91
租赁和商务服务业	365.89	236.77	30.79	20.58	77.75
科学研究和技术服务业	210.76	125.74	15.23	18.41	51.38
水利、环境和公共设施管理业	21.72	13.49	1.40	2.25	4.59
居民服务、修理和其他服务业	156.65	97.78	10.10	11.03	37.74
教　育	233.05	206.28	1.59	20.81	4.37
卫生和社会工作	137.47	123.76	1.02	9.81	2.88
文化、体育和娱乐业	75.32	47.09	5.69	9.20	13.35
公共管理、社会保障和社会组织	311.44	282.66	1.07	20.68	7.02

2-9 按行业分增加值

（2004-2020 年） 单位：亿元

项目	2004 年	2005 年	2006 年	2007 年	2008 年	2009 年	2010 年	2011 年
地区生产总值	1325.48	1426.56	1646.52	2053.43	2368.16	2679.44	3242.65	3819.75
第一产业	159.89	165.03	162.89	191.44	218.12	224.62	261.60	294.05
第二产业	633.93	642.13	705.19	860.54	987.00	1146.05	1460.35	1715.40
第三产业	531.66	619.41	778.43	1001.45	1163.04	1308.77	1520.70	1810.30
工　业	539.12	543.74	592.83	715.96	806.00	930.33	1184.72	1361.31
建筑业	97.60	101.25	115.46	148.42	185.33	220.61	281.96	361.52
批发和零售业	121.67	135.84	151.86	211.66	251.29	281.54	353.03	393.92
批发业	37.57	46.94	62.78	103.10	123.17	137.84	178.37	213.37
零售业	84.10	88.90	89.08	108.56	128.11	143.69	174.66	180.54
交通运输、仓储和邮政业	92.77	96.03	108.25	120.14	135.01	143.24	165.61	171.91
住宿和餐饮业	25.62	29.23	34.05	44.45	50.49	56.68	63.33	71.38
信息传输、软件和信息技术服务业	34.93	44.67	58.04	78.79	91.58	103.69	118.00	130.20
#软件和信息技术服务业	1.42	4.59	8.33	13.70	16.86	19.43	21.98	29.73
金融业	52.16	45.06	65.78	104.70	137.07	159.62	191.92	253.03
房地产业	48.22	77.59	120.29	125.02	124.40	133.30	140.08	206.91
#房地产开发经营业	11.14	31.47	63.75	59.36	51.31	54.96	59.38	88.53
租赁和商务服务业	18.64	34.97	55.38	77.94	99.74	116.21	129.13	156.42
科学研究和技术服务业	11.96	15.10	20.50	28.33	34.41	38.83	45.35	54.11
水利、环境和公共设施管理业	2.77	3.03	3.53	4.31	5.00	5.93	6.92	8.92
居民服务、修理和其他服务业	16.30	19.33	23.14	31.09	35.05	42.68	47.49	55.66
教　育	34.64	41.05	48.14	59.58	69.27	79.45	85.84	98.80
卫生和社会工作	22.32	22.36	23.19	26.77	30.06	34.88	41.34	51.02
文化、体育和娱乐业	7.72	9.68	12.95	17.68	20.67	24.01	27.91	34.46
公共管理、社会保障和社会组织	38.30	41.73	42.63	58.70	65.35	73.91	87.79	104.86

2-9 续表 （2004-2020 年） 单位：亿元

项　　目	2012 年	2013 年	2014 年	2015 年	2016 年	2017 年	2018 年	2019 年	2020 年
地区生产总值	**4339.58**	**4857.74**	**5391.42**	**5777.42**	**6491.54**	**7503.69**	**8516.09**	**9472.30**	**10020.02**
第一产业	329.54	355.21	378.73	381.80	423.93	461.22	494.93	526.68	560.70
第二产业	1970.87	2229.90	2470.66	2556.68	2788.34	3099.78	3498.50	3702.61	3840.77
第三产业	2039.17	2272.63	2542.03	2838.93	3279.26	3942.69	4522.66	5243.01	5618.55
工　业	1547.48	1737.29	1918.20	1876.89	2017.86	2196.10	2412.70	2480.91	2532.16
建筑业	431.66	498.17	558.60	689.36	777.08	915.60	1103.42	1241.22	1328.23
批发和零售业	435.02	474.94	524.74	581.13	651.26	762.29	848.59	1037.94	1078.06
批发业	238.19	263.98	248.95	344.23	382.91	458.61	504.95	530.50	551.90
零售业	196.83	210.96	275.79	236.90	268.35	303.68	343.63	507.44	526.16
交通运输、仓储和邮政业	190.96	208.26	242.88	227.70	230.50	282.49	290.76	314.67	331.26
住宿和餐饮业	80.21	85.81	82.13	91.33	111.23	119.21	133.23	141.30	134.54
信息传输、软件和信息技术服务业	143.15	152.42	166.55	116.80	154.06	180.11	262.06	313.56	
#软件和信息技术服务业	34.94	50.28	45.61	54.75	100.31	109.81	167.42	202.22	
金融业	301.23	348.45	427.10	576.39	658.11	797.13	883.67	1015.19	1150.86
房地产业	230.42	263.18	255.86	276.59	358.06	453.79	558.14	654.04	733.62
#房地产开发经营业	103.93	128.82	112.49	138.54	213.03	280.08	347.56	382.50	
租赁和商务服务业	188.02	224.09	257.76	209.76	231.16	325.03	365.89	398.07	
科学研究和技术服务业	59.17	65.88	74.69	155.75	181.36	159.63	210.76	288.60	
水利、环境和公共设施管理业	9.95	10.57	12.60	21.89	27.80	33.56	21.72	23.29	
居民服务、修理和其他服务业	63.42	71.50	95.04	33.75	65.71	91.11	156.65	203.14	
教　育	103.56	112.52	124.73	189.15	200.93	218.97	233.05	249.87	
卫生和社会工作	55.63	60.36	64.08	114.77	94.76	128.71	137.47	147.39	
文化、体育和娱乐业	39.43	48.18	58.41	28.06	39.37	47.66	75.32	84.26	
公共管理、社会保障和社会组织	118.84	128.18	135.75	192.35	253.45	315.91	311.44	333.91	

2-10 最终消费与资本形成总额

（1990-2020 年）

单位：万元

年 份	最终消费	居民消费	政府消费	资本形成总额	固定资本形成	存货增加	最终消费率（%）	资本形成率（%）
1990	68.85	56.76	12.10	42.58	29.56	13.01	67.2	41.6
1991	79.59	65.22	14.36	49.29	35.17	14.11	67.0	41.5
1992	88.07	68.97	19.10	80.77	62.98	17.80	58.7	53.8
1993	116.89	86.95	29.95	124.06	93.84	30.22	50.0	49.0
1994	198.02	131.11	66.90	179.55	133.71	45.84	52.2	47.3
1995	247.00	167.15	79.85	261.22	188.45	72.77	48.7	51.5
1996	288.95	197.80	91.15	295.08	210.18	84.90	45.5	46.5
1997	316.24	221.41	94.83	336.84	247.63	89.22	41.7	44.4
1998	339.69	243.23	96.46	387.60	295.26	92.34	39.0	44.5
1999	360.21	267.45	92.76	410.36	304.78	105.58	38.1	43.4
2000	395.77	300.43	95.34	407.46	294.51	112.95	39.0	40.2
2001	421.77	323.54	98.23	447.60	331.59	116.00	38.9	41.2
2002	478.08	378.97	99.10	481.84	364.67	117.17	40.2	40.6
2003	512.90	411.53	101.37	605.48	483.06	122.42	37.6	44.4
2004	509.73	402.10	107.63	663.33	553.84	109.49	35.9	46.7
2005	568.30	455.57	112.73	744.65	630.64	114.00	36.0	47.2
2006	662.79	535.59	127.20	902.95	739.24	163.71	37.0	50.4
2007	757.77	639.84	117.93	1090.10	973.33	116.77	35.4	50.1
2008	891.48	734.16	157.32	1338.77	1200.83	137.94	34.9	52.5
2009	962.63	793.04	169.59	1519.66	1412.77	106.89	33.8	53.3
2010	1076.13	868.96	207.17	1705.72	1606.35	99.37	34.3	54.4
2011	1282.34	1030.54	251.80	2063.16	1947.08	116.08	34.2	55.0
2012	1487.99	1182.58	305.41	2364.14	2245.25	118.90	35.2	56.0
2013	1617.11	1270.20	346.91	2743.74	2658.47	85.26	34.6	58.6
2014	1735.45	1350.15	385.30	3086.77	3008.63	78.14	33.6	59.7
2015	1947.61	1530.69	416.92	3289.40	3258.83	30.57	34.7	58.5
2016	2211.61	1732.22	479.38	3573.73	3542.54	31.19	35.7	57.7
2017	2604.55	2081.85	522.70	4255.92	4163.14	92.79	36.8	60.1

2-11 最终消费与资本形成总额指数

(1990-2020年,以上年为100)　　单位:%

年　份	最终消费	居民消费	政府消费	资本形成总　额	固定资本形　成	存货增加
1990	115.1	116.1	110.0	88.8	79.3	119.3
1991	110.8	110.1	113.9	108.7	111.2	102.9
1992	104.6	100.4	123.8	149.9	160.1	124.6
1993	116.3	111.1	135.7	126.3	121.9	139.9
1994	124.2	125.3	122.2	121.0	115.9	136.2
1995	108.8	112.2	104.5	126.1	126.2	125.9
1996	111.6	114.3	106.4	112.3	111.3	114.7
1997	107.9	110.7	102.0	112.9	115.1	107.6
1998	107.9	110.5	101.9	116.4	120.4	105.8
1999	106.2	122.3	95.6	107.5	105.2	114.4
2000	109.3	111.1	104.2	103.5	101.5	108.8
2001	108.1	109.3	104.3	111.1	113.7	104.4
2002	114.7	118.6	101.6	108.3	110.5	102.1
2003	107.0	108.2	102.3	123.8	130.6	102.9
2004	110.6	111.8	105.6	112.7	116.0	100.1
2005	109.3	111.3	102.2	110.8	112.7	101.5
2006	115.5	116.5	111.6	119.4	115.1	143.3
2007	110.7	114.7	93.7	115.5	125.9	69.2
2008	115.0	112.5	127.6	117.8	118.6	111.3
2009	109.3	108.9	111.1	115.3	119.9	76.1
2010	113.5	114.3	110.1	117.7	118.7	100.8
2011	113.7	113.2	115.9	112.5	112.4	112.8
2012	112.8	112.3	114.9	114.1	114.7	103.4
2013	107.1	106.2	110.9	117.4	119.9	72.1
2014	108.2	107.7	109.9	112.2	112.8	93.9
2015	110.4	111.4	106.5	108.9	110.7	45.2
2016	111.0	110.6	112.5	107.2	107.2	109.3
2017	114.4	115.8	109.0	111.5	110.0	271.1

2-12 最终消费与资本形成总额指数

（1990-2020 年,以 1990 年为 100）

单位:%

年　份	最终消费	居民消费	政府消费	资本形成总额	固定资本形成	存货增加
1990	100.0	100.0	100.0	100.0	100.0	100.0
1991	110.8	110.1	114.0	108.7	111.2	102.9
1992	115.9	110.5	141.1	162.8	178.0	128.4
1993	158.8	126.0	312.7	229.9	248.6	187.5
1994	192.3	151.8	382.0	278.1	288.1	255.3
1995	209.3	168.8	399.1	350.7	363.7	321.4
1996	233.6	192.9	424.7	393.8	404.8	368.8
1997	252.1	213.6	433.0	444.8	465.9	396.7
1998	272.2	235.7	443.0	517.7	560.9	419.6
1999	289.0	259.7	426.4	556.4	589.9	480.2
2000	574.8	529.3	788.2	957.0	996.1	868.0
2001	621.4	578.5	822.1	1063.2	1132.6	906.2
2002	712.7	686.1	835.3	1151.4	1251.5	925.2
2003	762.6	742.4	854.5	1425.4	1634.5	952.0
2004	843.4	830.0	902.4	1606.4	1896.0	953.0
2005	921.9	923.8	922.2	1779.9	2136.8	967.2
2006	1064.8	1076.2	1029.2	2125.2	2459.5	1386.0
2007	1178.7	1234.4	964.4	2454.6	3096.5	959.1
2008	1355.5	1388.7	1230.6	2891.5	3672.4	1067.5
2009	1481.6	1512.3	1367.2	3333.9	4403.3	812.4
2010	1681.6	1728.6	1505.3	3917.3	5226.7	818.9
2011	1912.0	1956.8	1744.6	4407.0	5874.8	923.7
2012	2156.7	2197.5	2004.5	5028.4	6703.1	955.1
2013	2310.7	2333.7	2223.0	5903.8	8040.1	688.3
2014	2499.6	2514.3	2442.2	6625.1	9071.9	646.1
2015	2759.6	2801.0	2600.9	7214.7	10042.6	292.0
2016	3063.6	3098.5	2925.2	7732.6	10761.5	319.2
2017	3503.5	3588.8	3188.2	8620.7	11836.5	865.5

2-13 居民消费水平

(1990-2020 年)

年份	全体居民消费水平(元/人)	农业居民	非农业居民	城乡居民消费水平对比(农业居民=1)	全体居民消费水平指数	
					(以 1990 年为 100)	(以上年为 100)
1990	997	817	1568	1.9	100.0	106.9
1991	1110	889	1818	2.0	106.0	106.0
1992	1260	1010	2044	2.0	111.0	104.7
1993	1576	1271	2519	2.0	122.0	109.9
1994	2345	1813	3934	2.2	151.1	123.9
1995	2960	2343	4779	2.0	166.4	110.1
1996	3458	2779	5403	1.9	187.7	112.8
1997	3831	2971	6213	2.1	205.7	109.6
1998	4175	3129	7011	2.2	225.7	109.7
1999	4570	3342	7813	2.3	249.2	110.4
2000	5088	3638	8812	2.4	274.3	110.1
2001	5432	3728	9633	2.6	297.1	108.3
2002	6331	4264	10173	2.4	350.6	118.0
2003	6266	3921	10825	2.8	378.2	107.5
2004	6111	5024	7055	1.4	420.2	111.1
2005	6882	5628	7927	1.4	464.7	110.6
2006	8090	5518	10235	1.9	514.0	110.6
2007	9564	5905	12503	2.1	583.4	113.5
2008	10804	6316	14232	2.3	646.4	110.8
2009	11577	6441	15259	2.4	698.1	108.0
2010	12427	6754	16130	2.4	781.2	111.9
2011	14384	8205	18067	2.2	917.9	117.5
2012	16345	9588	20137	2.1	1041.8	113.5
2013	17388	10797	20886	1.9	1108.3	106.4
2014	18282	12093	21414	1.8	1165.3	105.1
2015	20505	13649	23836	1.7	1307.4	112.2
2016	22989	15025	26719	1.8	1465.8	112.1
2017	27339	18134	31474	1.7	1743.1	118.9

2-14 三次产业对经济增长贡献

（2000–2020 年）

年　份	地区生产总值	第一产业	第二产业	第三产业	工　业	交通运输、仓储和邮政业	批发和零售业
2000	100.0	2.2	65.5	32.3	69.5	9.2	15.6
2001	100.0	0.4	55.8	43.8	48.9	8.4	15.1
2002	100.0	5.4	60.8	33.7	58.0	8.0	13.3
2003	100.0	0.9	66.5	32.6	54.7	8.6	7.7
2004	100.0	3.7	56.6	39.7	48.8	11.5	9.3
2005	100.0	3.0	45.9	51.1	45.2	10.2	9.7
2006	100.0	3.1	44.0	52.9	42.6	7.4	4.9
2007	100.0	2.9	38.9	58.2	31.8	0.3	17.3
2008	100.0	3.2	42.7	54.1	34.4	4.4	10.2
2009	100.0	3.1	48.6	48.3	37.7	2.9	12.6
2010	100.0	2.2	58.4	39.5	47.3	5.3	13.2
2011	100.0	2.8	54.8	42.4	42.2	4.4	8.7
2012	100.0	3.3	57.0	39.7	42.9	1.4	7.4
2013	100.0	3.0	54.4	42.6	43.2	3.1	7.8
2014	100.0	3.2	54.8	42.0	44.1	6.1	10.1
2015	100.0	2.8	37.9	59.3	27.6	2.7	4.0
2016	100.0	3.7	34.7	61.6	26.6	2.2	5.5
2017	100.0	2.8	33.4	63.8	29.4	5.5	8.4
2018	100.0	3.0	42.1	54.9	34.2	4.5	8.2
2019	100.0	2.6	24.2	73.3	11.8	3.5	23.7
2020	100.0	4.3	49.6	46.1	29.3	4.4	9.0

2-15 2019年分县(市)区地区生产总值

单位:亿元

	GDP	第一产业	第二产业	第三产业
福　　州	9472.30	526.68	3702.61	5243.01
鼓 楼 区	1963.82		310.70	1653.12
台 江 区	547.71		79.61	468.11
仓 山 区	845.15	1.65	330.25	513.25
晋 安 区	895.66	7.38	243.23	645.05
马 尾 区	573.95	5.78	335.38	232.80
长 乐 区	954.24	58.46	621.00	274.78
福 清 市	1150.23	100.59	587.49	462.15
闽 侯 县	757.70	45.72	402.84	309.13
连 江 县	589.31	137.70	240.01	211.60
闽 清 县	326.74	34.32	175.52	116.89
罗 源 县	299.72	46.20	163.98	89.54
永 泰 县	281.22	52.96	131.96	96.30
平　　潭	282.85	35.91	80.64	166.30

2-16 2020年分县(市)区地区生产总值及增速

	地区生产总值(亿元)			
	GDP	第一产业	第二产业	第三产业
福　州	10020.02	560.70	3840.77	5618.55
鼓楼区	2069.86		311.62	1758.24
台江区	600.81		88.03	512.78
仓山区	902.27	1.76	344.79	555.73
晋安区	959.05	7.99	253.98	697.08
马尾区	604.96	9.89	354.87	240.19
长乐区	1003.41	57.76	651.97	293.69
福清市	1228.54	110.00	619.40	499.15
闽侯县	793.04	48.52	413.42	331.10
连江县	594.85	147.07	221.80	225.98
闽清县	344.88	36.19	184.90	123.79
罗源县	316.61	49.02	171.63	95.96
永泰县	300.31	56.47	139.92	103.92
平　潭	301.43	36.03	84.44	180.96

2-16 续表

	增速(%)			
	GDP	第一产业	第二产业	第三产业
福　　州	5.1	4.0	6.2	4.4
鼓 楼 区	3.2		2.4	3.4
台 江 区	6.3		12.7	5.3
仓 山 区	5.8	0.7	6.9	5.0
晋 安 区	5.7	3.8	6.9	5.2
马 尾 区	5.7	12.8	8.3	1.3
长 乐 区	6.8	3.4	8.0	4.4
福 清 市	6.7	4.0	8.3	5.2
闽 侯 县	5.0	3.7	5.1	4.9
连 江 县	0.2	4.5	-5.6	4.3
闽 清 县	6.2	4.6	7.4	4.9
罗 源 县	6.3	4.0	7.6	4.8
永 泰 县	6.2	4.5	8.0	4.9
平　　潭	5.4	2.0	1.8	7.7

主要统计指标解释

地区生产总值(GDP) 指按市场价格计算的一个国家(或地区)所有常住单位在一定时期内生产活动的最终成果。国内生产总值有三种表现形态,即价值形态、收入和产品形态。从价值形态看,它是所有常住单位在一定时期内所生产的全部货物和服务价值超过同期投入的全部非固定资产货物和服务价值的差额,即所有常住单位的增加值之和;从收入形态看,它是所有常住单位在一定时期内所创造并分配给常住单位和非常住单位的初次收入之和;从产品形态看,它是所有常住单位在一定时期内最终使用的货物和服务价值减去进口货物和服务价值。

在核算中,国内生产总值的三种表现形态表现为三种计算方法,即生产法、收入法和支出法。三种方法分别从不同的方面反映了国内生产总值及其构成。

按生产法计算,它等于各部门增加值之和;按收入法计算,它等于固定资产折旧、劳动者报酬、生产税净额和营业盈余之和;按支出法计算,它等于总消费、总投资和净出口之和。

在国内生产总值定义中,常住单位的概念对于确定计算国内生产总值的口径,明确各种的交易的范围具有十分重要的意义。所谓常住单位是指在一国经济领土上具有经济利益中心的经济单位。一国经济领土是由该国政府控制或拥有的地理领土组成的。若一个经济单位在一国的经济领土之内拥有一定的活动场所(住宅、厂房或其他建筑物等),从事一定规模的经济活动,并超过一定的时期(一般在一年以上),则称该经济单位在该国具有经济利益中心。国内生产总值反映了所有常住单位生产活动的最终成果。在这里,最终成果有双重含义:一是从使用价值形态上看,它包括了一切用于现期消费、投资和净出口的货物和服务,而不包括用于生产过程中的货物和服务;二是从价值形态上看,生产过程也是价值的转移过程,生产中耗用的产品(中间产品)价值随同生产过程转移到新产品价值之中,因此,必须在总产出基础上扣除一切中间产品的转移价值,以避免产品价值的重复计算。

支出法国内生产总值 指一个国家(或地区)所有常住单位在一定时期内用于最终消费、资本形成总额,以及货物和服务的净出口总额,它反映本期生产的国内生产总值的使用及构成。

最终消费 指常住单位在一定时期内对于货物和服务的全部最终消费支出,也就是常住单位为满足物质、文化和精神生活的需要,从本国经济领土和国外购买的货物和服务的支出,不包括非常住单位在本国经济领土内的消费支出。最终消费分为居民消费和政府消费。

资本形成总额 指常住单位在一定时期内获得的减去处置的固定资产加存货的变动,包括固定资本形成总额和存货增加。

劳动者报酬 指劳动者因从事生产活动所获得的全部报酬。包括劳动者获得的各种形式的工资、奖金和津贴,既包括货币形式的,也包括实物形式的,还包括劳动者所享受的公费医疗和医药卫生费、上下班交通补贴和单位支付的社会保险费、住房公积金等。对于个体经济来说,其所有者所获得的劳动报酬和经营利润不易区分,这两部分统一作为劳动者报酬处理。

生产税净额 指生产税减生产补贴后的余额。生产税指政府对生产单位生产、销售和从事经营活动以及因从事生产活动使用某些生产要素(如固定资产、土地、劳动力)所征收的各种税、附加费和规费。生产补贴与生产税相反,指政府对生产单位的单方面转移支出,因此视为负生产税,包括政策亏损补贴、价格补贴等。

固定资产折旧 指一定时期内为弥补固定资产损耗按照核定的固定资产折旧率提取的固定资产折旧,或按国民经济核算统一规定的折旧率虚拟计算的固定资产折旧。它反映了固定资产在当期生产中的转移价值。各类企业和企业化管理的事业单位的固定资产折旧是指实际计提并计入成本费中的折旧费;不计提折旧的政府机关、非企业化管理的事业单位和居民住房的固定资产折旧是按照统一规定的折旧率和固定资产原值计算的虚拟折旧。原则上,固定资产折旧应按固定资产的重置价值计算,但是目前我国尚不具备对全社会固定资产进行重估价的基础,所以暂时只能采用上述办法。

营业盈余 指常住单位创造的增加值扣除劳动者报酬、生产税净额和固定资产折旧后的余额。它相当于企业的营业利润加上生产补贴,但要扣除从利润中开支的工资和福利等。

3 人　口

3-1　主要年份户籍总人口

单位:人

年　份	总人口	按性别分		按农业非农业分		平均人口
		男性人口	女性人口	农业人口	非农业人口	
1952	2366838	1258301	1108538	1803319	563519	2351407
1957	2705794	1433059	1272737	1948659	757135	2665649
1962	3055681	1610988	1444693	2242362	811319	3004409
1965	3282024	1721422	1560602	2467566	814458	3186309
1970	3578846	1867451	1175395	2821277	757569	3541600
1975	4087603	2124558	1963045	3299201	788402	4038537
1978	4372830	2272780	2100050	3526942	845888	4326648
1979	4442268	2308402	2133886	3562568	879700	4407549
1980	4498461	2337786	2160675	3581365	917096	4470365
1985	4888568	2551715	2336853	3762220	1126348	4857514
1990	5352982	2799870	2563262	4117108	1235874	5272621
1995	5622715	2925882	2696833	4219259	1403456	5588723
2000	5892348	3057142	2835224	4240391	1651957	5861800
2001	5941392	3081672	2859720	4208914	1732478	5916870
2002	5975381	3097079	2878302	3702381	2273000	5958387
2003	6048599	3139966	2908633	3994310	2054289	6011990
2004	6093869	3160288	2933581	3952000	2141869	6071234
2005	6148355	3184862	2963493	3929085	2219270	6121112
2006	6227327	3225015	3002312	3849366	2377961	6187841
2007	6303043	3260786	3042257	3853353	2449690	6265185
2008	6359516	3284668	3074848	3730378	2629138	6331280
2009	6383266	3087408	3295858			6371391
2010	6458966	3330500	3128466			6421116
2011	6494105	3344623	3149482			6476536
2012	6552740	3371172	3181568			6523423
2013	6654949	3419418	3235531			6603845
2014	6749436	3462989	3286447			6702193
2015	6783656	3477602	3306054			6766546
2016	6870648	3516408	3354240			6827152
2017	6933529	3540554	3392975			6902089
2018	7026617	3583233	3443384			6980073
2019	7100850	3617221	3483629			7063734
2020	7154084	3640394	3513690			7127467

注:2009年户籍人口统计没有统计农业人口、非农业人口,下同。

3-2 主要年份户籍人口构成比重

单位:%

年份	按性别分		按农业非农业分	
	男性人口	女性人口	农业人口	非农业人口
1952	53.16	46.84	76.19	23.81
1957	52.96	47.04	72.02	27.98
1962	52.72	47.28	73.45	26.55
1965	52.45	47.55	75.18	24.82
1970	52.18	47.82	78.32	21.68
1975	51.98	48.02	80.71	19.29
1978	51.98	48.02	80.66	19.34
1979	51.96	48.04	80.20	19.80
1980	51.97	48.03	79.61	20.39
1985	52.20	47.80	76.96	23.04
1990	52.12	47.88	76.91	23.09
1995	52.03	47.97	75.04	24.96
2000	51.52	48.48	71.28	26.92
2001	51.87	48.13	70.84	29.16
2002	51.83	48.17	61.96	38.04
2003	51.92	48.08	66.04	33.96
2004	51.86	48.14	64.85	35.15
2005	51.80	48.20	63.90	36.10
2006	51.79	48.21	61.81	38.19
2007	51.73	48.27	61.13	38.87
2008	51.65	48.35	58.66	41.34
2009	51.63	48.37		
2010	51.56	48.44	66.17	32.14
2011	51.50	48.50		
2012	51.45	48.55		
2013	51.38	48.62		
2014	51.31	48.69		
2015	51.26	48.74		
2016	51.18	48.82		
2017	51.06	48.94		
2018	51.00	49.00		
2019	50.94	49.06		
2020	50.89	49.11		

3-3　户籍人口变动情况

（2020 年）

项　　目	单　位	福州市	市　区	鼓楼区	台江区	仓山区	晋安区	马尾区	长乐区
年末总户数	户	2238525	958062	185788	115608	208287	152795	59755	235829
年末总人口	人	7154084	2935580	595763	317656	638663	432339	185895	765264
男性人口	人	3640394	1462908	292341	155933	311651	210882	92150	399951
女性人口	人	3513690	1472672	303422	161723	327012	221457	93745	365313
出生人数	人	77337	31554	5764	2888	8083	4749	1442	8628
死亡人数	人	43264	17870	3483	3019	3205	2766	1139	4258
人口自然增长数	人	34073	13684	2281	-131	4878	1983	303	4370
迁入人数	人	152095	99594	24953	11397	29825	17557	4824	11038
迁出人数	人	132062	74004	20445	11849	16716	11866	2005	11123
出生率	‰	10.85	10.82	9.73	9.08	12.84	11.08	7.82	11.31
死亡率	‰	6.07	6.13	5.88	9.49	5.09	6.45	6.18	5.58
人口自然增长率	‰	4.78	4.69	3.85	-0.41	7.75	4.63	1.64	5.73
年平均人口	人	7127467	2916070	592391	317959	629688	428519	184337	763178

项　　目	单　位	福清市	闽侯县	连江县	罗源县	闽清县	永泰县	平　潭
年末总户数	户	418863	222907	204727	81612	97273	125788	129293
年末总人口	人	1396657	712344	678273	269686	324037	385017	452490
男性人口	人	719166	361711	351628	140670	170554	204512	229245
女性人口	人	677491	350633	326645	129016	153483	180505	223245
出生人数	人	15704	7980	5841	2948	3457	4192	5661
死亡人数	人	7838	4757	3870	1881	2334	2054	2660
人口自然增长数	人	7866	3223	1971	1067	1123	2138	3001
迁入人数	人	15309	14050	9097	4090	2302	3258	4395
迁出人数	人	17546	8182	10957	5032	4259	6051	6031
出生率	‰	11.27	11.27	8.61	10.93	10.65	10.88	12.53
死亡率	‰	5.62	6.72	5.71	6.98	7.19	5.33	5.89
人口自然增长率	‰	5.64	4.55	2.91	3.96	3.46	5.55	6.64
年平均人口	人	1393953	707832	678261	269649	324464	385377	451862

3-4 常住人口和城镇化率

县(市)、区	常住人口(万人)						
	2006年	2007年	2008年	2009年	2010年	2011年	2012年
福州市	**671.0**	**676.0**	**683.0**	**687.0**	**712.0**	**735.0**	**747.0**
鼓楼区	74.0	75.0	75.0	75.0	68.8	69.5	69.5
台江区	44.0	45.0	45.0	45.0	44.7	44.9	44.6
仓山区	59.0	60.0	60.0	60.0	76.3	80.9	84.4
晋安区	65.0	67.0	67.0	67.0	79.2	80.3	80.4
马尾区	25.0	26.0	24.0	24.0	23.2	24.1	24.7
长乐区	67.0	67.0	68.0	69.0	68.3	70.3	71.5
福清市	119.0	119.0	120.0	121.0	123.5	126.8	128.7
闽侯县	55.0	56.0	63.0	64.0	66.4	70.1	73.1
连江县	55.0	55.0	55.0	55.0	56.1	57.7	58.6
罗源县	20.0	20.0	20.0	20.0	20.8	21.5	22.0
闽清县	25.0	24.0	24.0	24.0	23.8	24.3	24.5
永泰县	28.0	27.0	27.0	27.0	24.9	25.6	26.0
平　潭	35.0	35.0	35.0	36.0	36.0	39.0	39.0

县(市)、区	城镇化率(%)						
	2006年	2007年	2008年	2009年	2010年	2011年	2012年
福州市	**55.5**	**55.9**	**57.5**	**58.5**	**62.0**	**63.1**	**64.1**
鼓楼区	100.0	100.0	100.0	100.0	100.0	100.0	100.0
台江区	100.0	100.0	100.0	100.0	100.0	100.0	100.0
仓山区	100.0	100.0	100.0	100.0	100.0	100.0	100.0
晋安区	93.7	94.0	96.2	96.7	97.4	97.4	97.4
马尾区	62.6	62.8	63.3	68.5	66.9	69.1	71.5
长乐区	33.3	33.8	36.2	38.9	40.7	42.6	44.6
福清市	31.2	31.9	33.3	38.8	38.1	39.7	41.3
闽侯县	26.9	27.7	36.3	39.4	44.5	46.1	47.8
连江县	33.3	33.6	34.1	34.7	35.2	36.8	38.4
罗源县	30.7	31.0	32.0	33.3	36.8	39.6	42.6
闽清县	26.7	27.0	27.8	29.2	30.6	31.9	33.3
永泰县	25.4	26.2	27.0	29.0	31.9	33.1	34.3
平　潭	18.4	19.0	19.5	33.9	31.8	37.7	38.8

注：本表2009年前为人口变动抽样调查数据，2010年至2020年为人口普查核算数据。

3-4　续表

县(市)、区	常住人口(万人)							
	2013 年	2014 年	2015 年	2016 年	2017 年	2018 年	2019 年	2020 年
福州市	**760.0**	**775.0**	**780.0**	**787.0**	**806.0**	**817.0**	**824.0**	**832.0**
鼓楼区	69.4	69.3	68.9	68.6	68.5	68.3	67.6	67.0
台江区	44.4	44.2	43.5	42.9	42.8	42.5	41.8	41.2
仓山区	88.0	92.1	94.8	97.7	103.5	107.8	111.3	115.0
晋安区	80.4	80.3	80.2	80.1	80.0	79.7	79.5	79.0
马尾区	25.3	26.0	26.4	26.8	27.6	28.2	28.7	29.2
长乐区	72.7	74.2	74.6	75.2	76.9	78.0	78.6	79.3
福清市	130.5	132.7	133.0	133.8	136.4	137.9	138.7	139.4
闽侯县	76.2	80.6	82.3	84.7	89.3	92.9	96.1	99.3
连江县	59.5	60.6	60.8	61.2	62.5	63.3	63.7	64.1
罗源县	22.5	23.1	23.4	23.7	24.4	24.9	25.3	25.6
闽清县	24.8	25.1	25.2	25.3	25.5	25.6	25.7	25.7
永泰县	26.3	26.8	26.9	27.0	27.6	27.9	28.0	28.2
平　潭	40.0	40.0	40.0	40.0	41.0	40.0	39.0	39.0

县(市)、区	城镇化率(%)							
	2013 年	2014 年	2015 年	2016 年	2017 年	2018 年	2019 年	2020 年
福州市	**65.6**	**66.7**	**68.0**	**69.0**	**70.3**	**71.4**	**71.8**	**72.5**
鼓楼区	100.0	100.0	100.0	100.0	100.0	100.0	100.0	100.0
台江区	100.0	100.0	100.0	100.0	100.0	100.0	100.0	100.0
仓山区	100.0	100.0	100.0	100.0	100.0	100.0	100.0	100.0
晋安区	97.4	97.4	97.4	97.4	97.4	97.4	97.4	97.5
马尾区	75.3	77.9	80.3	82.2	85.0	86.9	87.1	87.9
长乐区	47.5	49.6	51.8	53.6	56.0	57.9	58.8	60.0
福清市	43.8	45.5	47.4	48.7	50.6	52.1	52.6	53.6
闽侯县	50.5	51.8	54.1	55.8	57.5	58.9	59.3	60.1
连江县	40.7	42.5	44.3	45.7	47.6	49.1	49.7	50.7
罗源县	46.6	50.1	53.7	57.2	61.3	65.2	67.9	71.6
闽清县	35.3	36.8	38.1	39.2	41.1	42.6	43.0	43.8
永泰县	36.3	37.6	38.9	40.0	41.3	42.4	42.8	43.3
平　潭	40.5	42.5	44.5	46.7	48.9	51.0	52.5	53.7

主要统计指标解释

人口数 指一定时点、一定地区范围内的有生命的个人的总和。

人口密度 指一定时点一定地区的人口数与该地区的面积数之比，即一定时点的单位面积上人口数，通常以每平方公里的居住人数来表示：

出生率（又称粗出生率） 指在一定时期内（通常为一年）出生的人数与同期平均人数的比率，一般用千分率表示。

出生人数 指活产婴儿，即胎儿脱离母体时（不管怀孕月数），有过呼吸或其他生命现象。

死亡率（又称粗死亡率） 指在一定时期内（通常为一年）一定地区的死亡人数与同期平均人数（或期中人数）之比，一般用千分率表示。

人口自然增长率 指在一定时期内（通常为一年）一定地区人口自然增加数（出生人数减死亡人数）与该时期内平均人数（或期中人数）之比，一般用千分率表示。

人口自然增长率＝（本年出生人数－本年死亡人数）÷年平均人数×1000‰

城镇化率 是城市化的度量指标，一般采用人口统计学指标，即城镇人口占总人口的比重（城镇人口是按国家统计局发布的《关于统计上划分城乡的规定》计算的）。

4 就业与职工工资

4-1 全社会从业人员

（1990-2020 年）　　单位：万人

年　　份	全社会从业人员
1990	245.83
1991	263.93
1992	274.65
1993	278.47
1994	274.03
1995	280.45
1996	298.09
1997	298.77
1998	297.02
1999	292.39
2000	293.62
2001	290.53
2002	294.42
2003	312.53
2004	321.07
2005	330.00
2006	340.01
2007	358.03
2008	364.00
2009	365.73
2010	358.00
2011	374.00
2012	382.00
2013	386.00
2014	394.00
2015	406.00
2016	409.00
2017	412.00
2018	416.00
2019	416.00
2020	420.00

注：2010 年至 2020 年数据根据第七次全国人口普查数据调整。

4-2 按类分城镇非私营单位在岗职工人数及构成

（1987-2020 年）

年份	城镇非私营单位职工人数(人)				构成(%)		
	合计	Ⅰ类	Ⅱ类	Ⅲ类	Ⅰ类	Ⅱ类	Ⅲ类
1987	724022	27743	373783	322496	3.83	51.63	44.54
1988	745247	26543	392814	325890	3.56	52.71	43.73
1989	745959	26338	383332	336289	3.53	51.39	45.08
1990	757935	25468	386649	345818	3.36	51.01	45.63
1991	788054	24184	406173	357697	3.07	51.54	45.39
1992	856301	23599	464511	368191	2.76	54.25	43.00
1993	881393	17324	499271	364798	1.97	56.65	41.39
1994	837106	19787	436504	380815	2.36	52.14	45.49
1995	823952	13892	339605	470455	1.69	41.22	57.10
1996	896108	16638	376872	502598	1.86	42.06	56.09
1997	877839	15459	363279	499101	1.76	41.38	56.86
1998	786225	13035	307732	465458	1.66	39.14	59.20
1999	698417	11342	330712	356363	1.62	47.35	51.02
2000	684213	10810	323294	350109	1.58	47.25	51.17
2001	687997	10717	335143	342137	1.56	48.71	49.73
2002	684803	9927	342925	331951	1.45	50.08	48.47
2003	726563	8971	392665	324927	1.24	54.04	44.72
2004	787736	8102	437559	342074	1.01	55.55	43.42
2005	809450	7883	461346	340221	0.97	57.00	42.03
2006	840593	7288	485247	348058	0.88	57.72	41.40
2007	861002	6305	492212	362485	0.73	57.17	42.10
2008	925431	6037	497407	421987	0.65	53.75	45.60
2009	946215	8171	480167	457877	0.86	50.75	48.39
2010	1001114	6981	526766	467367	0.70	52.62	46.68
2011	1210072	5991	747885	456196	0.50	61.81	37.69
2012	1315144	1650	823096	490398	0.13	62.59	37.28
2013	1288694	1473	724476	562745	0.11	56.22	43.67
2014	1322835	2047	749439	571349	0.15	56.65	43.19
2015	1412746	1888	809000	601858	0.13	57.26	42.60
2016	1411547	2081	793172	616294	0.15	56.19	43.66
2017	1406342	2593	764977	638772	0.18	54.39	45.43
2018	1539725	1702	861882	676141	0.11	55.98	43.91
2019	1504112	909	804963	698240	0.06	53.52	46.42
2020	1347071	870	658957	687244	0.06	48.92	51.02

注：1.在岗职工人数含劳务派遣人员。

2. Ⅰ类是指农、林、牧、渔业。Ⅱ类是指工业和建筑业。Ⅲ类是指批发和零售业，交通运输、仓储和邮政业，住宿和餐饮业，信息传输、软件和信息技术服务业，金融业，房地产业，租赁和商务服务业，科学研究、技术服务业，水利、环境和公共设施管理业，居民服务、修理和其他服务业，教育，卫生和社会工作，文化、体育和娱乐业，公共管理、社会保障和社会组织。

4-3 城镇非私营单位年末从业人员

单位：人

项　　目	2010 年	2011 年	2012 年	2013 年	2014 年
合　　计	**1054803**	**1280693**	**1437040**	**1427513**	**1491695**
按行业分					
农、林、牧、渔业	7290	6598	2185	1998	2522
采矿业	1423	12714	2554	1099	1176
制造业	398048	441925	462770	435660	395979
电力、热力、燃气及水生产和供应业	16198	16621	16674	15484	18022
建筑业	143414	322710	436453	381339	472884
批发和零售业	39126	63555	73933	75955	71044
交通运输、仓储和邮政业	39246	40428	37750	50244	50211
住宿和餐饮业	21016	23256	22700	24940	24103
信息传输、软件和信息技术服务业	11906	16503	14557	17114	17572
金融业	30614	29991	32917	33131	34885
房地产业	26558	27071	28994	36027	38763
租赁和商务服务业	61075	17723	16974	47593	39678
科学研究、技术服务业	30626	31156	36157	38531	41107
水利、环境和公共设施管理业	13409	14022	14649	14426	17477
居民服务、修理和其他服务业	2830	2184	1847	2896	3619
教　育	95116	100158	102113	109139	114667
卫生和社会工作	38831	45071	46596	50669	53074
文化、体育和娱乐业	14699	15511	12181	13811	13845
公共管理、社会保障和社会组织	63378	53496	75036	77457	81067
按类汇总					
Ⅰ类	7290	6598	2185	1998	2522
Ⅱ类	559083	793970	918451	833582	888061
Ⅲ类	488430	480125	516404	591933	601112

注：Ⅰ类是指农、林、牧、渔业。Ⅱ类是指工业和建筑业。Ⅲ类是指批发和零售业，交通运输、仓储和邮政业，住宿和餐饮业，信息传输、软件和信息技术服务业，金融业，房地产业，租赁和商务服务业，科学研究、技术服务业，水利、环境和公共设施管理业，居民服务、修理和其他服务业，教育，卫生和社会工作，文化、体育和娱乐业，公共管理、社会保障和社会组织。

4-3 续表

单位:人

项　　目	2015年	2016年	2017年	2018年	2019年	2020年
合　　计	**1562270**	**1568274**	**1587716**	**1742288**	**1761930**	**1561136**
按行业分						
农、林、牧、渔业	2502	2462	2949	1952	1041	1001
采矿业	1189	1178	958	831	358	151
制造业	394177	379460	353641	347275	293813	280965
电力、热力、燃气及水生产和供应业	16056	17051	17325	76815	73730	73036
建筑业	513543	516643	530931	600158	629088	452160
批发和零售业	77290	75337	76528	74850	74826	72566
交通运输、仓储和邮政业	50703	45319	47532	37700	44238	42700
住宿和餐饮业	23912	24878	25574	30473	25733	25423
信息传输、软件和信息技术服务业	28178	26775	40706	53695	47919	47844
金融业	35062	33490	36592	36021	67792	74019
房地产业	42280	44218	43418	50161	48371	46010
租赁和商务服务业	42804	56713	62949	71097	71644	65602
科学研究、技术服务业	42913	42783	32142	34494	37763	37850
水利、环境和公共设施管理业	15470	15910	14766	13633	17162	19066
居民服务、修理和其他服务业	3647	4931	8175	7573	6459	8584
教　育	111556	117530	119770	125477	138785	131502
卫生和社会工作	53259	56330	58380	58221	64645	62352
文化、体育和娱乐业	16115	14449	14119	15067	15642	15993
公共管理、社会保障和社会组织	92114	92817	101261	106795	102921	104311
按类汇总						
Ⅰ类	2502	2462	2949	1952	1041	1001
Ⅱ类	924965	914332	902855	1025079	996989	806311
Ⅲ类	635303	651480	681912	715257	763900	753824

4-4 城镇非私营单位在岗职工

单位:人

项　　目	2005年	2006年	2007年	2008年	2009年	2010年	2011年	2012年
合　　计	**809450**	**840593**	**861002**	**925431**	**946215**	**1001114**	**1210072**	**1315144**
按行业分								
农、林、牧、渔业	7883	7288	6305	6037	8171	6981	5991	1650
采矿业	1316	1264	1267	1137	2130	1422	10501	1793
制造业	368257	390331	394461	384282	371746	394295	436202	457156
电力、热力、燃气及水生产和供应业	13238	14088	14520	15431	15529	16067	16461	16525
建筑业	78535	79564	81964	96557	90762	114982	284721	347622
批发和零售业	28571	28984	32987	36709	39970	38090	62634	70919
交通运输、仓储和邮政业	29639	30256	32392	32560	35754	35454	36072	33188
住宿和餐饮业	14584	13082	16669	16203	17814	20279	21250	22367
信息传输、软件和信息技术服务业	8656	10708	11106	11145	10372	11621	16354	14541
金融业	20974	21190	21826	23158	26796	27923	28398	31420
房地产业	13371	14945	16911	16931	25260	25733	25881	28063
租赁和商务服务业	10971	12625	14319	47017	53141	60645	17205	16599
科学研究、技术服务业	15972	17202	17372	19329	23104	29515	30058	34959
水利、环境和公共设施管理业	9208	9175	9527	10087	11840	12713	13682	13197
居民服务、修理和其他服务业	3088	2994	3043	4084	3571	2562	1975	1673
教　育	84585	85354	84351	93273	93242	91240	95517	95874
卫生和社会工作	29659	31215	30586	36110	39512	36531	42100	44537
文化、体育和娱乐业	12508	12959	13123	15514	15136	13829	14665	11751
公共管理、社会保障和社会组织	58435	57369	58273	59867	62365	61232	50405	71310

注:在岗职工人数含劳务派遣人员。

4-4 续表 单位:人

项目	2013 年	2014 年	2015 年	2016 年	2017 年	2018 年	2019 年	2020 年
合计	**1288694**	**1322835**	**1412746**	**1411547**	**1406342**	**1539725**	**1504112**	**1347071**
按行业分								
农、林、牧、渔业	1473	2047	1888	2081	2593	1702	909	870
采矿业	642	717	734	731	624	492	250	118
制造业	429872	391295	387957	373288	348845	342040	286316	275538
电力、热力、燃气及水生产和供应业	15297	17766	15872	16896	17129	65809	65242	64631
建筑业	278665	339661	404437	402257	398379	453541	453155	318670
批发和零售业	72943	67620	72471	70678	71479	69748	65392	64135
交通运输、仓储和邮政业	46046	46640	48733	43385	43413	34706	43052	41662
住宿和餐饮业	24375	23630	23330	24287	25058	29854	25145	21785
信息传输、软件和信息技术服务业	17035	17531	27560	25884	40000	53022	47323	47382
金融业	31533	32591	32108	31659	33489	32398	40130	42257
房地产业	34735	37327	40902	41608	41271	49043	46571	44848
租赁和商务服务业	47043	39128	41965	55090	61181	69060	69569	64937
科学研究、技术服务业	37302	39941	41309	41224	30740	33526	36683	37154
水利、环境和公共设施管理业	13611	16533	14431	15107	13801	12824	16261	18260
居民服务、修理和其他服务业	2513	3297	3148	4084	5999	5468	5423	7706
教育	101313	107143	103353	108079	109349	115170	128486	121456
卫生和社会工作	48140	50721	50991	53621	55743	56035	62156	60419
文化、体育和娱乐业	13363	13306	15309	13732	13108	14178	14921	15400
公共管理、社会保障和社会组织	72793	75941	86248	87856	94141	101109	97128	99844

4-5 城镇非私营单位女性从业人员

单位：人

项　　目	2005年	2006年	2007年	2008年	2009年	2010年	2011年	2012年
合　计	**376403**	**391597**	**394009**	**410738**	**414546**	**436494**	**468171**	**504748**
按行业分								
农、林、牧、渔业	3334	2773	2400	2358	3364	2778	1370	486
采矿业	382	293	295	381	624	414	6193	756
制造业	214079	224238	219972	205307	194857	204479	211947	216967
电力、热力、燃气及水生产和供应业	4165	4374	4545	4568	4539	4721	4994	5268
建筑业	11917	12262	12052	13876	12832	14344	34839	56102
批发和零售业	11880	12213	14517	16229	17732	17070	28068	34218
交通运输、仓储和邮政业	9237	9340	9769	9786	10282	11106	9702	9915
住宿和餐饮业	8402	7555	9341	8994	10786	11997	13162	12153
信息传输、软件和信息技术服务业	2810	3993	4244	4219	3541	4114	5812	4738
金融业	10392	12010	12526	12981	15253	16367	16090	17377
房地产业	4800	5366	6634	6257	8249	8776	10203	10132
租赁和商务服务业	3640	4074	4338	23458	21851	25713	4019	4500
科学研究、技术服务业	4784	5076	5371	6094	7899	11623	10845	13231
水利、环境和公共设施管理业	3777	3804	4204	4641	5217	5457	5750	3889
居民服务、修理和其他服务业	935	891	978	1156	1188	1171	816	641
教　育	44234	44543	43541	47597	49610	50603	54985	58912
卫生和社会工作	18340	19180	19112	21759	23487	23956	28743	30363
文化、体育和娱乐业	5019	5233	5283	5607	6224	5724	5550	4776
公共管理、社会保障和社会组织	14276	14379	14887	15470	17011	16081	15083	20324
按类汇总								
Ⅰ类	3334	2773	2400	2358	3364	2778	1370	486
Ⅱ类	230543	241167	236864	224132	212852	223958	257973	279093
Ⅲ类	142526	147657	154745	184248	198330	209758	208828	225169

注：Ⅰ类是指农、林、牧、渔业。Ⅱ类是指工业和建筑业。Ⅲ类是指批发和零售业，交通运输、仓储和邮政业，住宿和餐饮业，信息传输、软件和信息技术服务业，金融业，房地产业，租赁和商务服务业，科学研究、技术服务业，水利、环境和公共设施管理业，居民服务、修理和其他服务业，教育，卫生和社会工作，文化、体育和娱乐业，公共管理、社会保障和社会组织。

4-5 续表

单位：人

项目	2013年	2014年	2015年	2016年	2017年	2018年	2019年	2020年
合计	**491802**	**526998**	**551751**	**547419**	**564186**	**603540**	**621200**	**574821**
按行业分								
农、林、牧、渔业	409	698	705	773	966	637	282	232
采矿业	404	441	444	449	324	278	61	29
制造业	182403	195110	191724	181877	171260	168689	134714	127008
电力、热力、燃气及水生产和供应业	4683	5545	5145	5736	5823	19998	18599	18501
建筑业	47475	60311	68171	64695	69179	78972	93458	62658
批发和零售业	34865	35555	39734	38819	39990	37437	39260	38275
交通运输、仓储和邮政业	13695	13696	14130	12340	12686	9899	11341	11252
住宿和餐饮业	13587	13883	13795	12750	13970	16517	15134	14833
信息传输、软件和信息技术服务业	4483	6418	9808	9175	15427	20620	17571	17668
金融业	17766	18988	19311	18974	20401	20535	39796	44168
房地产业	12819	13123	14843	16600	16910	19099	18964	17847
租赁和商务服务业	18364	10446	12786	17376	22695	26100	27543	24590
科学研究、技术服务业	13227	14419	14239	14097	9036	10080	10671	11595
水利、环境和公共设施管理业	4498	5712	5591	5792	5108	4877	7686	7614
居民服务、修理和其他服务业	1294	1551	1351	2257	4940	4871	3753	4776
教育	61442	68032	68360	72347	75032	78410	93161	85876
卫生和社会工作	33606	35058	36074	38244	40666	40723	45477	43165
文化、体育和娱乐业	5961	5930	7146	6507	6456	6920	7578	7728
公共管理、社会保障和社会组织	20821	22082	28394	28611	33317	38878	36151	37005
按类汇总								
Ⅰ类	409	698	705	773	966	637	282	232
Ⅱ类	234965	261407	265484	252757	246586	267937	246832	208196
Ⅲ类	256428	264893	285562	293889	316634	334966	374086	366393

4-6 城镇非私营单位其他从业人员

单位:人

项 目	2005 年	2006 年	2007 年	2008 年	2009 年	2010 年	2011 年	2012 年
合 计	**31530**	**31297**	**62047**	**33005**	**40797**	**53689**	**70621**	**121896**
按行业分								
农、林、牧、渔业	947	393	105	141	233	309	607	535
采矿业		34	5	49	68	1	2213	761
制造业	4651	5588	4476	5189	3496	3753	5723	5614
电力、热力、燃气及水生产和供应业	615	482	242	249	242	131	160	149
建筑业	9933	9201	37884	9557	18374	28432	37989	88831
批发和零售业	1274	1160	1012	648	1040	1036	921	3014
交通运输、仓储和邮政业	3231	3307	3514	3637	2967	3792	4356	4562
住宿和餐饮业	562	508	369	492	751	737	2006	333
信息传输、软件和信息技术服务业	217	155	79	63	77	285	149	16
金融业	2798	3219	3926	3268	2403	2691	1593	1497
房地产业	1434	1417	3816	1019	1032	825	1190	931
租赁和商务服务业	617	652	523	484	414	430	518	375
科学研究、技术服务业	944	854	784	988	1438	1111	1098	1198
水利、环境和公共设施管理业	815	690	1466	1662	1921	696	340	1452
居民服务、修理和其他服务业	140	150	150	183	155	268	209	174
教 育	1140	1111	1422	2029	2180	3876	4641	6239
卫生和社会工作	965	979	906	1082	1427	2300	2971	2059
文化、体育和娱乐业	516	448	300	395	848	870	846	430
公共管理、社会保障和社会组织	731	949	1068	1870	1731	2146	3091	3726
按类汇总								
Ⅰ类	947	393	105	141	233	309	607	535
Ⅱ类	15199	15305	42607	15044	22180	32317	46085	95355
Ⅲ类	15384	15599	19335	17820	18384	21063	23929	26006

注:Ⅰ类是指农、林、牧、渔业。Ⅱ类是指工业和建筑业。Ⅲ类是指批发和零售业,交通运输、仓储和邮政业,住宿和餐饮业,信息传输、软件和信息技术服务业,金融业,房地产业,租赁和商务服务业,科学研究、技术服务业,水利、环境和公共设施管理业,居民服务、修理和其他服务业,教育,卫生和社会工作,文化、体育和娱乐业,公共管理、社会保障和社会组织。

4-6 续表 单位:人

项 目	2013 年	2014 年	2015 年	2016 年	2017 年	2018 年	2019 年	2020 年
合 计	**138819**	**168860**	**150024**	**156727**	**181374**	**202563**	**257818**	**214065**
按行业分								
农、林、牧、渔业	525	475	614	381	356	250	132	131
采矿业	457	459	455	447	334	339	108	33
制造业	5788	4684	6220	6172	4796	5235	7497	5427
电力、热力、燃气及水生产和供应业	187	256	184	155	196	11006	8488	8405
建筑业	102674	133223	109106	114386	132552	146617	175933	133490
批发和零售业	3012	3424	4819	4659	5049	5102	9434	8431
交通运输、仓储和邮政业	4198	3571	1970	1934	4119	2994	1186	1038
住宿和餐饮业	565	473	582	591	516	619	588	3637
信息传输、软件和信息技术服务业	79	41	618	891	706	673	596	462
金融业	1598	2294	2954	1831	3103	3623	27662	31762
房地产业	1292	1436	1378	2610	2147	1118	1800	1163
租赁和商务服务业	550	550	839	1623	1768	2037	2075	666
科学研究、技术服务业	1229	1166	1604	1559	1402	968	1080	696
水利、环境和公共设施管理业	815	944	1039	803	965	809	901	806
居民服务、修理和其他服务业	383	322	499	847	2176	2105	1036	879
教育	7826	7524	8203	9451	10421	10307	10299	10046
卫生和社会工作	2529	2353	2268	2709	2637	2186	2489	1933
文化、体育和娱乐业	448	539	806	717	1011	889	721	593
公共管理、社会保障和社会组织	4664	5126	5866	4961	7120	5686	5793	4468
按类汇总								
Ⅰ类	525	475	614	381	356	250	132	131
Ⅱ类	109106	138622	115965	121160	137878	163197	192026	147355
Ⅲ类	29188	29763	33445	35186	43140	39116	65660	66580

4-7 城镇非私营单位从业人员工资总额

单位:万元

项 目	2019年			2020年		
	从业人员工资总额	在岗职工工资总额	其他从业人员劳动报酬	从业人员工资总额	在岗职工工资总额	其他从业人员劳动报酬
合 计	**14896116**	**13289772**	**1606343**	**14219287**	**12825842**	**1393445**
按类汇总						
Ⅰ类	6101	5810	291	6781	6495	286
Ⅱ类	7453287	6224803	1228755	6374617	5403591	971025
Ⅲ类	7436728	7059159	377297	7837889	7415756	422133
按国民经济行业分						
农、林、牧、渔业	6101	5810	291	6781	6495	286
采矿业	4280	2886	1394	1229	884	345
制造业	2333859	2264867	68993	2248937	2208864	40073
电力、热力、燃气及水生产和供应业	958140	914188	43952	971502	925266	46236
建筑业	4157278	3042862	1114416	3152949	2268577	884372
批发和零售业	606931	548499	58432	566270	487674	78596
交通运输、仓储和邮政业	399995	385990	14004	374491	369526	4965
住宿和餐饮业	102308	99323	2985	96702	92996	3707
信息传输、软件和信息技术服务业	549470	545528	3942	578031	574197	3833
金融业	946370	779068	167302	1086051	857731	228320
房地产业	382683	375115	7568	395623	389301	6322
租赁和商务服务业	484240	461529	22710	512485	509081	3403
科学研究、技术服务业	489696	482004	7692	520461	515116	5345
水利、环境和公共设施管理业	89703	86173	3530	111345	108434	2910
居民服务、修理和其他服务业	44534	34562	9972	58463	50598	7865
教 育	1333005	1294155	38850	1352617	1309524	43092
卫生和社会工作	817452	802250	15203	827615	815675	11940
文化、体育和娱乐业	134559	131270	3289	149913	147532	2381
公共管理、社会保障和社会组织	1055512	1033693	21819	1207823	1188369	19454

注:Ⅰ类是指农、林、牧、渔业。Ⅱ类是指工业和建筑业。Ⅲ类是指批发和零售业,交通运输、仓储和邮政业,住宿和餐饮业,信息传输、软件和信息技术服务业,金融业,房地产业,租赁和商务服务业,科学研究、技术服务业,水利、环境和公共设施管理业,居民服务、修理和其他服务业,教育,卫生和社会工作,文化、体育和娱乐业,公共管理、社会保障和社会组织。

4-8 按行业分城镇非私营单位在岗职工工资总额

单位:万元

项目	2005年	2006年	2007年	2008年	2009年	2010年	2011年	2012年
合计	**1451880**	**1715622**	**2057107**	**2573494**	**2861961**	**3429285**	**4961673**	**6148482**
按国民经济行业分								
农、林、牧、渔业	10484	10302	10360	11527	14481	16527	18568	6181
采矿业	2495	2570	2609	2723	6643	4690	23842	5154
制造业	511658	615067	711930	858240	858182	1060930	1543630	1880853
电力、热力、燃气及水生产和供应业	44497	50333	64645	78911	85513	100258	117739	136785
建筑业	119339	145701	192166	235764	255482	391851	1088881	1407720
批发和零售业	47909	54937	67479	86290	103956	110043	194615	280624
交通运输、仓储和邮政业	59365	69783	88996	99786	114360	129345	156978	156316
住宿和餐饮业	18226	18219	25134	26240	30611	40392	55175	64144
信息传输、软件和信息技术服务业	39627	47658	49639	54700	58881	77052	101667	92302
金融业	79474	103222	132722	174280	216764	261978	316241	386343
房地产业	22065	27027	34401	49390	59866	66123	96076	125321
租赁和商务服务业	21189	26381	29999	94674	113192	135696	60544	73016
科学研究、技术服务业	44796	51309	62611	73560	89689	124866	146793	197618
水利、环境和公共设施管理业	15974	18052	19857	22095	27136	29290	39175	44543
居民服务、修理和其他服务业	4118	4784	5475	5925	7638	8946	6814	5537
教育	182221	208031	242881	296873	356053	375305	448157	512304
卫生和社会工作	65362	76062	90516	113852	140702	158231	234597	282262
文化、体育和娱乐业	27960	33265	39179	49120	50623	55390	65509	62988
公共管理、社会保障和社会组织	135121	152920	186508	239544	272189	282372	246673	428470
按类汇总								
Ⅰ类	10484	10302	10360	11527	14481	16527	18568	6181
Ⅱ类	677989	813671	971350	1175637	1205820	1557729	2774091	3430512
Ⅲ类	763407	891649	1075397	1386330	1641659	1855029	2169014	2711790

注:1.在岗职工含劳务派遣人员。
2.Ⅰ类是指农、林、牧、渔业。Ⅱ类是指工业和建筑业。Ⅲ类是指批发和零售业,交通运输、仓储和邮政业,住宿和餐饮业,信息传输、软件和信息技术服务业,金融业,房地产业,租赁和商务服务业,科学研究、技术服务业,水利、环境和公共设施管理业,居民服务、修理和其他服务业,教育,卫生和社会工作,文化、体育和娱乐业,公共管理、社会保障和社会组织。

4-8 续表 单位:万元

项　　目	2013 年	2014 年	2015 年	2016 年	2017 年	2018 年	2019 年	2020 年
合　　计	**6997971**	**7720730**	**8647321**	**9378510**	**10236285**	**12549728**	**13289772**	**12825842**
按国民经济行业分								
农、林、牧、渔业	5538	7460	7841	8549	13296	9173	5810	6495
采矿业	2130	3116	3270	3339	2459	1854	2886	884
制造业	1989134	2088946	2170597	2309318	2302361	2561489	2264867	2208864
电力、热力、燃气及水生产和供应业	134802	178230	151896	178377	191518	880681	914188	925266
建筑业	1469651	1789678	2041917	2154186	2286752	2863931	3042862	2268577
批发和零售业	313204	311938	358683	374765	412915	483959	548499	487674
交通运输、仓储和邮政业	238918	258843	313569	299418	326669	275374	385990	369526
住宿和餐饮业	80532	85142	92303	92194	93146	116483	99323	92996
信息传输、软件和信息技术服务业	131075	142361	225748	243833	379025	526565	545528	574197
金融业	422804	440475	457291	467278	539665	580583	779068	857731
房地产业	169612	207885	256580	270151	277268	363375	375115	389301
租赁和商务服务业	305973	234970	244153	343504	452248	460643	461529	509081
科学研究、技术服务业	237293	251612	305892	334078	314283	381270	482004	515116
水利、环境和公共设施管理业	49670	73482	66696	79688	90765	67383	86173	108434
居民服务、修理和其他服务业	8478	13598	14408	19482	28953	31762	34562	50598
教　育	565616	642524	716881	826714	965200	1152995	1294155	1309524
卫生和社会工作	345119	409674	481166	547465	613857	662392	802250	815675
文化、体育和娱乐业	79395	89387	102809	102259	106810	125506	131270	147532
公共管理、社会保障和社会组织	449028	491410	635622	723913	839098	1004312	1033693	1188369
按类汇总								
Ⅰ类	5538	7460	7841	8549	13296	9173	5810	6495
Ⅱ类	3595717	4059970	4367680	4645220	4783090	6307954	6224803	5403591
Ⅲ类	3396716	3653300	4271801	4724741	5439900	6232601	7059159	7415756

4-9 城镇非私营单位从业人员年平均工资

单位:元

项　　目	2019年			2020年		
	从业人员年平均工资	在岗职工年平均工资	其他从业人员年平均工资	从业人员年平均工资	在岗职工年平均工资	其他从业人员年平均工资
合　　计	**86100**	**88952**	**68050**	**93513**	**96478**	**72894**
按国民经济行业分						
农、林、牧、渔业	59171	64698	21850	66273	72353	22777
采矿业	119220	116838	124473	81007	74324	105239
制造业	78445	77949	99170	81604	81670	78092
电力、热力、燃气及水生产和供应业	129784	139756	52243	133527	143651	55398
建筑业	69452	68804	71284	75578	73829	80467
批发和零售业	77323	79493	61553	77663	76068	89276
交通运输、仓储和邮政业	90669	90451	97118	90458	91282	54106
住宿和餐饮业	39916	39869	41517	38747	43465	10408
信息传输、软件和信息技术服务业	114824	115348	70510	120509	120881	82512
金融业	143546	194252	64791	144855	202180	70143
房地产业	79905	81352	42469	85094	85943	52910
租赁和商务服务业	69781	68429	116583	74393	74807	40710
科学研究、技术服务业	131142	133143	67536	139166	140736	67071
水利、环境和公共设施管理业	54435	55307	39308	58392	59307	37077
居民服务、修理和其他服务业	67394	67033	68676	65752	65063	70557
教育	97451	101967	39369	104858	109474	45963
卫生和社会工作	128137	130764	62204	134735	136822	65979
文化、体育和娱乐业	83937	86311	40011	94314	96895	35588
公共管理、社会保障和社会组织	103053	106889	38165	115474	119007	41046
按类汇总						
Ⅰ类	59171	64698	21850	66273	72353	22777
Ⅱ类	76818	77960	71516	83254	84133	78679
Ⅲ类	98006	101619	58856	103970	108063	62428

注:Ⅰ类是指农、林、牧、渔业。Ⅱ类是指工业和建筑业。Ⅲ类是指批发和零售业,交通运输、仓储和邮政业,住宿和餐饮业,信息传输、软件和信息技术服务业,金融业,房地产业,租赁和商务服务业,科学研究、技术服务业,水利、环境和公共设施管理业,居民服务、修理和其他服务业,教育,卫生和社会工作,文化、体育和娱乐业,公共管理、社会保障和社会组织。

4-10 按行业分城镇非私营单位在岗职工年平均工资

单位:元

项　　目	2005 年	2006 年	2007 年	2008 年	2009 年	2010 年	2011 年	2012 年
合　　计	**18314**	**20666**	**23950**	**27521**	**30704**	**34806**	**41725**	**48089**
按国民经济行业分								
农、林、牧、渔业	13188	13952	16317	19084	18002	23569	30702	36146
采矿业	18616	20643	19995	23636	31232	33073	22734	28823
制造业	14199	15937	18101	20992	23040	27000	34221	41275
电力、热力、燃气及水生产和供应业	33424	36065	45131	50917	55575	62756	72250	82277
建筑业	17260	19583	22612	26838	28721	35611	42916	44585
批发和零售业	16657	18769	20874	23217	25918	28539	31522	39904
交通运输、仓储和邮政业	19530	22676	27948	30559	32160	37655	43389	47317
住宿和餐饮业	12485	13929	15118	16397	17407	19942	25714	29112
信息传输、软件和信息技术服务业	46543	45781	46666	49996	57221	65699	65025	63674
金融业	38004	48960	61705	77845	83754	96864	114514	126949
房地产业	16392	18191	20594	29235	29559	27329	37683	45065
租赁和商务服务业	19149	17617	21976	21128	22541	23838	35449	44311
科学研究、技术服务业	28010	29815	36589	38939	39601	43013	49641	57660
水利、环境和公共设施管理业	17529	19601	20838	22355	23114	23276	27942	33904
居民服务、修理和其他服务业	13773	15416	18220	18833	21396	35152	34945	32940
教　育	21508	24455	28785	32147	39153	41358	47024	53067
卫生和社会工作	22236	24639	30010	32208	36477	44677	57399	64686
文化、体育和娱乐业	22438	26286	29708	31594	32962	39814	44582	51893
公共管理、社会保障和社会组织	23172	26694	32167	40138	43622	46603	49434	60345

注:在岗职工含劳务派遣人员。

4-10 续表 单位:元

项目	2013年	2014年	2015年	2016年	2017年	2018年	2019年	2020年	2020年比2019年增长(%)
合计	**53333**	**58839**	**62478**	**67630**	**75133**	**83175**	**88952**	**96478**	**8.5**
按国民经济行业分									
农、林、牧、渔业	37092	36877	42131	42767	51394	53927	64698	72353	11.8
采矿业	32675	43157	44362	44819	39666	37831	116838	74324	-36.4
制造业	46251	52481	55812	62126	66186	74246	77949	81670	4.8
电力、热力、燃气及水生产和供应业	88048	100610	96046	106494	112360	134970	139756	143651	2.8
建筑业	47923	54852	53902	55964	62528	67013	68804	73829	7.3
批发和零售业	42543	45940	49996	53170	57724	69448	79493	76068	-4.3
交通运输、仓储和邮政业	51697	56340	62239	70024	77388	78938	90451	91282	0.9
住宿和餐饮业	32901	35587	39542	38087	37406	41962	39869	43465	9.0
信息传输、软件和信息技术服务业	76913	80235	81409	92963	96789	100674	115348	120881	4.8
金融业	136402	137976	144479	148474	162115	180244	194252	202180	4.1
房地产业	49494	56372	63799	64898	68056	73690	81352	85943	5.6
租赁和商务服务业	66016	60278	58699	64406	75698	67953	68429	74807	9.3
科学研究、技术服务业	65201	64020	75171	81461	103614	114640	133143	140736	5.7
水利、环境和公共设施管理业	35455	44518	46442	52457	65083	54926	55307	59307	7.2
居民服务、修理和其他服务业	33377	41281	45437	48779	51199	62709	67033	65063	-2.9
教育	56874	60459	70282	77604	88989	101073	101967	109474	7.4
卫生和社会工作	73784	81927	95961	103842	111384	119673	130764	136822	4.6
文化、体育和娱乐业	59763	67666	67749	73610	80831	88378	86311	96895	12.3
公共管理、社会保障和社会组织	61933	65072	74164	83064	92934	99568	106889	119007	11.3

4-11 按县(市)区分城镇非私营单位从业人员及劳动报酬

(2020 年)

县(市)区	年末从业人员(人)	年末在岗职工(人)	从业人员工资总额(万元)	在岗职工工资总额(万元)	从业人员年平均工资(元)		在岗职工年平均工资(元)	
					数值(元)	比上年增长(%)	数值(元)	比上年增长(%)
福州市	**1561136**	**1347071**	**14219287**	**12825842**	**93513**	**8.6**	**96478**	**8.5**
鼓楼区	448677	395211	4574082	4180774	103310	9.1	105980	9.1
台江区	116217	82047	1098167	857044	95406	13.5	100592	6.9
仓山区	167930	157646	1489775	1419357	89432	8.6	91477	8.8
晋安区	96735	95374	968058	983283	97709	6.3	100671	8.4
马尾区	137543	97773	1213376	956079	93214	7.5	98996	5.5
长乐区	97034	93095	747793	739810	82274	8.7	85091	11.2
福清市	176301	168294	1418738	1376952	81952	9.4	83487	9.7
闽侯县	85140	82313	943407	914524	111192	11.1	113445	10.9
连江县	34028	32383	294170	277068	87906	10.2	90557	9.5
罗源县	37182	35087	268957	256121	74841	5.8	75295	4.4
闽清县	53840	53267	428349	433471	82103	4.7	83834	6.9
永泰县	89897	36351	584617	263674	76450	5.9	77711	9.1
平　潭	20613	18231	189799	167685	94980	12.8	95400	6.4

注:在岗职工含劳务派遣人员。

主要统计指标解释

从业人员 指从事一定社会劳动并取得劳动报酬或经营收入的人员。包括：

(1)在岗职工；

(2)再就业的离退休人员；

(3)私营业主；

(4)个体业主；

(5)私营和个体从业人员；

(6)乡镇企业从业人员；

(7)农村从业人员；

(8)其他从业人员(包括宗教职业者等)。

城镇非私营单位从业人员 指城镇地区全部非私营法人单位,具体包括国有单位、城镇集体单位、联营、股份制、外商投资、港澳台商投资等单位的就业人员。

在岗职工 指在国有经济、城镇集体经济、联营经济、股份制经济、外商和港澳台投资经济、其他经济单位及其附属机构工作,并由其支付工资的各类人员,不包括返聘的离退休人员、民办教师、在国有经济单位工作的外方人员和港澳台人员。

从业人员工资总额 指各单位在一定时期内直接支付给本单位全部从业人员的劳动报酬总额。包括职工工资总额和本单位其他从业人员劳动报酬两部分。

职工工资总额 指各单位在一定时期内直接支付给本单位全部职工的劳动报酬总额。工资总额的计算原则应以直接支付给职工的全部劳动报酬为凭据。各单位支付给职工的劳动报酬以及其他根据有关规定支付的工资,不论是计入成本还是不计入成本的,不论是按国家规定列入计征奖金税项目的,还是未列入计征奖金税项目的,不论是以货币形式支付的还是以实物形式支付的,均包括在工资总额内。

其他从业人员工资总额 指各单位在一定时期内直接支付给本单位其他从业人员的全部劳动报酬。

职工平均工资 指在岗职工在一定时期内平均每人所得的工资总额。是反映职工工资水平的主要指标。

5 农林牧渔业

5-1 农村基层基本情况

项　　目	单位	1995年	2000年	2005年	2007年	2008年	2009年	2010年	2011年
乡(镇)政府	个	156	157	146	146	145	145	145	145
乡政府	个	56	51	47	47	47	47	47	47
镇政府	个	100	106	99	99	98	98	98	98
村民委员会	个	2490	2477	2422	2388	2400	2393	2393	2393
乡村户数	户	1064409	1179647	1236397	1272609	1288521	1303155	1314568	1324438
乡村人口数	人	4330795	4432781	4418912	4468405	4486920	4504721	4517925	4552645
乡村劳动力资源数	人	2126068	2241281	2456334	2461856	2492513	2509285	2524917	2560078
乡村从业人员数	人	1883781	2039022	2087147	2115910	2125964	2167682	2184081	2207312
#农、林、牧、渔业	人	1131650	1124898	1011933	955874	943568	919786	903145	903595
国有农林牧渔业劳动力	人	15253	11853	3439	3208	3158	2981	2887	2898
国有农林牧渔场	个	57	42	28	28	28	26	26	26
自来水受益村数	个	1293	1489	1699	1892	1988	2126	2191	2208
通汽车村数	个	2307	2442	2371	2367	2388	2381	2384	2384
通电话村数	个	2003	2470	2395	2387	2398	2392	2392	2392

注:2015年、2016年、2017年主要农产品的生产情况等数据,以第三次全国农业普查数据为基础进行了核定和修订,下同。

5-1 续表

项　目	单位	2012 年	2013 年	2014 年	2015 年	2016 年	2017 年	2018 年	2019 年	2020 年
乡(镇)政府	个	145	145	145	145	145	145	145	145	145
乡政府	个	47	47	47	47	47	47	47	47	43
镇政府	个	98	98	98	98	98	98	98	98	102
村民委员会	个	2395	2396	2396	2396	2396	2387	2392	2393	2394
乡村户数	户	1327214	1345900	1359599	1380152	1380181	1382547	1396452	1402591	1403765
乡村人口数	人	4562606	4622152	4685505	4751828	4751923	4762426	4774052	4830721	4785365
乡村劳动力资源数	人	2576923	2615153	2682557	2713083	2713137	2729916	2729918	2740466	2702041
乡村从业人员数	人	2222069	2256078	2289825	2326611	2328317	2340191	2331562	2329982	2290552
#农、林、牧、渔业	人	890473	881346	866408	843386	843403	845624	846375	845624	821919
国有农林牧渔业劳动力	人	2899	2885							
国有农林牧渔场	个	26	26							
自来水受益村数	个	2239	2271	2265	2276	2297	2283	2279	2258	2309
通汽车村数	个	2386	2387							
通电话村数	个	2394	2396							

5-2 农业机械拥有量

项　目	单　位	1995 年	2000 年	2005 年	2006 年	2007 年	2008 年	2009 年	2010 年	2011 年
农业机械总动力	**千瓦**	**1156125**	**1407517**	**1540512**	**1543211**	**1548417**	**1550177**	**1607019**	**1328325**	**1346272**
柴油发动机动力	千瓦	867238	1119010	1298738	1312250	1327891	1345246	1363883	1077402	1110471
汽油发动机动力	千瓦			63915	50372	38829	23048	21844	33016	35935
电动机动力	千瓦			177859	180589	181697	181883	221292	217907	199866
耕作机械	台	23562	13910	20803	7431	21307	6755	7270	6991	6765
大中型拖拉机	台	403	93	103	126	128	129	164	194	242
小型拖拉机(含变型拖拉机)	台	23159	13817	20700	7305	6918	6626	7106	6797	6523
农用排灌机械动力	千瓦	100349	98965	98668	100935	110645	105005	115133	110417	110853
排灌动力机械	台	9523		9846	9853	10464	10845	11581	10766	10910
农用水泵	台	6869	8997	9163	8833	9178	10638	10897	10582	10816
收获机械	千瓦	17356	1815	4726	7129	9104	12446	15426	17608	18365
机动脱粒机	台	54	5916	6736	6556	6539	6603	6658	6632	6839
植保机械	千瓦	2557	2228	2748	2958	3267	3459			
畜牧养殖机械	千瓦	19650	21312	20273	21254	27489	27933	28737	28833	27618
饲草料加工机械	台	2976	2809	2684	2817	2542	2392	2394	2366	
林业机械	千瓦			272	272	272				
渔业机械	千瓦	313470	456418	473150	476120	552782	614155	721033	487169	496264
农产品初加工动力机械	千瓦	114005	114029	105269	104269	110615	111545	114823	111689	112019
运输机械	千瓦	358670	444070	518708	506918	377452	534407	430957	408137	402644
农用载重汽车	辆	2373	2552	2377	2245	1525	737			
机动运输船	艘	2129	2197	2314	2376	1642	789			
农用运输车	辆	3140	5447	4613	4370	4313	4491	4954	4621	4342

5-2 续表

项目	单位	2012年	2013年	2014年	2015年	2016年	2017年	2018年	2019年	2020年
农业机械总动力	千瓦	1376763	1400091	1429751	1453959	1457360	1198094	1162935	1116666	1131283
柴油发动机动力	千瓦	1124035	1128510	1148587	1140033	1140748	949007	927588	886362	891264
汽油发动机动力	千瓦	36610	58481	45565	68930	70160	43825	42266	41687	45497
电动机动力	千瓦	216118	213100	235599	244149	246452	206949	192958	188502	194398
耕作机械	台	6992	6909	6652	6648					
大中型拖拉机	台	269	319	385	430	549	607	536	512	523
小型拖拉机(含变型拖拉机)	台	6723	6590	6267	6218	6125	4965	5090	4781	4399
农用排灌机械动力	千瓦	111786	111621	112012	112539	113336	106190			
排灌动力机械	台	10971	11029	11088	11167	11225	10118	10505	10272	10141
农用水泵	台	10910	11088	11052	11099	11132	9739	9362	9100	9066
收获机械	千瓦	19258	20114	19365	19728	20301	19161	23583	10824	11180
机动脱粒机	台	6621	6629	8066	8446	6857	2283	2312	2076	2484
植保机械	千瓦				10598	11597	10211	5645	5589	6348
畜牧养殖机械	千瓦	27635	27771	28324	28607	28114	23649	23055	21827	21369
饲草料加工机械	台				2498	2471	2089	2035	1974	1951
林业机械	千瓦									
渔业机械	千瓦	505728	527813	554849	586715	597977	570391	501257	462434	514755
农产品初加工动力机械	千瓦	116750	104057	122213	106980	119117	106105	103681	101598	101113
运输机械	千瓦	407194	399930	380273	368672	230478	173843			
农用载重汽车	辆									
机动运输船	艘									
农用运输车	辆	4461	4436	4299	4240					

5-3 农业基础设施

项　　目	单　位	1995 年	2000 年	2005 年	2007 年	2008 年	2009 年	2010 年	2011 年
农业机械使用									
机耕地面积	公顷	55240	56797	53926	54102	102930	113482	113611	115011
机械播种面积	公顷	73	498	138	171	211	962	2607	4714
机械收割面积	公顷	833	3005	12074	17137	21145	26688	27369	29134
农村电力设施									
乡村办水电站	处	327	330	355	360	360	359	368	370
发电能力	千瓦	56710	89390	158644	180478	185553	193863	267323	276666
农村用电量	万千瓦时	118636	153755	449280	605714	618858	623851	731578	779260
化肥施用量									
按折纯量计算	吨	130019	128390	112290	86717	86578	87337	85872	87840
氮　肥	吨	60777	54840	45928	34380	33531	32936	32115	32158
磷　肥	吨	16953	15896	14263	11614	11613	11408	11340	11449
钾　肥	吨	25061	26353	24697	19379	19316	19416	18606	19145
复合肥	吨	27228	31301	27402	21344	22118	23577	23811	24728
农用塑料薄膜使用量	吨	3736	4292	4578	4940	4955	4991	4796	5183
# 地膜使用量	吨	1240	1566	2094	2260	2281	2329	2239	2387
农用柴油使用量	吨	140136	174089	176506	215515	222596	227403	233955	242289
农药使用量	吨	6399	8357	7931	8156	8144	8488	8509	8391

5-3 续表

项目	单位	2012年	2013年	2014年	2015年	2016年	2017年	2018年	2019年	2020年
农业机械使用										
机耕地面积	公顷	117980	118734	126536	130355	131207	80635	70319	80246	86640
机械播种面积	公顷	6690	10081	13841	16979	16937	12022	20406	23507	29813
机械收割面积	公顷	31644	32074	35069	37296	40948	39936	42052	51102	63220
农村电力设施										
乡村办水电站	处	373	372							
发电能力	千瓦	288868	280456							
农村用电量	万千瓦时	1080019	1127109	1215403	1187043	1201617	1191432	1232722	1260112	1290880
化肥施用量										
按折纯量计算	吨	87349	87997	90465	91744	93200	88478	84729	81351	78416
氮肥	吨	32189	32373	32873	34116	34645	32137	30546	29516	28699
磷肥	吨	11407	11522	12066	12501	12718	11789	11299	10938	10668
钾肥	吨	18874	19099	19641	19506	19896	17397	16538	15259	14750
复合肥	吨	24879	25003	25885	25621	25941	27155	26346	25638	24299
农用塑料薄膜使用量	吨	5525	5772	6061	6159	6198	6311	6308	6172	6155
#地膜使用量	吨	2507	2688	2848	2938	2977	3083	3132	3137	3187
农用柴油使用量	吨	243886	246339	248238	245784	247202	227305	225758	225306	221233
农药使用量	吨	8272	8297	8628	8202	8398	7894	7334	5587	4859

5-4 主要年份农作物播种面积

单位:公顷

年份	合计	粮食作物	#谷物	经济作物	其他作物
1952	292589	263941	190147	15537	13111
1957	316472	279965	188653	17312	19195
1962	285511	254457	164220	12410	18644
1965	304627	258924	175076	18518	27185
1970	302445	265275	182240	12879	24291
1975	328225	274193	193685	16693	37339
1978	329089	275119	191684	20170	33799
1979	328075	271517	185714	24411	32147
1980	320909	265343	183469	27167	28399
1985	281825	225346	166242	28503	27977
1990	357606	266969	171475	24551	66087
1995	380705	263954	169112	20282	96468
2000	388129	254791	158170	17173	116165
2001	361740	229504	141486	18201	114034
2002	355112	220135	136879	20504	114474
2003	336468	198916	125062	23081	114471
2004	327271	190057	120222	21005	116209
2005	315599	179995	111916	22740	112864
2006	316310	178766	111501	23093	114451
2007	261922	123231	82624	22359	116332
2008	260431	121945	77717	21935	116551
2009	260734	118693	73502	20828	121213
2010	261686	115991	69085	22965	122731
2011	262553	113173	67590	23534	125846
2012	260727	106882	63395	24139	129705
2013	263152	105117	61091	24769	133266
2014	266454	103683	61254	25375	137396
2015	246160	86653			
2016	238798	83251	44619	22093	133455
2017	240760	82533	42876	21351	136876
2018	247215	83334	41778	22514	141366
2019	255873	84295	40924	23959	147618
2020	262782	86251	41307	23262	153269

5-5 粮食作物播种面积

单位:公顷

项　　目	1995年	2000年	2005年	2006年	2007年	2008年	2009年	2010年	2011年
总　　计	**263954**	**254791**	**179995**	**178766**	**123231**	**121945**	**118693**	**115991**	**113173**
按收获季节分									
春收粮食	31298	33583	16197	15669	7447	8530	8725	8674	8761
夏收粮食	78966	76322	50445	47378	27629	25554	25068	22987	22778
秋收粮食	153690	144886	113353	115719	88155	87861	84899	84329	81634
按品种分									
稻　谷	169112	158170	111916	111501	82624	77717	73505	69085	67590
早　稻	69913	66499	41986	39528	22933	20685	19804	17530	17185
中稻和一季晚稻	32217	30793	34913	36606	34214	33001	33243	31642	30059
双季晚稻	66982	60878	35016	35367	25476	24031	20458	19913	20345
甘　薯	48100	46576	38095	38602	25950	28101	28320	29586	27780
马铃薯	7320	11116	10724	10498	6736	7067	8211	8236	8324
杂　粮	1498	2184	2175	1886	1674	1756	1741	1958	2121
大　豆	11596	11159	8825	8546	4607	4829	5377	5554	5837
杂　豆	9547	13622	8253	7707	1095	2049	1535	1567	1516

5-5 续表

单位:公顷

项 目	2012 年	2013 年	2014 年	2015 年	2016 年	2017 年	2018 年	2019 年	2020 年
总 计	**106882**	**105117**	**103683**	**86653**	**83251**	**82540**	**83334**	**84295**	**86251**
按收获季节分									
春收粮食	8763	8943	9076		11778	11078	11237	13233	12618
夏收粮食	22168	21726	21277		12479	13025	12219	10094	12307
秋收粮食	75951	74449	73330		57330	58436	59878	60969	61326
按品种分									
稻 谷	63395	61091	58670	46527	44619	41121	39966	38987	39210
早 稻	16384	15877	15210	11747	10923	8640	7750	7395	7380
中稻和一季晚稻	29219	28385	27921	22667	21041	21402	21147	20725	20896
双季晚稻	17791	16830	15539	12113	10679	11079	11069	10867	10933
甘 薯	25327	25502	25902	22713	22723	23249	24301	25269	25912
马铃薯	8411	8565	8723	10307	10703	11010	11514	11869	11919
杂 粮	2306	2445	2584	2749	1976	1755	1812	1936	2097
大 豆	5919	5937	6183	6476	3542	3664	3905	4272	4551
杂 豆	1521	1577	1622	1643	1663	1738	1837	1963	2562

5-6 经济作物和其他农作物播种面积

单位:公顷

项　　目	1995年	2000年	2005年	2006年	2007年	2008年	2009年	2010年	2011年
经济作物	**20282**	**17173**	**22740**	**23093**	**22359**	**21935**	**20828**	**22965**	**23534**
#油　料	15160	15601	17687	18142	19991	19336	20058	20198	20546
#花　生	14029	14691	17562	18027	19887	19220	19865	19930	20259
油菜籽	1114	909	122	109	101	111	187	263	284
甘　蔗	1654	727	769	749	354	440	433	447	442
烟　叶	479	567	21	21	16	6	6	1	
其他农作物	**96468**	**116165**	**112864**	**114451**	**116332**	**116551**	**121213**	**122731**	**125846**
#蔬　菜	74923	90190	97317	99037	99396	100462	103256	106753	109600
西　瓜	3717	3639	4933	5162	4976	4919	5139	5185	5258
绿　肥	14273	15895	5864	5429	5161	4978	4922	4893	4909
青饲料		2141	2343	2195	2054	1653	1619	1594	1676

5-6 续表

单位:公顷

项 目	2012年	2013年	2014年	2015年	2016年	2017年	2018年	2019年	2020年
经济作物	**24139**	**24769**	**25375**	**26317**	**22093**	**21347**	**22515**	**23959**	**23262**
#油 料	21184	21669	22417	23451	19225	18662	20558	21111	21709
#花 生	20886	21354	22079	23068	18037	17454	18855	19609	20367
油菜籽	296	310	329	369	1149	1198	1691	1489	1329
甘 蔗	416	429	428	420	645	647	528	547	568
烟 叶									
其他农作物	**129705**	**133266**	**137396**	**142269**	**133455**	**136876**	**141366**	**147618**	**153269**
#蔬 菜	113676	117014	121154	125511	124899	128176	134581	139874	144350
西 瓜	5220	5442	5499	5473	3453	2783	3142	3264	3403
绿 肥	4736	4609	4490	4056	579	770		40	40
青饲料	1676	1559	1422	1437	491	472	97		

5-7 各类水果种植面积

单位:公顷

项　目	1995年	2000年	2005年	2006年	2007年	2008年	2009年	2010年	2011年
水果种植面积	**48729**	**48032**	**45405**	**44826**	**44829**	**45758**	**46343**	**47035**	**47709**
#柑　桔	15451	10726	8341	8418	8429	8262	6026	8383	8660
龙　眼	3318	4745	4354	4122	4205	4184	4204	4382	4480
荔　枝	404	325	292	307	262	269	269	257	277
香　蕉	861	822	1117	1230	1232	1173	1143	1151	1162
枇　杷	2611	3015	5168	5183	5504	5642	5809	6071	6418
橄　榄	4000	5754	5792	5732	5704	6922	7326	7556	7601
柿	2707	2454	1951	1931	1827	1762	1747	1830	1830
桃	2073	1576	1718	1672	1696	1818	1819	1823	1821
李	6832	9942	9165	9130	9097	9063	9224	9177	8947
柚	152	198	222	227	218	221	281	273	303
梨	432	377	357	377	380	398	396	411	398
葡　萄	562	565	672	647	656	657	660	660	674
杨　梅	768	458	366	414	414	391	386	384	387

5-7 续表 单位:公顷

项 目	2012年	2013年	2014年	2015年	2016年	2017年	2018年	2019年	2020年
水果种植面积	48665	49968	51015	51541	42768	44603	43959	51423	52579
#柑 桔	8878	9135	9316	9503	8912	9279	8753	10325	10637
龙 眼	4589	4643	4703	4714	3855	3964	4848	5862	5926
荔 枝	270	269	269	273	295	333	290	398	379
香 蕉	1185	1199	1226	1268	1041	1101	1021	1111	1155
枇 杷	6585	6783	7034	7092	5629	5870	5176	5347	5540
橄 榄	7640	7717	8169	8207	6519	6799	5990	7077	7194
柿	2081	2083	2062	2049	1313	1297	1257	1536	1663
桃	1797	1703	1701	1726	1557	1612	1623	2022	2081
李	9149	9682	9769	9902	7825	8057	8872	10347	10442
柚	303	389	530	567	814	979	693	769	956
梨	405	402	410	416	450	490	383	445	452
葡 萄	667	763	737	744	665	745	708	820	889
杨 梅	386	366	359	370	339	354	316	371	371

5-8 主要年份茶叶水果种植面积及产量

年份	茶叶		水果	
	种植面积（公顷）	产量（吨）	种植面积（公顷）	产量（吨）
1952	1141	248	2751	16377
1957	1812	322	4763	31506
1962	1611	198	4434	10970
1965	2205	290	5962	16306
1970	5052	579	4668	15023
1975	6678	1116	6555	12906
1978	7656	1237	7274	9348
1980	8428	1367	10061	16787
1985	8432	1997	22351	33667
1990	6652	2976	39332	101359
1995	8472	4942	48729	220343
2000	8131	7908	48032	250515
2001	7932	8312	46724	256930
2002	7822	8522	47473	256098
2003	8122	9074	46680	296572
2004	8150	10499	46386	291315
2005	8214	11434	45405	278591
2006	8133	12008	44826	290098
2007	8315	13143	44829	310090
2008	8895	15011	45758	320489
2009	8933	15537	46343	338370
2010	9179	16578	47035	348995
2011	9562	18168	47709	380241
2012	9794	19535	48665	410419
2013	10485	21934	49968	454596
2014	10754	24803	51015	496405
2015	10551	27461	51541	533792
2016	10403	32506	42768	727233
2017	10944	37627	44603	715830
2018	11144	40257	49652	775297
2019	11358	42399	51423	837424
2020	11613	44694	52579	899161

5-9 水产品养殖面积

单位:公顷

项　　目	1995 年	2000 年	2005 年	2006 年	2007 年	2008 年	2009 年	2010 年	2011 年
水产品养殖面积	**28579**	**42128**	**45565**	**46090**	**38458**	**42919**	**46587**	**48777**	**51434**
海水养殖	**16924**	**29004**	**32910**	**33358**	**25625**	**29337**	**32151**	**33823**	**36108**
#鱼　类	291	5528	1322	2856	2131	1978	1616	1722	1680
虾蟹类	4048	3666	4791	5278	3111	5253	6828	6237	6503
#对　虾	3696	2440	2838	2797	1505	2853	4718	4285	4288
贝　类	9466	15006	19009	19218	14670	15045	16724	17719	18791
#蛏	2140	3532	4179	3925	3082	2859	3491	3920	3958
蛤	2135	2234	3434	3708	3199	3638	4008	4410	4727
蚶	14	281	320	450	233	231	258	218	349
牡　蛎	4316	8004	9433	9707	6745	6664	7310	7396	7802
藻　类	3052	4455	7439	5890	5635	7015	6942	8122	8998
#海　带	963	1790	4320	3042	2984	3772	3630	4138	4670
紫　菜	2088	2660	2774	2423	2322	2810	2978	3087	3182
在海水养殖中									
海上养殖	3441	12550	13621	13920	11032	12171	12368	13374	15380
滩涂养殖	4394	5353	12384	12082	9185	10329	12573	13260	13236
陆基养殖	9089	11101	6905	7356	5408	6837	7210	7189	7492
淡水养殖	**11656**	**13124**	**12655**	**12732**	**12833**	**13582**	**14436**	**14954**	**15326**
#池塘养殖	5008	5706	6265	6318	7053	7977	8344	9123	9656
湖泊养殖	431	527	580	567	252	383	384	392	383
河沟养殖	2145	1579	1410	1398	1212	1173	1208	1076	1055
水库养殖	2768	4031	3226	3333	3237	2577	3194	3218	3027

5-9 续表 单位:公顷

项目	2012年	2013年	2014年	2015年	2016年	2017年	2018年	2019年	2020年
水产品养殖面积	**54524**	**58042**	**60363**	**62770**	**62870**	**64323**	**66528**	**68464**	**67709**
海水养殖	**38835**	**41909**	**43490**	**45384**	**47179**	**48093**	**50497**	**51952**	**51023**
#鱼类	1772	1988	2114	2348	2508	2221	2215	5489	2477
虾蟹类	8149	8133	8844	8741	8963	7873	7701	7737	7778
#对虾	5575	5520	5949	5695					
贝类	19486	20438	20918	21483	21783	22647	23875	25041	25027
#蛏	4108	4401	4452	4573					5202
蛤	4406	4353	4293	4308					4904
蚶	317	291	288	292					372
牡蛎	8654	8969	9252	9357					10252
藻类	9089	9636	10007	10969	12031	13232	14535	14550	13588
#海带	4652	5108	5224	5511					8148
紫菜	3361	3422	3553	3753					3663
在海水养殖中									
海上养殖	16912	17563	19062	20832	22673	22301	25771	27247	26047
滩涂养殖	13240	14946	15383	15272	14572	14227	13246	12915	12714
陆基养殖	8683	9400	9045	9280	9934	11565	11480	11790	12262
淡水养殖	**15689**	**16133**	**16873**	**17386**	**15691**	**16230**	**16031**	**16512**	**16686**
#池塘养殖	10268	10647	11083	11574	10919	11605	9754	10243	10555
湖泊养殖	386	402	426	421	344	330	354	357	356
河沟养殖	981	932	930	961	828	806	614	633	614
水库养殖	2904	3005	3077	3103	2808	2741	2762	2711	2711

5-10 农林牧渔业增加值

（1993-2020年）

单位：万元

年份	合计	农业	林业	牧业	渔业
1993	530391	200661	29333	92902	217745
1994	728654	250044	36367	117058	327185
1995	985156	337342	39643	158543	449628
1996	1108933	358436	41132	194627	514738
1997	1209896	382462	46113	233862	547450
1998	1285522	406604	48932	239589	590397
1999	1348355	423332	46987	238460	639576
2000	1351822	414588	47807	227059	662368
2001	1326433	442508	18453	235020	630452
2002	1360280	458454	18666	238623	644536
2003	1436978	461564	40083	235797	699534
2004	1622965	507563	41238	284568	789596
2005	1747751	530105	42150	286787	879562
2006	1761368	535742	43668	228328	875200
2007	2042412	600093	48138	292118	1016137
2008	2364866	656183	60064	367846	1187171
2009	2420005	711384	63226	318786	1229252
2010	2827271	845058	82536	333246	1462704
2011	3250916	941011	97709	406109	1695517
2012	3677283	1055541	104765	401596	1998598
2013	4000506	1146797	116102	388157	2225132
2014	4290722	1303722	141120	382578	2331721
2015	3957600	1286900	151400	349100	2030600
2016	4388150	1430726	154555	384671	2269392
2017	4763961	1580850	151371	354416	2525597
2018	5112253	1711568	186009	322195	2729535
2019	5441200	1821933	220804	390507	2833552
2020	5791516				

5-11 主要年份农林牧渔业总产值

单位:万元

年 份	合 计	农 业	林 业	牧 业	渔 业
1952	12316	9734	215	1228	1139
1957	18524	12495	890	2359	2780
1962	24505	16424	768	2178	5135
1965	32123	21393	1258	4329	5143
1970	39840	24707	1826	5764	7543
1975	36946	24304	1733	4472	6437
1978	47780	31845	1633	5253	9049
1979	62811	42046	2262	7787	10716
1980	74270	49102	2888	9387	12893
1985	170781	85547	8224	33855	43155
1990	424801	188913	22070	94358	119460
1995	1594572	502701	55001	275179	761691
2000	2174225	618324	69349	394533	1092019
2001	2153911	659853	26811	411876	1055371
2002	2210770	642627	68257	419142	1080744
2003	2348379	694864	55839	417443	1180233
2004	2685206	765033	60794	504275	1355104
2005	2907871	807694	63837	510637	1510342
2006	2954837	819312	69142	419260	1512436
2007	3373580	909595	77095	524781	1719171
2008	3882381	986783	98312	652026	1987902
2009	3905017	1059683	104635	557430	2019414
2010	4490684	1245849	139343	576792	2353538
2011	5101213	1372681	166893	690931	2683597
2012	5681749	1524015	181242	674755	3104118
2013	6106056	1638180	203119	664922	3389830
2014	6452014	1848067	251521	645237	3484781
2015	6726873	1987472	247433	664211	3591819
2016	7497585	2213046	252929	746893	4032699
2017	8187916	2494826	247807	688435	4491292
2018	8767820	2701751	303986	628371	4848559
2019	9349221	2877620	361174	766221	5038794
2020	10008241	2947032	356723	1049911	5331436

5-12 主要年份农林牧渔业总产值指数

(以上年为100)

单位:%

年份	合计	农业	林业	牧业	渔业
1957	107.3	98.2	151.2	125.7	118.1
1962	112.0	112.0	82.5	120.1	113.3
1965	117.7	118.4		118.0	113.5
1970	122.7	129.3	148.1	137.7	102.7
1975	95.8	95.1	112.8	100.9	92.3
1978	114.9	109.9	113.0	128.4	121.2
1979	111.8	112.2	117.0	125.3	100.1
1980	103.7	102.4	111.4	105.2	105.0
1985	109.2	103.9	127.2	118.4	109.4
1990	104.9	100.0	106.3	104.7	111.1
1995	111.8	109.5	108.1	110.6	114.4
2000	103.3	100.1	104.3	101.0	105.8
2001	100.8	99.3	97.2	103.4	100.9
2002	103.9	103.4	95.5	102.1	105.7
2003	104.0	100.3	97.1	100.4	107.5
2004	105.1	101.2	106.2	104.4	107.9
2005	102.7	100.3	100.6	101.6	104.6
2006	104.1	102.7	104.5	100.2	106.3
2007	105.2	103.7	104.1	97.0	108.5
2008	105.6	102.3	107.9	105.7	107.3
2009	105.4	105.1	103.8	103.7	105.6
2010	104.1	102.7	109.0	103.4	104.7
2011	104.0	104.1	105.7	101.2	104.7
2012	104.8	103.4	101.2	104.6	104.7
2013	104.7	103.7	100.8	102.1	105.9
2014	104.7	103.9	112.8	97.9	105.9
2015	104.0	105.8	106.9	95.5	104.5
2016	102.6	103.8	105.4	97.2	102.5
2017	103.7	105.6	102.8	90.8	105.0
2018	104.3	104.3	107.8	98.5	105.1
2019	103.8	103.8	105.1	93.7	105.1
2020	104.1	104.0	106.2	103.0	104.1

5-13 主要年份农林牧渔业总产值指数

（以1952年为100）

年份	合计	农业	林业	牧业	渔业
1952	100.00	100.00	100.00	100.00	100.00
1957	141.20	114.00	376.20	173.90	220.90
1962	121.60	95.50	209.30	103.50	263.00
1965	182.30	145.20	394.30	236.20	302.50
1970	193.00	140.90	476.00	262.00	369.60
1975	186.80	146.60	480.20	215.70	334.80
1978	236.70	188.30	438.30	245.40	455.80
1979	262.10	211.40	513.00	307.40	456.10
1980	271.90	216.50	571.20	323.30	478.70
1985	425.70	278.40	1563.90	684.50	827.80
1990	643.90	354.90	2059.10	1103.50	1573.80
1995	1168.60	465.40	4162.10	1834.90	3881.20
2000	1722.00	597.50	5152.70	2748.20	6258.00
2001	1735.20	593.20	5007.80	2841.10	6311.50
2002	1802.90	613.20	4780.00	2900.00	6671.00
2003	1907.60	656.50	2647.20	2945.70	7418.30
2004	2033.31	685.76	2858.55	3000.74	8096.90
2005	2055.44	654.16	2920.86	3054.01	8251.60
2006	2139.70	671.90	3052.30	3060.10	8771.50
2007	2251.00	696.60	3177.40	2968.30	9517.10
2008	2376.60	712.60	3427.80	3136.00	10207.10
2009	2504.94	748.94	3558.06	3252.03	10778.70
2010	2607.64	769.16	3878.28	3362.60	11285.30
2011	2711.95	800.70	4099.34	3402.95	11815.71
2012	2842.12	827.92	4148.53	3559.49	12371.05
2013	2975.70	858.56	4181.72	3634.23	13100.94
2014	3115.56	892.04	4716.98	3557.91	13873.90
2015	3240.18	943.78	5042.45	3397.81	14498.22
2016	3324.42	979.65	5314.74	3302.67	14860.68
2017	3447.43	1034.51	5463.56	2998.82	15603.71
2018	3595.67	1078.99	5889.71	2953.84	16399.50
2019	3732.30	1119.99	6190.09	2767.75	17235.87
2020	3885.32	1164.79	6573.88	2850.78	17942.54

5-14 农林牧渔业分项产值

单位：万元

项　　目	1995 年	2000 年	2005 年	2010 年	2015 年
农林牧渔业总产值	**1648429**	**2174225**	**2907871**	**4490684**	**6726873**
一、农业产值	**502701**	**618324**	**807695**	**1245849**	**1987472**
#粮　食	195114	168471	237438		
蔬菜、瓜类	178363	260474	392981		
茶、桑、果	43359	71974	96071		
二、林业产值	**55001**	**69349**	**63837**	**139343**	**247433**
#竹木采伐	16700	12223	31058		
林产品	33902	54278	28078		
林木培育和种植			4701		
三、牧业产值	**329036**	**394533**	**510637**	**576792**	**664211**
#猪	203631	225641	310332		
家禽饲养	51994	64229	158607		
狩猎和捕捉动物	174	513	749		
其他畜牧业	5678	7819	10431		
四、渔业产值	**761691**	**1092019**	**1510342**	**2353538**	**3591819**
海水产值	447740	753290	1130325		
淡水产值	313951	338729	380017		

注：1.本表中 2010 起年粮食产值包括谷物及其他农作物产值；蔬菜、瓜类类产值包括蔬菜、食用菌及花卉盆景园艺产品产值；
2.本表中 2004 年起茶、桑、果产值包括水果、坚果、饮料和香料作物的产值。

5-14 续表 单位:万元

项 目	2016年	2017年	2018年	2019年	2020年
农林牧渔业总产值	**7497585**	**8187916**	**8767820**	**9349221**	**10008241**
一、农业产值	**2213046**	**2494826**	**2701751**	**2877620**	**2947032**
#粮 食	221205	274329	273434	291969	214751
蔬菜、瓜类	1414676	1541026	1625769	1769850	1787214
茶、桑、果	432532	525080	673526	759809	831055
二、林业产值	**252929**	**247807**	**303986**	**361174**	**356723**
#竹木采伐	111245	116865	41103	151531	137377
林产品	118017	104491	151729	158680	158638
林木培育和种植	23667	26452	111154	50963	60708
三、牧业产值	**746893**	**688425**	**628371**	**766221**	**1049911**
#猪	415433	327737	302496	367763	597125
家禽饲养	253204	259184	234433	275314	321444
狩猎和捕捉动物	925	1061	961	910	141
其他畜牧业	38474	12280	18484	32676	31060
四、渔业产值	**4032699**	**4491292**	**4848559**	**5038794**	**5331436**
海水产值	3473697	3893661	4118052	4248439	4521079
淡水产值	559003	597630	730507	790355	810357

5-15 主要年份粮食总产量及单位播种面积产量

年份	粮食总产量（吨）	#稻谷	粮食单产（公斤/亩）	#稻谷
1952	607376	434326	154	153
1957	655981	450829	156	160
1962	523324	353333	137	144
1965	802162	577140	207	220
1970	827816	603764	208	221
1975	834994	621476	203	214
1978	989434	752856	240	262
1980	1081911	837805	272	305
1985	1007395	832555	298	334
1990	1226972	948202	306	369
1995	1351140	1023769	341	404
2000	1403843	1021520	367	431
2001	1247727	897823	362	423
2002	1222864	885947	370	431
2003	1086208	789352	364	421
2004	1058508	770233	371	427
2005	974376	693882	361	413
2006	986935	701045	368	419
2007	640500	454673	347	367
2008	637721	435306	349	373
2009	619245	411649	348	373
2010	606916	392600	349	379
2011	599800	389932	353	385
2012	559950	363650	349	382
2013	555280	354807	352	387
2014	553738	342535	356	389
2015	462900	267000	356	383
2016	444274	242525	356	379
2017	447203	234748	361	381
2018	459428	235085	370	392
2019	468813	234860	363	402
2020	485445	238155	375	405

5-16 各类粮食产量

单位:吨

项　目	1995年	2000年	2005年	2006年	2007年	2008年	2009年	2010年	2011年
总　计	**1351140**	**1403843**	**974376**	**986935**	**640500**	**637721**	**619245**	**606916**	**599800**
按收获季节分									
春收粮食	74589	91596	50245	49627	27571	30788	33308	33125	34153
夏收粮食	461809	465299	282657	266986	133328	127189	124114	110757	112545
秋收粮食	814742	846948	641474	670322	479601	479744	461823	463034	453102
按品种分									
稻　谷	1023769	1021520	693882	701045	454673	435306	411649	392600	389932
早　稻	448473	446374	263967	249425	122171	115086	111070	96932	98119
中稻和一季晚稻	200591	210388	227865	240983	197065	192259	195453	190031	181613
双季晚稻	374705	364758	202050	210637	135437	127961	105126	105637	110200
大小麦	41219	30845	9	22	856	1165	6	6	6
#小　麦	25682	18855	9	19	856	1165	6	6	6
甘　薯	228878	258093	199171	206371	141101	152841	154247	159373	152457
马铃薯	24521	46072	44237	43736	27932	29442	34332	34269	35326
杂　粮	3146	5083	6152	5776	5071	5656	5743	6755	7468
大　豆	15381	18877	16386	16388	8789	9561	10609	11064	11766

5-16 续表 单位:吨

项目	2012 年	2013 年	2014 年	2015 年	2016 年	2017 年	2018 年	2019 年	2020 年
总计	**559950**	**555280**	**553738**	**462900**	**444274**	**447203**	**459428**	**468813**	**485445**
按收获季节分									
春收粮食	34505	35426	36706		47827	47396	47989	51753	56784
夏收粮食	108716	106459	103753		72160	62293	58975	58725	60018
秋收粮食	416729	413395	413279		327533	337514	352464	358335	368643
按品种分									
稻谷	363650	354807	342535	267000	242525	234748	235085	234860	238155
早稻	93680	90862	87230	68000	61453	48091	44184	43132	43464
中稻和一季晚稻	171621	168074	165442	130000	121283	123959	125669	125925	128038
双季晚稻	98349	95871	89863	69000	59789	62698	65232	65803	66653
大小麦									
#小麦									
甘薯	136726	138912	146420	132600	134517	141775	150003	155123	161998
马铃薯	36028	36949	38258	44300	48044	50096	51279	53684	56450
杂粮	8456	9231	10238	11165	7174	7717	8516	9292	10031
大豆	12175	12333	13046	14298	8086	8573	10005	10323	11120

5-17 主要年份经济作物总产量及单位播种面积产量

年份	总产量（吨）				单产(公斤/亩)			
	油料	花生	甘蔗	烤烟	油料	花生	甘蔗	烤烟
1952	18626	16849	24450	120	94	106		73
1957	15622	14323	39379	35	69	79	3083	55
1962	9966	9293	10964	48	61	67	1928	45
1965	18795	16059	79266	31	87	102	3705	2
1970	15835	19492	52931	7	97	144	2952	27
1975	18341	15301	34936	70	85	111	3033	62
1978	17433	13280	92962	207	71	92	4024	75
1980	21119	13351	182324	149	64	87	4852	73
1985	25765	24173	469378	1939	123	137	4384	85
1990	28378	25542	244966	905	114	134	4219	77
1995	33624	32596	92618	567	148	155	3733	80
2000	32992	31998	33792	848	141	145	3097	100
2001	32926	32206	32516	841	140	142	3054	113
2002	35530	34994	39268	806	152	155	3219	101
2003	34365	34200	43008	853	139	139	3208	104
2004	40772	40603	38358	28	151	151	3271	88
2005	40013	39828	38296	29	151	151	3319	91
2006	39535	39363	37253	29	145	146	3314	91
2007	46149	45997	16821	23	154	154	3168	99
2008	44819	44642	26470	9	155	155	4010	95
2009	45557	45230	25718	9	151	152	3961	105
2010	45887	45407	26329	1	152	152	3927	91
2011	47158	46641	25448		153	154	3841	
2012	49030	48486	20853		154	155	3340	
2013	50891	50307	23768		157	157	3690	
2014	53205	52563	23958		158	159	3728	
2015	56380	55638	23936		160	161	3797	
2016	45399	43343	36580		157	160	3780	
2017	45731	43548	36858		163	166	3801	
2018	50052	46972	34274		162	166	4331	
2019	52167	49358	35701		165	168	4347	
2020	53931	51370	37384		166	168	4385	

5-18 茶叶水果食用菌蔬菜产量

单位:吨

项目	1995年	2000年	2005年	2006年	2007年	2008年	2009年	2010年	2011年
蔬菜(含菜用瓜)总产量								**2886807**	**2995006**
茶叶产量	**4942**	**7908**	**11434**	**12008**	**13143**	**15011**	**15537**	**16578**	**18168**
#绿毛茶	4926	7855	9707	11144	12260	13757	14228	16550	16471
乌龙茶			528	742	883	1217	1308		
水果产量	**220343**	**250515**	**278591**	**290098**	**310090**	**320489**	**338370**	**348995**	**380241**
#柑　桔	132883	110975	87131	90676	92719	95438	99908	108039	113906
龙　眼	2508	11202	17859	16645	18941	18834	20660	21310	22258
荔　枝	916	1363	1925	2125	1962	1951	2041	2218	2552
香　蕉	5391	6010	12179	13010	13755	14136	13802	14146	14447
枇　杷	8719	16883	13710	28310	31419	33219	26884	29522	32966
菠　萝		36	36	36	36	36	36	36	36
橄　榄	3795	9981	18762	19408	21350	29734	35866	39530	45974
柿	3850	9360	13098	13998	13681	14509	14546	16299	16841
桃	10393	9861	13006	12718	13857	15055	16684	17382	17857
李	25196	25966	49165	39560	48630	44399	51794	43945	53665
柚	173	897	1745	1776	1757	1923	2957	3935	4096
梨	2979	3985	4357	4537	4883	5082	5295	5405	5559
苹　果		1	15	15	15	16	15	15	
葡　萄	8507	11916	6219	14076	13719	13816	14550	14769	16095
杨　梅	701	1148	1581	1703	1805	1856	1985	1975	1979
食用菌产量	**29909**	**34419**	**62537**	**72455**	**79217**	**87944**	**98351**	**106678**	**116858**
#香　菇	9317	12877	9471	10245	10608	12060	12618	13175	14121
蘑　菇	18042	14751	19006	10631	21526	22408	22231	22798	24034
黑木耳	947	1691	4236	4203	4508	5087	5699	6033	6315
白木耳	401	1105	1343	1378	1482	1674	1781	1813	1853
平菇类(含袖珍菇、凤尾菇等)								50525	55727

5-18 续表 单位:吨

项　　目	2012 年	2013 年	2014 年	2015 年	2016 年	2017 年	2018 年	2019 年	2020 年
蔬菜(含菜用瓜)总产量	**3119483**	**3236711**	**3422325**	**3599961**	**3506533**	**3706574**	**3903627**	**4106955**	**4289749**
茶叶产量	**19535**	**21934**	**24803**	**27461**	**32506**	**37627**	**40257**	**42399**	**44694**
#绿毛茶	17546	17813	19549	21113	25276	27507	29274	30553	31685
乌龙茶									
水果产量	**410419**	**454596**	**496405**	**533792**	**635038**	**715830**	**775297**	**837424**	**899161**
#柑　桔	119769	128852	138007	145442	158421	167130	198025	209731	223346
龙　眼	25321	24327	27203	29601	24749	27254	48821	55948	59879
荔　枝	2401	2327	2414	2532	3111	4164	5669	6338	6398
香　蕉	15658	16516	17709	19105	18531	20590	21578	23853	25220
枇　杷	35718	40010	43090	46878	89655	101061	98768	104777	112625
菠　萝	36	34							
橄　榄	53402	56869	68263	71985	72341	81545	102647	109993	120193
柿	17728	19171	19978	21334	13716	12937	13875	16206	18884
桃	17771	19281	20635	22824	23341	24430	30914	34712	36590
李	62062	78933	86171	95028	79289	90486	142293	145988	159244
柚	4165	5779	8048	9554	18104	21272	20100	20192	23664
梨	5558	5713	6022	6285	7577	8639	7603	8444	8840
苹　果									
葡　萄	17017	19427	18439	18832	18901	19630	20847	22852	23810
杨　梅	2004	2118	2234	2399	7407	8349	7331	8398	8715
食用菌产量	**130842**	**145024**	**153530**	**173993**	**185729**	**208220**	**223740**	**239383**	**257271**
#香　菇	14785	15401	16616	17897	18164	18738	19906	21261	24028
蘑　菇	24138	24351	25389	26773	26199	28561	26842	28005	28221
黑木耳	6782	7733	8349	8813	9496	10620	11364	12032	12484
白木耳	1797	1479	1578	1643	1726	1871	1966	2135	2231
平菇类(含袖珍菇.凤尾菇等)	63713	68958	73572	89516	100407	114833	126770	133557	144959

5-19　主要年份林业　牧业　水产品生产情况

年　份	造林面积（公顷）	猪牛羊肉产量（吨）	猪出栏数（头）	水产品产量（吨）
1952	5828		220146	52718
1957	14034		433618	99877
1962	7858		183119	96056
1965	26001		526678	127761
1970	30130		521406	139001
1975	22790		599998	129771
1978	20891		671865	153731
1980	22453		755444	156087
1985	31750		927279	265359
1990	36341	94566	928283	440433
1995	4530	177027	2006653	804394
2000	3469	198081	2561742	1462961
2001	2398	213177	2759628	1459291
2002	3397	216571	2829732	1508296
2003	2433	216918	2881159	1617731
2004	2925	222732	2955053	1685635
2005	2228	233068	3094176	1712836
2006	3601	238382	3148552	1740456
2007	7564	170796	2154173	1538387
2008	5895	196660	2456643	1648255
2009	6012	209465	2658355	1691129
2010	4839	216853	2756838	1771046
2011	26246	221280	2821030	1847918
2012	6833	236989	3062932	1962207
2013	10013	243318	3095043	2076954
2014	4389	233807	2935448	2187393
2015	4729	211700	2514700	2216700
2016	4119	209089	2472644	2316750
2017	4359	152812	1799879	2457839
2018	7596	148060	1748536	2583963
2019	1629	129667	1530834	2715228
2020	12013	132474	1536429	2837470

5-20 造林面积

单位:公顷

项　　目	2016年	2017年	2018年	2019年	2020年
当年造林面积	4119	4359	7596	1629	1130
#用材林	2069	1244	293	435	3
经济林		48	233	113	2
防护林	1074	609	185	916	924
薪炭林	70	199		165	95
人工促进天然林更新面积	1458	1759	1453	1475	1113
零星植树(万株)	950	1200	1234	1341	1388
育苗面积	1163	1188	1467	1757	1804
幼林抚育作业面积	17683	22551	20672	21481	29515
成林抚育作业面积	17683	46313	57355	63920	68043

注:1985年以前造林面积成活率45%以上统计,1986年及以后各年成活率85%以上统计;2011年数据不含平潭。

5-21 主要林产品产量

单位:吨

项 目	1995 年	2000 年	2001 年	2002 年	2003 年	2004 年	2005 年	2006 年	2007 年	2008 年	2009 年
木材采伐产量(立方米)	123885	77034	77597	76669	183494	187167	149259	161922	702337	665705	714887
竹材采伐产量(万根)	1889	1236	979	1101	296	1088	1267	2028	2401	2696	2853
油桐籽	936	2422	2297	2444	2600	2575	2726	2535	2646	2793	2922
油茶籽	3620	5600	5161	5463	5523	6039	6312	6675	7145	7976	8895
棕 片	752	1944	1899	2103	2119	2245	2481	2719	2787	2809	2967
松 脂	591	983	1048	1003	1039	1076	1199	1332	1405	1449	1539
笋 干	2051	5527	5424	5494	5285	5504	6557	7342	8256	9600	10392
板 栗	138	2362	1894	2344	2371	2572	3043	3718	3845	4493	4666
紫 胶		32	32						106	98	106
山苍籽	101	207	191	191	277	334	372	429	459	495	531

注:本表 2004 年木材采伐产量不含薪材;竹材采伐产量含毛竹、篙竹;2003 年起为全社会口径,其他年份为村及村以下口径。

5-21 续表 单位:吨

项　　目	2010 年	2011 年	2012 年	2013 年	2014 年	2015 年	2016 年	2017 年	2018 年	2019 年	2020 年
木材采伐产量(立方米)	791697	652785	765869	786839	916617	878455	824351	1070485	1100543	1182914	1258129
竹材采伐产量(万根)	2943	2970	3388	3909	7671	8118	9251	9010	10460	10946	13286
油桐籽	3040	3166	3299	3471	3534	3199	3735	3637	3932	3993	4178
油茶籽	10167	11206	13301	15237	17314	19862	22527	28742	36315	41017	47382
棕　片	3429	3447	3647	3769	3810	3734	3822	3504	3437	3452	4064
松　脂	1839	1837	1866	1923	1923	1935	1938	2015	2091	2057	2319
笋　干	11874	12783	14021	15551	17471	19773	22958	25011	27521	29217	31537
板　栗	5213	5454	5791	5954	6526	6981	7468	3047	3309	3893	4518
紫　胶	102										
山苍籽	573	572	606	634	659	691	713	722	741	732	415

5-22 主要畜禽产品产量

项　　目	单位	1995年	2000年	2005年	2006年	2007年	2008年	2009年	2010年	2011年
肉类产量	吨	210142	245787	283425	287798	201723	230900	244802	253058	257969
#猪　肉	吨	172233	192111	226284	231361	164561	189903	202559	209716	213770
牛　肉	吨	2088	2708	2494	2378	2169	2286	2269	2344	2482
羊　肉	吨	2706	3262	4290	4643	4066	4471	4637	4793	5028
禽　肉	吨	30865	44868	47197	46422	27516	30701	32133	33058	33370
兔　肉	吨	2250	2838	3160	2994	3411	3445	3103	3142	3319
牛奶产量	吨	34138	38539	40032	36655	22522	24759	24452	22067	21733
蜂蜜产量	吨	836	775	907	836	1050	957	1038	1069	1127
禽蛋产量	吨	91500	152478	155656	156899	137300	115166	117792	120547	123007
肉猪出栏数	头	2006653	2561742	3094176	3148552	2154173	2456643	2658355	2756838	2821030
肉羊出栏数	头	215065	262579	331407	364472	318458	348641	361440	373413	392052
肉牛出栏数	头	18775	27609	25015	25071	21009	22395	22322	23039	24391
家禽出栏数	只	25445259	34309369	35730267	35156291	19909745	21209931	22220499	23099853	23792849
家兔出栏数	只	1756271	2275287	2389477	2252492	2302779	2331491	2201494	2242233	2376219

5-22 续表

项　　目	单位	2012年	2013年	2014年	2015年	2016年	2017年	2018年	2019年	2020年
肉类产量	吨	269037	275581	262571	247700	248191	193333	181839	167105	169834
#猪　肉	吨	229038	234726	224281	203500	200899	143979	139403	120247	122702
牛　肉	吨	2620	2912	3247	2600	2442	2904	3102	3346	3412
羊　肉	吨	5331	5680	6279	5600	5748	5929	5555	6074	6360
禽　肉	吨	28663	28615	24961	33900	36805	38210	31493	34420	34412
兔　肉	吨	3385	3648	3803	3971	1927	1768	1774	2265	2317
牛奶产量	吨	19108	16941	17446	6400	5794	5587	6679	6119	6112
蜂蜜产量	吨	1164	1223	1263	1454	1614	1998	2260	2307	2502
禽蛋产量	吨	126660	106316	102057	120700	125414	124480	113301	108201	118560
肉猪出栏数	头	3062932	3095043	2935448	2514700	2472644	1799879	1748536	1530834	1536429
肉羊出栏数	头	413137	432972	471593	418300	422061	434734	401038	438216	457336
肉牛出栏数	头	25677	27699	30629	24300	22963	26927	28223	30099	31101
家禽出栏数	只	19524862	19510455	16794211	23607300	25917006	24745732	20387233	22754360	22743411
家兔出栏数	只	2435816	2576273	2668774	2790769	1339218	1155749	1159765	1419244	1331545

5-23 年末畜禽存栏数

项目	单位	1995年	2000年	2005年	2006年	2007年	2008年	2009年	2010年	2011年
大牲畜	头	125733	108228	96365	89841	68687	70946	70083	69050	71188
牛	头	125730	108226	96363	89792	66141	70946	70083	69050	71188
#乳　牛	头		8868	9998	8112	4919	5904	7637	7168	8082
#役　畜	头	84434	64978	50832	46918	33037	21057	19556	19018	18958
猪	头	1267342	1472923	1519169	1587448	1647877	1725669	1730479	1759074	1827694
#能繁殖母猪	头	25083	76349	98084	95397	131028	145494	161986	166887	172215
羊	只	193419	193741	240842	255442	229208	248361	250494	259029	267577
蜜蜂箱数	箱	41242	42655	42613	41634	48861	44620	46014	46805	48275
家　兔	只	1139739	1237035	1227390	1257436	1349558	1255941	1274911	1296344	1362616
家　禽	只	15917782	17547471	18172230	17622955	15249057	13155578	13788580	14243604	14685156

5-23 续表

项目	单位	2012年	2013年	2014年	2015年	2016年	2017年	2018年	2019年	2020年
大牲畜	头	72329	74759	74817	47400	43168	51597	49538	39573	-
牛	头	72329	74759	74817	47400	43168	51597	49538	39573	42713
#乳 牛	头	7300	7014	7253	7434	2709	2226	2584	2780	2802
#役 畜	头	18142	17395	16909	16737	22550	28828	23866	17796	-
猪	头	1867715	1788827	1622463	1455300	947477	1072934	915495	711836	1077164
#能繁殖母猪	头	191235	180990	160121	153668	98662	119013	84170	62750	108276
羊	只	283624	293696	311379	270100	263676	238503	232988	269077	274696
蜜蜂箱数	箱	47922	49407	47597	49614	39230	34414	28285	29740	36666
家 兔	只	1298219	1310769	1371453	1486117	613182	545580	568336	737093	811042
家 禽	只	13617748	13232381	11658765	13761500	12766058	13198073	10551197	10954453	12222454

5-24 淡水产品产量

单位:吨

项　　目	1995 年	2000 年	2005 年	2006 年	2007 年	2008 年	2009 年	2010 年	2011 年
淡水产品产量	**83082**	**149340**	**159158**	**165612**	**185383**	**166919**	**179006**	**186610**	**198648**
#鱼　类	77359	118596	128496	134808	163319	140378	153152	156261	160887
虾蟹类	472	1516	6867	7210	8124	9974	9189	15435	20701
贝　类	4062	27728	22387	22412	12505	15121	15364	13873	15924
淡水养殖产量	78234		145212	190995	168290	152518	164951	172786	184179
#池　塘			98722	94770	128395	115745	127087	142124	150153
水　库			16455	49995	17599	15467	16650	16304	17100
河　沟			10230	20970	5727	7939	8360	6407	6160
湖　泊			4286	8505	913	2841	2906	3210	3203

5-24 续表 单位:吨

项　　目	2012 年	2013 年	2014 年	2015 年	2016 年	2017 年	2018 年	2019 年	2020 年
淡水产品产量	**206357**	**221966**	**240085**	**253818**	**193806**	**221282**	**228843**	**258899**	**262993**
#鱼　类	163063	175307	190048	191534	154511	165978	180392	199442	202890
虾蟹类	25116	27652	30772	33427	30516	33338	37412	43653	45578
贝　类	16531	17061	17230	12022	6974	7517	8998	14313	13334
淡水养殖产量	191974	207581	225383	239006	193806	208493	228843	245522	249104
#池　塘	155874	168932	183306	194460	160611	174871	132142	144119	150224
水　库	18790	20062	21889	24111	19724	16938	16519	16733	16861
河　沟	6488	7414	7962	8479	6571	7576	7409	7746	7886
湖　泊	3439	3547	3660	3790	2802	2837	3125	3508	3272

5-25 海水产品产量

单位:吨

项　目	1995年	2000年	2005年	2006年	2007年	2008年	2009年	2010年	2011年
海水产品产量	**721312**	**1313621**	**1553678**	**1574844**	**1353005**	**1481336**	**1512123**	**1584436**	**1649270**
#鱼　类	486701	582172	699645	679973	543664	635820	636565	648748	648626
虾蟹类	28419	52964	67559	73181	63413	83613	91625	99484	105916
贝　类	134777	555200	623718	650981	574586	553018	553018	598123	632268
藻　类	66278	116223	146062	153454	157409	192757	189310	207371	226250
#海水养殖产量	194312	673686	797615	842736	752956	799279	825603	879635	946091
#鱼　类			34799	40396	41603	41256	46286	48434	53978
虾蟹类			14535	17621	13733	21303	27111	32620	38553
贝　类			601799	631238	525041	543808	562471	591066	625455
藻　类			145972	153344	172514	192757	189285	207306	226205

5-25 续表

单位:吨

项目	2012年	2013年	2014年	2015年	2016年	2017年	2018年	2019年	2020年
海水产品产量	**1755850**	**1854988**	**1947308**	**2028361**	**2285864**	**2236557**	**2341925**	**2456329**	**2574477**
#鱼类	664080	690520	701898	684761	815015	860478	658806	615854	693471
虾蟹类	122602	130436	143028	144960	157691	159653	152199	153510	167933
贝类	668978	717098	761383	787799	860956	906024	989823	1058987	1061331
藻类	247604	271401	284667	326401	373996	419301	455542	473376	492053
#海水养殖产量	1024919	1107384	1189546	1282872	1425062	1513738	1639136	1732959	1772772
#鱼类	60913	66319	82589	99139	108485	98675	97481	106496	121256
虾蟹类	51090	52507	61836	69332	80316	85423	82525	86888	89838
贝类	661636	710570	753613	780776	854658	900602	983315	1052102	1054933
藻类	247554	270951	283967	325376	373620	419301	455492	473326	492053

5-26 按县(市)区分农林牧渔业总产值

(2020 年) 单位:万元

县(市)区	农林牧渔业总产值		#农业产值	林业产值	牧业产值	渔业产值
	数 值	比上年增长(%)				
福州市	**10008241**	**4.1**	**2947032**	**356723**	**1049911**	**5331436**
仓山区	34836	1.5	26274			2004
晋安区	134887	4.0	89133	6354	34037	1379
马尾区	174521	20.7	36087	389	20715	116832
长乐区	1029851	3.5	273112	1664	104237	624452
福清市	2025953	4.0	603215	5586	311216	1009857
闽侯县	842778	3.9	570780	20116	181759	34027
连江县	2660272	4.3	113436	6814	87922	2397724
罗源县	886081	4.1	228941	12867	71555	539429
闽清县	597540	4.7	431684	53761	86921	19602
永泰县	935554	4.4	541154	247698	108948	22916
平 潭	684368	2.1	33216	1474	42601	561614

5-27 按县(市)区分主要农产品产量

(2020年)

单位:吨

县(市)区	粮食总产量		油料总产量		蔬菜总产量	
	数 值	比上年增长(%)	数 值	比上年增长(%)	数 值	比上年增长(%)
福州市	**485445**	**3.5**	**53931**	**3.4**	**4289749**	**4.5**
仓山区					39526	-0.7
晋安区	4016	41.7			147683	3.4
马尾区	1605	-2.3	52	6.1	42215	3.2
长乐区	69689	2.8	1919	2.7	648574	5.5
福清市	107069	3.6	32258	4.6	792436	3.9
闽侯县	57996	2.4	2377	3.7	1192183	5.5
连江县	42026	2.7	806	5.2	119969	-1.8
罗源县	33977	4.3	311	7.6	139326	6.4
闽清县	53471	2.4	2969	6.8	499469	3.8
永泰县	96651	3.2	6514	0.6	606555	4.5
平 潭	18945	10.1	6725	-1.4	61813	1.1

5-27 续表1 （2020年） 单位:吨

县(市)区	水果总产量		茶叶总产量		禽蛋总产量		牛奶总产量	
	数　值	比上年增长(%)	数　值	比上年增长(%)	数　值	比上年增长(%)	数　值	比上年增长(%)
福州市	**899161**	**7.4**	**44694**	**5.4**	**118560**	**9.6**	**6112**	**0.5**
仓山区		-100.0						
晋安区	5555	-7.7	2184	1.3	1250	5.8	75	
马尾区	10982	2.9			1483	287.2	98	3.2
长乐区	40469	4.7	154	9.2	15970	6.1	621	6.3
福清市	135629	9.5	536	18.6	39209	5.9	4170	0.4
闽侯县	170136	7.5	1855	10.0	18708	4.6	841	4.7
连江县	28474	0.2	12579	0.6	8457	4.4	55	1.9
罗源县	61610	6.5	8223	6.1	10136	52.5	180	1.7
闽清县	179472	5.1	3519	7.2	16065	33.6	44	-77.1
永泰县	263933	10.6	15644	8.4	4626	2.9	28	10.4
平　潭	2901	-4.4			2665	-51.0		

5-27 续表 2 （2020 年） 单位：吨

县(市)区	肉类总产量		水产品产量		海水产品产量	
	数 值	比上年增长(%)	数 值	比上年增长(%)	数 值	比上年增长(%)
福州市	**169834**	**1.6**	**2837470**	**4.5**	**2574477**	**4.8**
仓山区			3248	-28.0	55	-9.8
晋安区	7328	89.6	770	-15.0		
马尾区	4370	73.3	152384	471.9	142652	733.2
长乐区	18934	-4.8	191520	2.3	114742	1.3
福清市	40362	-0.6	555312	2.3	445280	2.7
闽侯县	31057	-28.0	21726	2.3	2551	-5.0
连江县	15045	28.7	1222133	4.5	1216101	4.6
罗源县	12745	24.9	212618	2.3	194083	2.1
闽清县	14893	8.1	7320	3.0		
永泰县	17127	46.6	11245	3.0		
平 潭	7972	-18.0	457194	3.6	457013	3.6

5-28 按县(市)区分年末畜禽存栏数

(2020年)

县(市)区	猪		牛		羊		兔		禽	
	年末存栏(头)	比上年增长(%)	年末存栏(头)	比上年增长(%)	年末存栏(头)	比上年增长(%)	年末存栏(头)	比上年增长(%)	年末存栏(头)	比上年增长(%)
福州市	**1077164**	**51.3**	**42713**	**7.9**	**274696**	**2.1**	**811042**	**10.0**	**12222454**	**11.6**
仓山区	–	–	–	–	–	–	–	–	–	–
晋安区	26006	159.4	511	34.8	2356	-46.6	706	-16.3	183373	-7.6
马尾区	19638	79.9	151	-26.7	718	-2.6	–	–	200536	38.1
长乐区	93402	37.8	4661	84.7	6485	-7.0	62664	-7.9	868681	25.6
福清市	337081	50.8	10290	8.8	68558	1.2	207855	28.9	210183	8.0
闽侯县	191296	33.2	8524	1.8	59655	4.5	184830	3.5	3286147	1.8
连江县	103410	82.6	3460	-7.4	22088	3.6	83547	3.5	990247	3.1
罗源县	65253	27.5	5947	-0.6	27673	10.9	106608	6.1	975235	13.1
闽清县	80646	82.1	2117	8.9	16610	-15.2	30405	26.1	2216907	55.8
永泰县	76629	146.9	3867	1.9	59212	11.1	126843	10.7	1172091	3.8
平　潭	83803	15.0	3185	0.3	11341	-12.5	7584	-11.0	227424	-38.6

5-29 按县(市)区分粮食播种面积和产量

(2020年)

单位:亩、吨

县(市)区	粮食作物		春收粮食		夏收粮食		秋收粮食	
	播种面积	总产量	播种面积	总产量	播种面积	总产量	播种面积	总产量
福州市	**1293769**	**485445**	**189276**	**56784**	**184605**	**60018**	**919888**	**368643**
晋安区	8780	4016	–	–	255	65	8525	3951
马尾区	4207	1605	768	182	664	240	2775	1183
长乐区	172839	69689	60082	19059	33026	12661	79731	37969
福清市	284437	107069	25452	6545	71225	24913	187760	75611
闽侯县	165066	57996	22785	6503	26104	6618	116177	44875
连江县	108095	42026	9038	2431	16570	5051	82487	34544
罗源县	93245	33977	6349	1608	2379	407	84517	31962
闽清县	143170	53471	13630	3549	10307	3205	119233	46717
永泰县	258786	96651	43892	13190	22175	6486	192719	76975
平　潭	55144	18945	7280	3717	1900	372	45964	14856

主要统计指标解释

乡镇个数 指农村中经省、自治区、直辖市人民政府批准成立的乡一级行政区划的数量。不包括城关镇、城市街道办事处、工矿区。

村委会个数 指农村中经上级政府批准,按居住地区设立的基层群众性自治组织的个数,含城关镇中的村。

乡村户数 是指长期(一年以上)居住在乡镇(不包括城关镇)行政管理区域内的住户,还包括居住在城关镇所辖行政村范围内的农村住户。户口不在本地而在本地居住一年及以上的住户也包括在本地农村住户内;有本地户口,但举家外出谋生一年以上的住户,无论是否保留承包耕地都不包括在本地农村住户范围内。不包括乡村地区内的国有经济的机关、团体、学校、企业、事业单位的集体户。

乡村人口数 指乡村地区常住居民户数中的常住人口数,即经常在家或在家居住 6 个月以上,而且经济和生活与本户连成一体的人口。外出从业人员在外居住时间虽然在 6 个月以上,但收入主要带回家中,经济与本户连为一体,仍视为家庭常住人口;在家居住,生活和本户连成一体的国家职工、退休人员也为家庭常住人口。但是现役军人、中专及以上(走读生除外)的在校学生以及常年在外(不包括探亲、看病等)且已有稳定的职业与居住场所的外出从业人员,不应当作家庭常住人口。

乡村劳动力资源数 指乡村人口中劳动年龄以上(16 周岁)能够参加生产经营活动的人员。

乡村从业人员 指乡村人口中 16 岁以上实际参加生产经营活动并取得实物或货币收入的人员,既包括劳动年龄内经常参加劳动的人员,也包括超过劳动年龄但经常参加劳动的人员。但不包括户口在家的在外学生、现役军人和丧失劳动能力的人,也不包括待业人员和家务劳动者。从业人员按从事主业时间最长(时间相同按收入)分为农业从业人员、工业从业人员、建筑业从业人员、交运仓储及邮政业从业人员、信息传输、计算机服务和软件业从业人员、批发与零售业从业人员、住宿和餐饮业从业人员、其他行业从业人员。

耕地 指种植农作物的土地,包括熟地,新开发、复垦、整理地,休闲地(含轮歇地、轮作地);以种植农作物(含蔬菜)为主,间有零星果树、桑树或其他树木的土地;平均每年能保证收获一季的已垦滩地和海涂。耕地中包括南方宽度<1.0 米、北方宽度<2.0 米固定的沟、渠、路和地坎(埂);临时种植中草药材、草皮、花卉、苗木等的耕地,以及其他临时改变用途的耕地。

农用化肥施用量 指本年度内实际用于农业生产的化学肥料数量,包括氮肥、磷肥、钾肥和复合肥。化肥施用量要求按折纯量计算数量,折纯量是指把氮肥、磷肥、钾肥分别按含氮、含五氧化二磷、含氧化钾的百分之百成分进行折算后的数量。复合肥按其所含主要成分折算。计算公式为:

折纯量=实物量×某种化肥有效成分含量的百分比

农作物播种面积 指实际播种或移植的面积。凡是实际种植有农作物的面积,不论种植在耕地还是非耕地上,也不论面积大小,均应如实统计,种什么就报什么,种多少就报多少,不得遗漏。时改变用途的耕地。

粮食产量 指全社会的产量。包括国有经济经营的、集体统一经营的和农民家庭经营的粮食产量,还包括工矿企业办的农场和其他生产单位的产量。粮食除包括稻谷、小麦、玉米、高粱、谷子及其他杂粮外,还包括薯类和豆类。其产量计算方法,豆类按去豆荚后的干豆计算;薯类(包括甘薯和马铃薯,不包括芋头和木薯)1963 年以前按每 4 公斤鲜薯折 1 公斤粮食计算,从 1964 年开始及以后改为按 5 公斤鲜薯折 1 公斤粮食计算。城市郊区作为蔬菜的薯类(如马铃薯等到)按鲜品计算,并且不作粮食统计。其他粮食一律按脱粒后的原粮计算。

农林牧渔业总产值 指以货币表现的农、林、牧、渔全部产品和对农业生产进行各种支持性服务活动的总量,它反映一定时期内生产的总规模和总成果。从 2003 年开始农林牧渔业总产值执行新的国民经济行业分类标准,包括农业、林业、牧业、渔业及农林牧渔业服务业,不再包括农民家庭兼营商品性工业。

农林牧渔业中间消耗 指各种经济类型的农业生产单位和农户在农业生产经营过程中投入(或消耗)的各种物质产品和劳务价值的总和。包括中间物质消耗和中间劳务消耗两个部分。计入中间消耗必须具备以下两个条件:一是与总产出相对应的生产过程中消耗的物质产品和劳务活动;二是本期投入并一次消耗的不属于固定资产的非耐用品。

农林牧渔业增加值 指各种经济类型的农业生产单位和农户从事生产经营活动所提供的社会最终产品的货币表现。增加值的计算方法有两种,一是生产法:农林牧渔业增加值=农林牧渔业总产出-农林牧渔业中间消耗;二是分配法:农林牧渔业增加值=固定资产折旧+劳动者报酬+生产税净额(生产税-生产补贴)+营业盈余。

6 工业与交通

6-1 主要年份工业总产值和工业增加值

单位:亿元

年　份	工业总产值	工业增加值	工业增加值指数	
			以上年为 100	以 1952 年为 100
1952	0.84	0.23	160.0	100.0
1957	1.80	0.50	100.6	215.5
1962	2.67	0.75	86.0	320.0
1965	4.59	1.28	131.1	549.2
1970	6.71	1.88	118.5	803.3
1975	12.14	3.40	109.9	1453.7
1978	16.18	4.53	123.4	1937.1
1979	18.06	5.06	111.4	2162.2
1980	19.94	5.58	111.3	2386.8
1985	45.13	14.31	136.8	6119.5
1990	137.28	34.50	79.0	14751.4
1995	506.82	130.01	118.3	48430.8
2000	1123.85	321.15	114.8	124540.1
2001	1162.64	346.98	111.8	139235.9
2002	1342.91	385.36	115.7	161096.2
2003	1627.09	463.84	118.8	191382.4
2004	1992.10	539.56	115.0	220099.9
2005	2209.99	564.20	105.0	232205.4
2006	2545.96	601.85	108.3	251478.4
2007	3080.63	699.55	113.8	286182.5
2008	3584.58	791.24	113.2	323958.6
2009	3965.65	891.64	113.7	368340.9
2010	4869.05	1127.59	118.8	437589.0
2011	5873.36	1355.19	115.2	504102.5
2012	6353.25	1481.99	114.1	575181.0
2013	7253.98	1654.51	113.2	651104.9
2014	8009.76	1816.87	111.7	727284.2
2015	8195.22	1875.26	106.8	776739.5
2016	8810.37	1978.83	106.7	828781.0
2017	8931.28	2227.15	107.7	892597.2
2018	9745.37	2416.16	108.8	971145.8
2019		2480.91	103.0	1000280.1
2020		2532.16	105.1	1051294.4

6-2 “规模以上”工业企业单位数

单位:个

项　　目	2003年	2004年	2005年	2006年	2007年	2008年	2009年	2010年	2011年
合　　计	**1901**	**2345**	**2359**	**2470**	**2656**	**2902**	**2889**	**2879**	**2050**
一、按轻重工业分									
轻工业	1112	1356	1363	1419	1520	1644	1647	1660	1153
重工业	789	989	996	1051	1136	1257	1242	1219	897
二、按企业规模分									
大型企业	10	12	11	13	15	18	20	26	81
中型企业	169	196	223	257	282	315	299	327	401
小型企业	1722	2137	2125	2200	2359	2568	2570	2526	1493
微型企业									75
三、按登记注册类型分									
内资企业	1129	1437	1426	1489	1649	1855	1883	1889	1318
港澳台商投资企业	470	502	500	532	545	562	545	547	394
外商投资企业	302	406	433	449	462	485	461	443	338
四、按经济组织类型分									
独资企业	921	942	883	896	889	902	851	837	577
合作、合伙企业	138	106	100	85	81	85	68	67	66
股份有限公司	60	62	69	65	71	64	67	72	65
有限责任公司	782	1235	1307	1424	1615	1851	1903	1903	1342

注:1.2011年起规模以上工业企业指年主营业务收入2000万元及以上工业企业,下同。
2.2011年起增加微型企业规模分类,故企业数与往年不可比,下同。

6-2 续表

单位:个

项　　目	2012年	2013年	2014年	2015年	2016年	2017年	2018年	2019年	2020年
合　　计	**2119**	**2205**	**2275**	**2302**	**2220**	**2213**	**2240**	**2539**	**2662**
一、按轻重工业分									
轻工业	1182	1229	1262	1281	1241	1323	1336	1475	1533
重工业	937	976	1013	1021	979	890	904	1064	1129
二、按企业规模分									
大型企业	81	85	84	92	91	87	92	107	103
中型企业	471	468	484	476	464	482	451	415	399
小型企业	1526	1603	1647	1654	1621	1585	1606	1880	1957
微型企业	41	49	60	80	44	59	91	137	203
三、按登记注册类型分									
内资企业	1403	1508	1610	1665	1645	1655	1710	2011	2167
港澳台商投资企业	383	371	349	346	314	306	288	278	250
外商投资企业	333	326	316	291	261	252	242	250	245
四、按经济组织类型分									
独资企业	562	520	484	459	396	381	370	370	359
合作、合伙企业	61	35	27	28	23	22	20	23	15
股份有限公司	65	83	90	105	119	124	121	120	104
有限责任公司	1431	1567	1674	1710	1682	1686	1729	2026	2184

6-3 “规模以上”工业主要产品产量

品　　名	单　位	2005年	2006年	2007年	2008年	2009年	2010年	2011年	2012年
食用植物油	万吨	9.12	11.63	26.29	18.05	18.42	29.30	19.33	16.34
啤　酒	万千升	8.13	9.68	9.55	9.05	9.55	9.53	9.04	10.85
软饮料	万吨	30.44	44.04	51.36	66.04	58.28	75.15	74.03	91.46
精制茶	万吨	0.45	0.48	0.53	0.67	0.29	0.38	0.46	0.79
纱	万吨	47.09	78.89	83.88	99.33	114.31	133.18	159.95	198.19
布	万米	10849	13227	17397	13109	13946	19626	26589	28371
#棉　布	万米	2964	3598	5041	8937	7211	11574	19517	16320
棉混纺布	万米	232	414	430	831	2845	4177	6072	7571
化学纤维布	万米	7653	9215	11926	3341	3890	3875	1000	4480
服　装	万件	3294	3013	2867	4453	4283	4927	4840	8449
皮　鞋	万双	4807	5259	4836	4981	5833	8283	9396	13294
纯　碱	万吨	17.73	19.80	18.88	18.02	19.28	17.07	9.27	
氮　肥	万吨	6.53	9.52	6.67	4.89	5.57	4.88	3.28	
化学纤维	万吨	13.74	30.87	45.97	74.41	91.50	105.46	105.09	135.16
塑料制品	万吨	49.36	45.37	55.93	75.31	70.10	74.46	83.80	104.08
花岗石板材	万平方米	2801.58	2924.05	4032.37	5280.03	6101.38	7417.82	8096.96	9606.84
粗　钢	万吨	13.80	45.43	69.31	175.73	179.19	428.19	502.15	618.77
钢　材	万吨	129.79	205.44	327.93	257.05	384.08	440.16	629.62	738.78
泵	万台	17.82	12.69	82.73	97.62	61.07	68.90	78.36	63.81
汽　车	万辆	6.67	5.72	6.95	4.49	9.65	14.08	13.10	12.65
交流电动机	万千瓦	23.72	25.82	29.51	26.98	22.01	1.06		14.06
电力变压器	万千伏安	336.45	387.90	443.06	385.18	353.38	551.05	256.30	346.05
显示器	万台	2240.15	2646.41	2902.42	2692.61	2381.14	2710.88	3064.81	2988.06
彩色电视机	万部	22.70	33.65	38.18	381.90	327.60	267.25	142.99	146.93
钟	万只	2429.43	2060.98	2374.70	4118.21	2868.42	3795.40	3338.50	3833.83
发电量	亿千瓦小时	157.41	173.27	212.59	280.82	328.68	341.98	460.98	419.55
#水　电	亿千瓦小时	60.99	67.92	56.18	57.10	49.24	80.30	44.79	81.94

6-3 续表

品　　名	单　位	2013 年	2014 年	2015 年	2016 年	2017 年	2018 年	2019 年	2020 年
食用植物油	万吨	19.58	68.38	71.90	67.50	62.51	64.22	73.35	63.95
啤　酒	万千升	12.44	11.12	10.55	9.80	8.01	7.34	6.73	7.90
软饮料	万吨	127.80	134.97	91.19	103.27	142.71	142.28	157.93	168.21
精制茶	万吨	1.02	0.44	0.78	0.93	0.78	0.85	0.67	0.68
纱	万吨	213.91	241.66	255.88	278.87	295.41	326.35	349.13	391.24
布	万米	35490	55585	54449	51841	50025	46999	42140	41589
#棉　布	万米	14992	24759	23110	22483	20264	17780	12866	10956
棉混纺布	万米	8176	14987	14819	15378	15974	14828	14155	13326
化学纤维布	万米	12322	15839	16520	13981	13787	14392	15120	17307
服　装	万件	9478	11024	10760	12185	14530	15657	18286	12762
皮　鞋	万双	14988	8015	12511	13089	13098	11407	11106	2478
纯　碱	万吨				14.87	24.23	24.67	29.07	25.49
氮　肥	万吨				8.87	36.56	42.35	52.86	54.47
化学纤维	万吨	211.40	247.28	337.55	422.38	428.03	426.01	547.76	580.38
塑料制品	万吨	99.68	99.03	104.56	109.52	121.12	122.74	145.42	159.41
花岗石板材	万平方米	12851	14255	17299	20001.86	279.00	235.06	106.59	34.20
粗　钢	万吨	682.45	770.64	581.43	564.72	605.69	716.16	977.95	1142.05
钢　材	万吨	865.67	851.08	838.65	791.83	858.36	880.64	1184.57	1432.48
泵	万台	88.64	94.41	120.60	124.90	44.50	0.00	2.26	2.34
汽　车	万辆	13.92	9.30	9.86	13.48	19.19	12.33	6.71	4.66
交流电动机	万千瓦	16.70	24.39	31.74	33.52	36.64	51.60	45.18	95.82
电力变压器	万千伏安	343.09	485.03	479.77	429.18	432.22	637.73	889.34	1152.40
显示器	万台	3330.18	3076.95	2884.49	3025.05	2914.45	3147.22	3037.20	3185.30
彩色电视机	万部	169.91	240.89	299.05	284.37	232.23	60.55	4.92	2.37
钟	万只	2984.26	2689.33	3337.79	3606.36	4017.73	4793.26	5243.63	3891.55
发电量	亿千瓦小时	431.47	446.50	459.01	474.63	617.00	715.97	751.28	806.93
#水　电	亿千瓦小时	63.80	73.90	80.51	92.18	72.63	61.35	79.52	56.87

6-4 “规模以上”工业主要经济指标

（2020 年）　　单位：万元

项　　目	企业单位数（个）	资产总计	营业收入	其中：主营业务收入	营业成本	利润总额	年平均用工人数（人）
合　　计	**2662**	**81992057**	**102250292**	**100128423**	**89368883**	**5226558**	**671484**
# 亏损企业	292	9076370	4599354	4438704	4452841	-479825	54728
国有控股企业	100	30279339	14560149	14320951	12512990	644225	57337
一、按轻重工业分							
轻工业	1533	25389932	53970362	52720047	47510085	2683676	395252
重工业	1129	56602124	48279930	47408375	41858798	2542883	276232
二、按企业规模分							
大型企业	103	33859557	37435136	37060656	33190124	1535808	218283
中型企业	399	24266743	30670305	30211764	26550958	1848295	220235
小型企业	1957	22576162	32482857	32184244	28140983	1767176	219852
微型企业	203	1289594	1661995	671759	1486817	75279	13114
三、按登记注册类型分							
内资企业	2167	64669536	75537194	73836929	65814303	4039981	461792
国有企业	7	433836	166931	161966	156569	-6144	1654
集体企业	12	123369	892485	846149	786666	63737	5825
股份合作企业	2	12887	88489	88489	74911	4959	1519
联营企业	2	40124	106356	106356	76748	10384	156
有限责任公司	116	24828382	12373576	12209879	10805999	613640	43848
国有独资公司	13	4747946	3687687	3672238	3419824	114808	9821
其他有限责任公司	103	20080436	8685889	8537641	7386175	498831	34027
股份有限公司	14	4586136	2195845	2115884	1874203	8700	13926

6-4　续表　　（2020 年）　　单位:万元

项　　目	企业单位数（个）	资产总计	营业收入	其中:主营业务收入	营业成本	利润总额	年平均用工人数(人)
私营企业	2014	34644804	59713511	58308205	52039207	3344705	394864
私营独资企业	10	33923	170558	152849	151576	5450	1750
私营合作企业	5	22559	71963	71963	57693	5861	384
私营有限责任公司	1926	28230844	54074962	52777372	47389870	2837199	364976
私营股份有限公司	73	6357478	5396029	5306022	4440068	496195	27754
港、澳、台商投资企业	250	9650739	15861912	15725001	13989312	697143	119769
合资经营企业(港或澳、台资)	75	3964120	4974059	4948186	4088955	440727	35065
港澳台商独资经营企业	161	4144740	8223687	8124792	7529409	177921	76832
港澳台商投资股份有限公司	12	1532513	2637981	2625837	2349393	77320	7259
外商投资企业	245	7671781	10851186	10566493	9565268	489435	89923
中外合资经营企业	67	3103733	4419638	4330129	4030766	100321	29407
中外合作经营企业	4	43598	70773	62344	61094	6000	569
外资企业	169	4103214	5997218	5826232	5192871	317498	58221
外商投资股份有限公司	5	421236	363558	347788	280537	65616	1726
四、按经济组织类型分							
独资企业	359	8839081	15450879	15111988	13817092	558461	144282
合作、合伙企业	15	128534	363766	355338	292001	28380	3241
股份有限公司	104	12897363	10593412	10395531	8944200	647830	50665
有限责任公司	2184	60127078	75842234	74265566	66315590	3991887	473296

6-5 按行业分“规模以上”工业主要经济指标

（2020年） 单位：万元

项目	企业单位数（个）	资产总计	#流动资产合计	固定资产原价	固定资产净额
总计	**2662**	**81992057**	**36192316**	**48197000**	**25608482**
非金属矿采选业	6	49554	21303	22794	14045
农副食品加工业	219	3232373	2082450	990335	504533
食品制造业	65	740682	395792	390789	218000
酒、饮料和精制茶制造业	40	414647	216669	212409	109150
纺织业	309	6652423	3676062	4060673	1833013
纺织服装、服饰业	84	629368	307962	330526	148464
皮革、毛皮、羽毛及其制品和制鞋业	147	963235	671441	289049	102583
木材加工和木、竹、藤、棕、草制品业	28	139942	74642	73977	39801
家具制造业	98	451974	282205	190101	91887
造纸和纸制品业	56	426172	230974	151117	80566
印刷和记录媒介复制业	46	460827	214425	166624	67911
文教、工美、体育和娱乐用品制造业	158	1592640	1093728	450698	190590
石油加工、炼焦和核燃料加工业	7	183720	115315	145712	78804
化学原料和化学制品制造业	82	5751608	1784321	3087034	2037649
医药制造业	32	842620	547921	360766	184944
化学纤维制造业	28	4608688	1934067	4129540	1604991
橡胶和塑料制品业	132	2329849	1429612	734284	357082
非金属矿物制品业	217	3725594	2055322	1792840	932673
黑色金属冶炼和压延加工业	27	4744515	1765321	2867730	1193680
有色金属冶炼和压延加工业	18	1313223	495581	822223	674084
金属制品业	115	1478252	888382	579081	291762
通用设备制造业	111	2856356	1821880	489108	264305
专用设备制造业	89	1029613	683628	308087	149111
汽车制造业	94	3092123	1918865	1737605	628411
铁路、船舶、航空航天和其他运输设备制造业	16	1222187	913582	288285	219431
电气机械和器材制造业	139	2871508	2107546	662041	333256
计算机、通信和其他电子设备制造业	128	10080027	4950874	4172134	2366678
仪器仪表制造业	62	1346277	897300	253059	142490
其他制造业	9	148294	106015	35534	19669
废弃资源综合利用业	20	270656	135265	135024	97485
金属制品、机械和设备修理业	15	416104	105274	271967	230455
电力、热力生产和供应业	34	15524779	1628128	16443275	9435722
燃气生产和供应业	12	664344	273927	297397	207405
水的生产和供应业	18	1676649	340672	1208284	731153

6-5 续表 1 (2020 年) 单位:万元

项目	负债合计	#流动负债合计	所有者权益合计	营业收入	#主营业务收入	营业成本
总计	**44645546**	**30359138**	**37136418**	**102250292**	**100128423**	**89368883**
非金属矿采选业	13141	12639	36413	167822	167822	132345
农副食品加工业	1845549	1645425	1379225	8405198	8329166	7432241
食品制造业	344057	311987	388885	1386805	1377946	1183617
酒、饮料和精制茶制造业	159788	134958	254859	1160335	1127018	906818
纺织业	3037908	2413571	3559622	12670927	12569339	11283981
纺织服装、服饰业	271000	167926	337086	2075115	1999188	1854986
皮革、毛皮、羽毛及其制品和制鞋业	519726	428041	416096	3701832	3588471	3285890
木材加工和木、竹、藤、棕、草制品业	50055	45729	89887	551643	540752	486407
家具制造业	204563	181928	247410	1400653	1398820	1231592
造纸和纸制品业	255932	215715	170133	763835	698686	675563
印刷和记录媒介复制业	160328	124242	300499	860436	847094	773503
文教、工美、体育和娱乐用品制造业	1008125	806658	573523	3369564	3274698	2984927
石油加工、炼焦和核燃料加工业	81233	73349	102487	396327	393314	360286
化学原料和化学制品制造业	2955940	1247164	2796251	4258375	4217901	3636547
医药制造业	281647	261138	560973	950200	948616	665110
化学纤维制造业	2563652	2069284	2043320	10491245	9977061	9234376
橡胶和塑料制品业	1586145	1474816	737972	2964258	2869925	2672524
非金属矿物制品业	1864366	1562830	1859605	6027188	5929763	5118346
黑色金属冶炼和压延加工业	3286627	3100056	1457888	6736602	6642925	6319891
有色金属冶炼和压延加工业	844742	435367	468481	1726505	1665684	1607444
金属制品业	776757	650355	701496	2508389	2468921	2259541
通用设备制造业	1088191	958631	1767892	2476249	2444742	2038856
专用设备制造业	570971	496127	435062	1237014	1191180	1044054
汽车制造业	1556553	1313851	1535569	3162177	3090781	2608965
铁路、船舶、航空航天和其他运输设备制造业	986362	799474	235825	419600	414744	437381
电气机械和器材制造业	1668480	1517769	1197588	5260219	5134450	4712749
计算机、通信和其他电子设备制造业	4083523	3260684	5985274	8105807	7976569	6899806
仪器仪表制造业	538300	496276	797891	1327529	1303262	1118298
其他制造业	77188	76112	71105	166171	162482	140512
废弃资源综合利用业	186386	174090	78665	727623	662240	687753
金属制品、机械和设备修理业	204095	81255	211478	337972	333714	261808
电力、热力生产和供应业	10348880	3310495	5175898	5565177	5518577	4608659
燃气生产和供应业	352601	187658	311743	591808	578582	497815
水的生产和供应业	870954	321758	790867	276396	260693	195917

6-5 续表2 （2020年） 单位：万元

项目	税金及附加	利润总额	所得税费用	亏损企业亏损总额	利税总额	应交增值税	平均用工人数(人)
总计	**408656**	**5226558**	**445583**	**479825**	**6751673**	**1116459**	**671484**
非金属矿采选业	6061	15890	2353	0	29125	7175	302
农副食品加工业	17969	531875	21927	7203	595223	45379	37407
食品制造业	4550	86634	4919	5136	105773	14589	12208
酒、饮料和精制茶制造业	12507	81992	10001	1424	119402	24904	12419
纺织业	22683	719124	24460	1176	813380	71574	68956
纺织服装、服饰业	7477	63303	3335	998	94952	24172	29480
皮革、毛皮、羽毛及其制品和制鞋业	11686	109535	10275	6753	161660	40439	60978
木材加工和木、竹、藤、棕、草制品业	7436	22545	922	659	33975	3994	5068
家具制造业	6988	46437	3495	2985	67232	13807	17374
造纸和纸制品业	2715	29590	3513	747	42096	9791	5602
印刷和记录媒介复制业	3791	22574	2054	302	32508	6144	12775
文教、工美、体育和娱乐用品制造业	16901	95089	8758	3349	157930	45939	47163
石油加工、炼焦和核燃料加工业	1661	23803	4012	0	29798	4334	1298
化学原料和化学制品制造业	12448	308495	2106	64090	353413	32471	14142
医药制造业	7930	100042	23055	3800	129182	21210	8297
化学纤维制造业	20617	586491	8821	45	626526	19417	17949
橡胶和塑料制品业	8207	90508	10533	3018	120446	21731	22877
非金属矿物制品业	32005	464245	34640	12157	603061	106811	45027
黑色金属冶炼和压延加工业	10994	68606	13842	50810	118056	38456	18243
有色金属冶炼和压延加工业	2773	20131	983	66	31659	8755	6760
金属制品业	6779	85661	7412	4346	113604	21165	16379
通用设备制造业	8918	205275	14942	15771	249024	34831	22676
专用设备制造业	7172	53884	4061	8634	78970	17915	13714
汽车制造业	73956	160531	49408	107130	307710	73223	27466
铁路、船舶、航空航天和其他运输设备制造业	5653	-111236	310	112477	-104334	1249	3515
电气机械和器材制造业	18863	169162	17476	2403	239268	51242	39054
计算机、通信和其他电子设备制造业	26468	443570	32821	48856	561351	91313	61690
仪器仪表制造业	3586	57045	4270	1302	76006	15375	13315
其他制造业	1118	6348	341	0	7811	345	3408
废弃资源综合利用业	8372	7189	365	2877	81642	66082	1380
金属制品、机械和设备修理业	2310	34229	4616	1703	45315	8776	4613
电力、热力生产和供应业	22950	537373	100039	8182	721077	160754	13758
燃气生产和供应业	1588	50045	9264	0	54979	3346	1766
水的生产和供应业	3116	38028	6327	1428	49314	8170	4106

6-6　规模以上工业主要经济效益指标

（2020 年）

项　　　目	总资产贡献率（%）	资产负债率（%）	流动资产周转率（次/年）	成本费用利润率（%）	产品销售率（%）
总　　计	**9.38**	**54.45**	**2.83**	**5.39**	**96.54**
#亏损企业	-3.55	69.56	1.08	-9.54	94.40
国有控股企业	4.75	60.18	1.97	4.63	96.76
一、按轻重工业分					
轻工业	14.01	52.13	3.72	5.24	96.69
重工业	7.30	55.49	2.23	5.55	96.37
二、按企业规模分					
大型企业	7.48	60.15	3.07	4.29	95.69
中型企业	10.88	46.06	2.67	6.40	96.62
小型企业	10.74	54.86	2.76	5.76	97.07
微型企业	7.27	55.60	2.36	4.76	99.80
三、按登记注册类型分					
内资企业	9.16	54.08	2.93	5.65	97.14
国有企业	1.04	73.25	1.43	-3.50	97.82
集体企业	54.58	54.35	17.01	7.70	98.33
股份合作企业	52.71	38.24	15.29	6.03	99.82
联营企业	27.14	13.44	4.69	10.82	99.45
有限责任公司	4.75	61.72	2.41	5.23	96.57
国有独资公司	5.74	65.43	6.32	3.20	99.12
其他有限责任公司	4.51	60.84	1.91	6.12	95.96
股份有限公司	2.34	47.70	1.19	0.38	93.80

6-6 续表 (2020年)

项　　目	总资产贡献率(%)	资产负债率(%)	流动资产周转率(次/年)	成本费用利润率(%)	产品销售率(%)
私营企业	13.12	49.27	3.21	5.94	97.59
私营独资企业	40.34	17.61	7.87	3.44	98.87
私营合作企业	31.06	9.28	19.09	8.98	96.39
私营有限责任公司	13.84	52.32	3.60	5.55	97.62
私营股份有限公司	9.73	36.03	1.53	10.03	96.96
港、澳、台商投资企业	11.11	58.32	2.78	4.61	94.15
合资经营企业(港或澳、台资)	16.98	59.43	2.26	9.79	96.92
港澳台商独资经营企业	6.91	55.43	2.90	2.21	93.97
港澳台商投资股份有限公司	7.17	63.36	4.00	3.00	89.18
外商投资企业	9.08	52.69	2.30	4.74	96.11
中外合资经营企业	5.37	70.34	2.12	2.34	94.03
中外合作经营企业	17.40	39.97	3.74	9.21	98.57
外资企业	10.92	40.33	2.54	5.60	97.85
外商投资股份有限公司	17.65	44.34	1.42	21.87	95.03
四、按经济组织类型分					
独资企业	9.28	49.13	2.87	3.76	95.72
合作、合伙企业	26.68	26.03	6.50	8.51	98.75
股份有限公司	7.06	43.70	1.68	6.41	93.35
有限责任公司	9.86	57.60	3.10	5.57	97.10

6-7　按行业分“规模以上”工业企业主要经济效益指标

（2020 年）

项　　目	总资产贡献率（%）	资产负债率（%）	流动资产周转率（次/年）	成本费用利润率（%）	产品销售率（%）
总　　计	**9.38**	**54.45**	**2.83**	**5.39**	**96.54**
非金属矿采选业	58.66	26.52	7.88	10.90	97.94
农副食品加工业	19.33	57.10	4.04	6.76	96.28
食品制造业	14.76	46.45	3.50	6.67	96.89
酒、饮料和精制茶制造业	29.09	38.54	5.36	7.66	99.84
纺织业	13.81	45.67	3.45	6.03	96.77
纺织服装、服饰业	15.37	43.06	6.74	3.16	96.06
皮革、毛皮、羽毛及其制品和制鞋业	17.93	53.96	5.51	3.06	98.17
木材加工和木、竹、藤、棕、草制品业	25.41	35.77	7.39	4.32	97.53
家具制造业	15.16	45.26	4.96	3.44	98.13
造纸和纸制品业	10.64	60.05	3.31	4.05	97.73
印刷和记录媒介复制业	7.59	34.79	4.01	2.69	97.35
文教、工美、体育和娱乐用品制造业	11.32	63.30	3.08	2.91	98.03
石油加工、炼焦和核燃料加工业	16.54	44.22	3.44	6.42	95.82
化学原料和化学制品制造业	7.97	51.39	2.39	7.79	99.17
医药制造业	15.72	33.43	1.73	11.82	95.59
化学纤维制造业	15.61	55.63	5.42	5.93	95.80
橡胶和塑料制品业	6.03	68.08	2.07	3.16	97.60
非金属矿物制品业	17.01	50.04	2.93	8.35	96.76
黑色金属冶炼和压延加工业	3.23	69.27	3.82	1.03	92.60
有色金属冶炼和压延加工业	4.44	64.33	3.48	1.19	98.38
金属制品业	8.29	52.55	2.82	3.54	96.74
通用设备制造业	9.00	38.10	1.36	8.88	95.75
专用设备制造业	8.00	55.45	1.81	4.52	95.25
汽车制造业	10.52	50.34	1.65	5.53	98.24
铁路、船舶、航空航天和其他运输设备制造业	-5.97	80.70	0.46	-21.54	99.34
电气机械和器材制造业	9.01	58.10	2.50	3.33	95.75
计算机、通信和其他电子设备制造业	6.17	40.51	1.64	5.68	94.29
仪器仪表制造业	6.02	39.98	1.48	4.48	95.76
其他制造业	5.94	52.05	1.57	3.98	87.40
废弃资源综合利用业	33.19	68.86	5.38	1.01	96.43
金属制品、机械和设备修理业	13.37	49.05	3.21	11.33	97.71
电力、热力生产和供应业	6.33	66.66	3.42	10.69	99.67
燃气生产和供应业	8.20	53.08	2.16	9.11	99.77
水的生产和供应业	3.41	51.95	0.81	15.83	98.41

6-8 规模以上工业企业能源购进、消费与库存

（2020 年）

能源名称	计量单位	年初库存量	购进量	工业生产消费	期末库存量
原　煤	吨	970575	20922304	20733699	982120
#无烟煤	吨	41680	1311418	1254367	89029
炼焦烟煤	吨	2	0	0	0
一般烟煤	吨	928893	19610886	19479332	893090
褐　煤	吨	0	0	0	0
洗精煤	吨	65738	1229852	1217435	78155
其它洗煤	吨	0	0	0	0
煤制品	吨	884	117274	117349	769
焦　炭	吨	151364	3502614	3382444	271535
其它焦化产品	吨	0	0	0	0
焦炉煤气	万立方米	0	18276	18276	0
高炉煤气	万立方米	0	58893	944482	0
转炉煤气	万立方米	0	0	100934	0
其他煤气	万立方米	0	0	0	0
天然气(气态)	万立方米	1	73871	73828	0
液化天然气(液态)	吨	51	18467	18419	97
氢　气	万立方米	181	71639	71660	160
原　油	吨	0	0	0	0
汽　油	吨	88	16338	14868	76
煤　油	吨	0	49	48	0
柴　油	吨	2498	65981	64141	2543
燃料油	吨	51	437	440	34
液化石油气	吨	5	4090	4081	2
炼厂干气	吨	0	0	0	0
石脑油	吨	0	0	0	0
润滑油	吨	63	1004	891	10
石　蜡	吨	8	65	69	4
溶剂油	吨	253	475	500	98
石油焦	吨	0	0	0	0
石油沥青	吨	654	0	0	0
其它石油制品	吨	3	12	13	2
热　力	百万千焦	0	9833483	19208874	0
电　力	万千瓦时	0	2278767	2816220	0
煤矸石用于燃料	吨	0	0	0	0
城市垃圾用于燃料	吨	19000	1795663	1641615	18863
生物质废料用于燃料	吨标准煤	660	44022	43788	406
余热余压	百万千焦	0	0	718954	0
其它工业废料用于燃料	吨	0	0	0	0
其他燃料	吨标准煤	0	0	0	0
能源合计	吨标准煤	0	0	26093835	0

注：本表数据不含国网福建省电力有限公司。

6-9 规模以上工业企业主要能源品种分行业消费量

（2020年）

指　　标	综合能源消费量（吨标准煤）	原　煤（吨）	洗精煤（吨）	煤制品（吨）	焦　炭（吨）
合　计	**17900169**	**20733699**	**1217435**	**117349**	**3382444**
轻工业	2083711	512451	0	117284	0
重工业	15816458	20221248	1217435	65	3382444
一、按工业行业门类分					
采矿业	3259	0	0	0	0
煤炭开采和洗选业	0	0	0	0	0
石油和天然气开采业	0	0	0	0	0
黑色金属矿采选业	0	0	0	0	0
有色金属矿采选业	0	0	0	0	0
非金属矿采选业	3259	0	0	0	0
开采辅助活动	0	0	0	0	0
其他采矿业	0	0	0	0	0
制造业	10860639	4366536	1217435	117349	3382444
农副食品加工业	160472	2385	0	0	0
食品制造业	25515	0	0	0	0
酒、饮料和精制茶制造业	23562	5214	0	0	0
烟草制品业	5204	0	0	0	0
纺织业	685064	195277	0	8125	0
纺织服装、服饰业	7372	0	0	0	0
皮革、毛皮、羽毛及其制品和制鞋业	52835	0	0	0	0
木材加工和木、竹、藤、棕、草制品业	12233	0	0	0	0
家具制造业	17976	0	0	0	0
造纸和纸制品业	33230	2793	0	0	0
印刷和记录媒介复制业	9200	0	0	0	0
文教、工美、体育和娱乐用品制造业	56810	1945	0	1559	0
石油加工、炼焦和核燃料加工业	97425	0	1217435	0	0
化学原料和化学制品制造业	1840642	1855329	0	0	0
医药制造业	54230	2093	0	0	0
化学纤维制造业	585380	215584	0	107600	0
橡胶和塑料制品业	118350	0	0	0	0
非金属矿物制品业	1253942	432314	0	31	0
黑色金属冶炼和压延加工业	5224622	1633944	0	0	3382444
有色金属冶炼和压延加工业	107929	0	0	0	0
金属制品业	44367	47	0	0	0
通用设备制造业	50734	0	0	34	0
专用设备制造业	11910	125	0	0	0
汽车制造业	74671	0	0	0	0
铁路、船舶、航空航天和其他运输设备制造业	14074	0	0	0	0
电气机械和器材制造业	40456	0	0	0	0
计算机、通信和其他电子设备制造业	188227	0	0	0	0
仪器仪表制造业	7322	0	0	0	0
其他制造业	6086	0	0	0	0
废弃资源综合利用业	40359	19486	0	0	0
金属制品、机械和设备修理业	10442	0	0	0	0
电力、热力、燃气及水生产和供应业	7036271	16367162	0	0	0
电力、热力生产和供应业	6999312	16367162	0	0	0
燃气生产和供应业	1703	0	0	0	0
水的生产和供应业	35256	0	0	0	0
二、按企业登记注册类型分					
国有企业	350025	461328	0	0	0
集体企业	27060	0	0	0	0
股份合作企业	5967	4100	0	0	0
股份制企业	13472956	14575340	1217435	117315	2617347
外商及港澳台商投资企业	4041140	5692931	0	0	765097
其他经济类型企业	3021	0	0	34	0

注：本表数据不含国网福建省电力有限公司。

6-9 续表1 (2020年)

指标	天然气(气态)(万立方米)	液化天然气(液态)(吨)	汽油(吨)	煤油(吨)	柴油(吨)
合计	**73828**	**18419**	**14868**	**48**	**64141**
轻工业	16955	7106	8790	0	10669
重工业	56873	11312	6078	48	53472
一、按工业行业门类分					
采矿业	0	0	0	0	922
煤炭开采和洗选业	0	0	0	0	0
石油和天然气开采业	0	0	0	0	0
黑色金属矿采选业	0	0	0	0	0
有色金属矿采选业	0	0	0	0	0
非金属矿采选业	0	0	0	0	922
开采辅助活动	0	0	0	0	0
其他采矿业	0	0	0	0	0
制造业	73826	18419	14378	48	60670
农副食品加工业	1145	646	1004	0	2501
食品制造业	667	3	261	0	351
酒、饮料和精制茶制造业	100	1277	648	0	29
烟草制品业	299	0	7	0	8
纺织业	1074	4970	1047	0	1105
纺织服装、服饰业	0	0	267	0	88
皮革、毛皮、羽毛及其制品和制鞋业	38	0	973	0	1261
木材加工和木、竹、藤、棕、草制品业	0	14	114	0	321
家具制造业	0	0	152	0	193
造纸和纸制品业	734	0	176	0	542
印刷和记录媒介复制业	32	0	852	0	350
文教、工美、体育和娱乐用品制造业	204	15	1150	0	559
石油加工、炼焦和核燃料加工业	7	0	2	0	334
化学原料和化学制品制造业	187	5	993	0	1183
医药制造业	288	0	465	0	240
化学纤维制造业	1786	0	105	0	676
橡胶和塑料制品业	956	13	973	0	982
非金属矿物制品业	52828	492	796	7	34490
黑色金属冶炼和压延加工业	8998	0	69	0	6651
有色金属冶炼和压延加工业	2893	9522	187	0	459
金属制品业	804	101	431	0	309
通用设备制造业	5	5	435	41	268
专用设备制造业	0	332	247	0	421
汽车制造业	467	866	499	0	625
铁路、船舶、航空航天和其他运输设备制造业	110	0	101	0	986
电气机械和器材制造业	83	0	867	0	361
计算机、通信和其他电子设备制造业	69	62	866	0	125
仪器仪表制造业	0	0	632	0	33
其他制造业	0	97	28	0	1957
废弃资源综合利用业	0	0	26	0	1712
金属制品、机械和设备修理业	53	0	7	0	1550
电力、热力、燃气及水生产和供应业	2	0	490	0	2549
电力、热力生产和供应业	0	0	270	0	2478
燃气生产和供应业	2	0	127	0	61
水的生产和供应业	0	0	93	0	10
二、按企业登记注册类型分					
国有企业	0	0	13	0	2
集体企业	101	0	9	0	32
股份合作企业	178	0	0	0	0
股份制企业	55577	17001	11050	48	53118
外商及港澳台商投资企业	17972	1418	3727	1	10986
其他经济类型企业	0	0	68	0	3

6-9 续表2 （2020年）

指标	燃料油（吨）	液化石油气（吨）	热力（百万千焦）	电力（万千瓦时）	生物质废料用于燃料（吨标准煤）	其他燃料（吨标准煤）
合计	**440**	**4081**	**19208874**	**2816220**	**43788**	**0**
轻工业	275	1769	5154548	976009	35429	0
重工业	164	2311	14054326	1840211	8359	0
一、按工业行业门类分						
采矿业	0	0	0	1558	0	0
煤炭开采和洗选业	0	0	0	0	0	0
石油和天然气开采业	0	0	0	0	0	0
黑色金属矿采选业	0	0	0	0	0	0
有色金属矿采选业	0	0	0	0	0	0
非金属矿采选业	0	0	0	1558	0	0
开采辅助活动	0	0	0	0	0	0
其他采矿业	0	0	0	0	0	0
制造业	440	4081	18883187	2361487	43788	0
农副食品加工业	198	899	2260318	41149	8824	0
食品制造业	4	765	0	11338	907	0
酒、饮料和精制茶制造业	6	0	0	11366	1051	0
烟草制品业	0	0	0	1260	0	0
纺织业	0	0	1216597	383865	305	0
纺织服装、服饰业	0	0	0	5575	0	0
皮革、毛皮、羽毛及其制品和制鞋业	30	0	1842	37497	2958	0
木材加工和木、竹、藤、棕、草制品业	0	0	0	5910	4310	0
家具制造业	0	0	0	14076	171	0
造纸和纸制品业	38	0	0	10327	9111	0
印刷和记录媒介复制业	0	0	7129	5549	0	0
文教、工美、体育和娱乐用品制造业	0	26	421143	28289	411	0
石油加工、炼焦和核燃料加工业	0	0	0	6388	0	0
化学原料和化学制品制造业	0	386	13367014	324017	3363	0
医药制造业	0	32	711472	18972	463	0
化学纤维制造业	0	0	387648	291232	0	0
橡胶和塑料制品业	0	0	131156	72599	10337	0
非金属矿物制品业	30	1260	272518	147769	1176	0
黑色金属冶炼和压延加工业	0	0	0	560190	0	0
有色金属冶炼和压延加工业	90	323	0	43335	0	0
金属制品业	3	151	0	26433	226	0
通用设备制造业	35	39	0	40185	8	0
专用设备制造业	0	4	0	8340	0	0
汽车制造业	0	148	0	52970	20	0
铁路、船舶、航空航天和其他运输设备制造业	0	0	0	9020	0	0
电气机械和器材制造业	0	47	0	30398	0	0
计算机、通信和其他电子设备制造业	7	0	106350	148150	0	0
仪器仪表制造业	0	0	0	5156	0	0
其他制造业	0	0	0	2459	0	0
废弃资源综合利用业	0	0	0	11546	146	0
金属制品、机械和设备修理业	0	0	0	6125	0	0
电力、热力、燃气及水生产和供应业	0	0	325687	453174	0	0
电力、热力生产和供应业	0	0	325687	423470	0	0
燃气生产和供应业	0	0	0	1140	0	0
水的生产和供应业	0	0	0	28563	0	0
二、按企业登记注册类型分						
国有企业	0	0	2647121	49570	0	0
集体企业	0	0	0	19593	1812	0
股份合作企业	0	0	0	546	0	0
股份制企业	310	2650	15260519	2136748	33560	0
外商及港澳台商投资企业	130	1431	1301233	607455	8353	0
其他经济类型企业	0	0	0	2308	62	0

6-10 按县(市)区分“规模以上”工业主要财务指标

(2020年) 单位:万元

项　目	企业单位数(个)	资产总计	#流动资产合计	固定资产原价	固定资产净额
福州市	**2662**	**81992057**	**36192316**	**48197000**	**25608482**
鼓楼区	76	5030999	1299098	6088898	2996459
台江区	15	167684	129523	40376	17999
仓山区	363	4845394	3294979	1373286	589707
晋安区	167	2456656	1451312	951642	423676
马尾区	164	7937899	4201735	1905500	1150088
长乐区	471	15684787	7676437	11385695	4739664
福清市	469	25414238	9104004	14235251	9407105
闽侯县	510	7147833	4023312	3284520	1560465
连江县	142	5479046	2057433	3259747	2068017
罗源县	83	4767854	1764005	2780192	1500873
闽清县	134	1628597	652207	1888388	676607
永泰县	44	698764	339826	429174	271333
平潭县	24	732307	198445	574331	206490

6-10 续表1 (2020年) 单位:万元

项目	负债合计	#流动负债合计	所有者权益合计	营业收入	#主营业务收入	营业成本
福州市	**44645546**	**30359138**	**37136418**	**102250292**	**100128423**	**89368883**
鼓楼区	2840804	1809787	2153038	3881936	3777513	3432339
台江区	93130	91110	72393	76193	71672	52082
仓山区	2192039	1944153	2638321	9869395	9624681	8452807
晋安区	1041261	750496	1393239	6116100	5951187	5522633
马尾区	3381536	2870165	4531748	7931482	7756007	7086607
长乐区	8248123	6989848	7380054	28951176	28386726	25579285
福清市	15315942	7730932	10089603	19873044	19369404	17298227
闽侯县	3869904	2835446	3276125	11430622	11268150	9733877
连江县	2831747	1559586	2627029	5753101	5698394	4646390
罗源县	3233464	2745326	1534390	4975757	4879261	4613599
闽清县	527144	338043	1100282	2424205	2390365	2065557
永泰县	458867	361814	239896	721065	712570	660461
平潭县	611584	332433	100301	246216	242494	225018

6-10 续表2 (2020年) 单位:万元

项　　目	税金及附加	利润总额	所得税费用	利税总额	本年应交增值税
福州市	**408656**	**5226558**	**445583**	**6751673**	**1116459**
鼓楼区	14949	119328	11606	192876	58599
台江区	478	3621	871	6911	2813
仓山区	53376	365410	48209	539892	121106
晋安区	44539	152107	17838	253026	56379
马尾区	20620	370383	26227	480291	89288
长乐区	44800	1589357	39516	1823708	189551
福清市	55715	1045676	132140	1341725	240334
闽侯县	112091	580653	77750	894834	202090
连江县	33147	662615	42002	751524	55762
罗源县	12764	102418	23512	148268	33086
闽清县	12683	225495	20372	290048	51870
永泰县	1646	13786	2365	25044	9612
平　潭	1849	-4290	3176	3529	5970

6-10 续表3 （2020年）

项　　目	平均用工人数（人）	总资产贡献率（%）	资产负债率（%）	流动资产周转率（次/年）	成本费用利润率（%）	产品销售率（%）
福州市	**671484**	**9.38**	**54.45**	**2.83**	**5.39**	**96.54**
鼓楼区	17992	4.83	56.47	2.99	3.15	101.34
台江区	1451	5.09	55.54	0.59	5.02	74.96
仓山区	140020	11.46	45.24	3.00	3.85	95.97
晋安区	66236	10.69	42.39	4.21	2.56	98.02
马尾区	46038	6.80	42.60	1.89	4.82	97.33
长乐区	105118	13.18	52.59	3.77	5.82	97.34
福清市	124833	6.54	60.27	2.18	5.54	94.76
闽侯县	97371	13.43	54.14	2.84	5.40	98.14
连江县	21590	15.59	51.68	2.80	13.10	98.36
罗源县	17480	4.14	67.82	2.82	2.11	89.26
闽清县	24592	18.22	32.37	3.72	10.29	97.04
永泰县	6618	5.22	65.67	2.12	1.95	95.79
平　潭	2145	1.16	83.51	1.24	-1.70	99.65

注：鼓楼区包含全市供电数据。

6-11 民用车辆拥有量

（2020年）　　单位：辆

项　目	总　计	营　运	非营运	校　车	进　口	个　人	新注册	报　废
合　计	**1802973**	**78369**	**1709218**	**831**	**128197**	**1538153**	**189359**	**27520**
一、汽　车	**1498695**	**62210**	**1426021**	**831**	**127055**	**1257569**	**130393**	**24929**
载客汽车	1348949	22849	1315636	831	126553	1186604	111740	16303
#大　型	9338	7672	1414	252	49	112	436	647
中　型	4281	1047	2655	579	104	745	191	430
小　型	1331724	14130	1307961	0	124867	1182442	111111	14965
微　型	3606	0	3606	0	1533	3305	2	261
#轿　车	875789	13856	861933	0	55406	794713	61834	10451
载货汽车	142066	39311	102755	0	481	69013	17710	8418
#重　型	31020	24087	6933	0	291	2133	4963	1347
中　型	2093	1103	990	0	0	497	206	229
轻　型	108940	14121	94819	0	190	66371	12541	6826
微　型	13	0	13	0	0	12	0	16
#普通载货	58319	2759	55560	0	171	39677	3603	3146
其它汽车	7680	50	7630	0	21	1952	943	208
#三轮汽车	0	0	0	0	0	0	0	0
低速货车	188	9	179	0	0	177	0	10
二、摩托车	**282702**	**2**	**282700**	**0**	**1120**	**280077**	**57051**	**2298**
普　通	246962	2	246960	0	1120	244838	28988	2171
轻　便	35740	0	35740	0	0	35239	28063	127
三、拖拉机（农机部门数据）	**4922**	**0**	**0**	**0**	**0**	**0**	**0**	**0**
四、挂车	**16654**	**16157**	**497**	**0**	**22**	**507**	**1915**	**293**

补充资料：机动车驾驶员2525829人，其中汽车驾驶员2356227人。

6-12 运输线路长度

（2020年）　　单位：公里

项　目	福州市	市　区	福清市	闽侯县	连江县	罗源县	闽清县	永泰县
公路通车里程合计	**11616.816**	**1971.689**	**2174.447**	**1738.216**	**1255.897**	**1009.661**	**1535.409**	**1931.497**
#国　道	1336.500	281.310	218.975	234.312	198.845	88.684	83.465	230.909
省　道	704.361	137.908	130.273	103.579	84.087	58.592	93.920	96.002
县　道	1446.699	224.843	156.388	279.574	135.980	131.710	267.651	250.553
乡　道	4450.245	784.195	778.080	671.564	542.608	350.512	573.783	749.503
村　道	3637.005	543.433	887.721	449.187	287.218	348.326	516.590	604.530
专用公路	42.006		3.010		7.159	31.837		
等级公路	**11616.816**	**1971.689**	**2174.447**	**1738.216**	**1255.897**	**1009.661**	**1535.409**	**1931.497**
#高速公路	756.234	190.393	132.093	168.814	98.032	25.595	51.545	89.762
一　级	116.583	84.621		15.603	8.013		8.346	
二　级	1054.637	253.855	282.738	110.780	155.163	64.581	97.392	90.128
三　级	1109.341	211.194	192.405	118.674	85.705	94.876	129.957	276.530
四　级	7729.122	1107.157	1453.528	1239.916	834.386	792.006	1033.703	1268.426
等外公路	850.899	124.469	113.683	84.429	74.598	32.603	214.466	206.651

注：全市通车里程包含等级公路和等外公路。

主要统计指标解释

工业 指从事物质产品生产活动的部门,工业生产活动主要包括以下几个方面:对自然资源的开采,如采矿、晒盐等,但禽兽捕猎和水产捕捞按国家标准《国民经济行业分类和代码》的划分,均属农业生产活动,不包括在工业生产活动内。对农副产品的加工、再加工,如粮油加工、食品加工、轧花、缫丝、纺织、制革等。对采掘品的加工、再加工,如冶金加工、石油加工、化学加工、机械加工、木材加工等,以及电力、煤气及水的生产和供应等。对工业品的修理、翻新,如机器设备的修理、交通运输工具(包括小卧车)的修理等。拆船业也是工业生产活动。

工业总产值 指以货币表现的工业企业在报告期内生产的工业最终产品或提供工业性劳务活动的总价值量。它是反映一定时间内工业生产总规模和总水平的重要标志,是计算工业生产发展速度和主要比例关系,计算工业产品销售率和其他经济指标的重要依据。

工业增加值 指工业企业在报告期内以货币表现的工业生产活动的最终成果。工业增加值有两种计算方法:一是生产法,即工业总产出减去工业中间投入;二是收入法,即从收入的角度出发,根据生产要素在生产过程中应得到的收入份额计算,具体构成项目有固定资产折旧、劳动者报酬、生产税净额、营业盈余,这种方法也称要素分配法。

轻工业 指主要提供生产消费品和制作手工工具工业。按其所使用的原料不同,可分为两大类:(1)以农产品为原料的轻工业,是指直接或间接以农产品为基本原料的轻工业。主要包括食品制造、饮料制造、烟草加工、纺织、缝纫、皮革和毛皮制作、造纸以及印刷等工业;(2)以非农产品为原料的轻工业,是指以工业品为原料的轻工业。主要包括文教体育用品、化学药品制造、合成纤维制造、日用化学制品、日用玻璃制品、日用金属制品、手工工具制造、医疗器械制造、文化和办公用机械制造等工业。

重工业 指为国民经济各部门提供物质技术基础的主要生产资料的工业。按其生产性质和产品用途,可以分为下列三类:(1)采掘(伐)工业,是指对自然资源的开采,包括石油开采、煤炭开采、金属矿开采、非金属矿开采和木材采伐等工业;(2)原材料工业,指向国民经济各部门提供基础材料、动力和燃料的工业。包括金属冶炼及加工、炼焦及焦炭化学、化工原料、水泥、人造板以及电力、石油和煤炭加工等工业;(3)加工工业,是指对工业原材料进行再加工制造的工业。包括装备国民经济各部门的机械设备制造工业、金属结构、水泥制品等工业,以及为农业提供的生产资料如化肥、农药等工业。

固定资产原值 指企业在建造、购置、安装、改建、扩建、技术改造某项固定资产时所支出的全部货币总额。它一般包括买价、包装费、运杂费和安装费等。

固定资产净值 指固定资产原价减去历年已提折旧额后的净额。

流动资产 流动资产是指可以在一年或者超过一年的一个经营周期内变现或者运用的资产,包括货币资金、短期投资、应收票据、实收股利、实收利息、应收帐款、预付货款、其他应收款、实收补贴款、存货、待摊费用、一年内到期的长期债权投资和其他流动资产等。

利税总额 指企业利润总额、产品销售税金及附加和应交增值税之和。

资金利税率 指在一定时期内已实现的利润、税金总额与同期的资产(固定资产净值和流动资产)平均总额之比。

工业增加值率 指在一定时期内工业增加值占工业总产出的比重,反映降低中间消耗的经济效益。

流动资产周转次数 指在一定时期内流动资产完成的周转次数,反映流动资产的周转速度。

主营业务收入 指企业经营和提供劳务等主要经营业务取得的业务总额。

全员劳动生产率 指根据产品的价值量指标计算的平均每一个职工在单位时间内的产品生产量。目前全员劳动生产率是将工业企业的工业增加值除以同一时期从业人员的平均人数来计算。

公路里程 也称"公路通车里程",是反映公路建设发展规模的重要指标,也是计算运输网密度等指标的基础资料;是指实际达到交通部制定的公路工程技术标准规定的等级的公路长度。它包括大中城市的郊区公路以及通过小城镇街道的公路里程,也包括桥梁、渡口的长度,但不包括城市的街道以及厂矿、林区和农业生产用道的里程,两条或多条公路共同经由同一路段,只计算一次,不得重复计算里程长度。

7 房地产开发投资

7-1 房地产开发投资情况

项　　目	单　位	1990年	1995年	2000年	2005年	2006年	2007年
完成投资额	**万元**	**39178**	**549959**	**758488**	**2220270**	**3011836**	**3764663**
按经济类型分							
国有经济	万元	15117	138579	153831	114735	238345	353732
集体经济	万元	6803	42013	57057	157396	131971	139816
其他经济	万元	17258	369367	547600	1948139	2641520	3271115
按构成分							
#建筑工程	万元	31167	377911	533277	1425189	1469573	1893265
安装工程	万元	1371	35730	22201	95726	109178	126400
设备工器具购置	万元	1685	11665	20588	19408	7790	8734
按工程用途分							
商业营业用房	万元	6073	68010	103134	171875	208634	150235
住　宅	万元	22955	357930	461013	1588398	2028782	2704938
办公楼	万元	9246	82476	84642	49015	23143	26872
其　他	万元	904	41543	109699	410982	751277	882618
按隶属关系分							
中　央	万元	1527	3272	5516			
地方（含其他）	万元	37651	546687	752972	2220270	3011836	3764663
新增固定资产	万元	14418	356867	502619	790832	954632	877325
施工面积	万平方米	164.68	923.83	1236.99	2023.33	2126.41	2431.91
#住　宅	万平方米	117.75	643.06	873.12	1714.72	1809.35	2083.42
本年竣工面积	万平方米	67.28	328.86	323.56	501.43	479.54	474.07
#住　宅	万平方米	50.86	260.77	255.90	448.11	411.12	411.80
土地购置费	万元	4087	23177	111815	467989	1248672	1658440
商品房屋销售额	万元	26907	275644	490304	2702461	2921840	3343512
#住　宅	万元	9956	171757	382120	2373901	2470916	2903189

注:1.2005年起商品房销售额包括现房和期房两部分,以前年份只统计现房部分,不包括期房部分。

2.2008年为经济普查代年报;2011年房地产企业实行网络直报,与快报比数据有变动。

7-1 续表1

项 目	单 位	2008年	2009年	2010年	2011年	2012年	2013年
完成投资额	**万元**	**3136079**	**3617991**	**6706940**	**9634087**	**9722667**	**12647907**
按经济类型分							
国有经济	万元	287194	162836	498897	711343	1161179	1414648
集体经济	万元	217156	224160	219469	267039	63341	79718
其他经济	万元	2631729	3230995	5988574	8655705	8498147	11153541
按构成分							
#建筑工程	万元	2133196	2367528	3311464	4937192	6487181	8163735
安装工程	万元	145323	138266	196939	288755	488344	1045565
设备工器具购置	万元	17440	17106	17156	12371	27687	67222
按工程用途分							
商业营业用房	万元	158889	203354	482384	864472	878689	1203579
住 宅	万元	2239851	2521901	3842829	6800822	6284804	8654077
办公楼	万元	28085	39777	249356	532640	811513	1082242
其 他	万元	709254	852959	2132371	1436153	1747661	1708009
按隶属关系分							
中 央	万元	252		11393	47198	10806	3556
地方（含其他）	万元	3135827	3617991	6695547	9586889	9711861	12644351
新增固定资产	万元	678775	1076320	945411	1756326	1693930	2677016
施工面积	万平方米	2520.39	2635.06	3599.46	4939.00	5704.68	6871.04
#住 宅	万平方米	2155.02	2244.38	2908.55	3819.54	4275.69	4961.57
本年竣工面积	万平方米	329.15	485.90	345.81	541.43	534.33	832.55
#住 宅	万平方米	294.68	423.59	294.57	457.87	402.46	605.83
土地购置费	万元	653667	897691	2924155	3996054	2296969	2924812
商品房屋销售额	万元	2044541	4576114	5029944	6321066	9414937	14117852
#住 宅	万元	1790644	4175460	4183336	5082318	7812616	11226626

7-1 续表 2

项　目	单　位	2014 年	2015 年	2016 年	2017 年	2018 年	2019 年	2020 年
完成投资额	**万元**	**14550729**	**13811248**	**16794355**	**16941798**	**14403195**	**18127732**	**20702316**
按经济类型分								
国有经济	万元	1386959	1670773	1961903	1016347	824040	604777	124256
集体经济	万元	48950	45028	43255	5707	5003	413	0
其他经济	万元	13114820	12095447	14789197	15919744	13574152	17522542	20578060
按构成分								
#建筑工程	万元	9598181	8802608	10115138	9213887	6344219	7958552	9931156
安装工程	万元	1293555	1114049	1654360	1946632	1095443	667673	532106
设备工器具购置	万元	93710	96233	75224	77169	268631	193292	139175
按工程用途分								
商业营业用房	万元	2219297	2565794	2416658	1986392	1334806	1229153	1763005
住　宅	万元	9265800	8566533	11235935	11769854	9669341	12888421	14939539
办公楼	万元	1369490	1113150	1231799	1131738	854857	1068392	876524
其　他	万元	1696142	1565771	1909963	2053814	2544191	2941766	3123248
按隶属关系分								
中　央	万元	580	52664	3939	23901	21156	15665	49281
地方（含其他）	万元	14550149	13758584	16790416	16917897	14382039	18112067	20653035
新增固定资产	万元	2859755	3992627	3774517	4901153	4318467	3032664	4709791
施工面积	万平方米	7598.91	7800.01	7760.77	7947.59	7928.93	8480.51	8662.60
#住　宅	万平方米	5108.45	4992.32	4919.79	5070.58	4914.33	5458.31	5445.40
本年竣工面积	万平方米	833.86	1064.05	823.82	1155.74	719.94	389.85	1092.27
#住　宅	万平方米	600.12	745.09	524.62	765.17	439.02	246.61	658.31
土地购置费	万元	3353251	3491957	4717669	4929399	6438274	9023358	9929527
商品房屋销售额	万元	10350054	10659342	13542937	18635494	23128524	23327173	25527443
#住　宅	万元	8252471	8488111	11292827	13466619	18056585	18868201	21840093

7-2　房地产开发企业主要指标

（2020年）　　单位：万元、平方米

指标名称	计划总投资	自开始建设累计完成投资	本年完成投资	住宅投资	#90平方米以下	144平方米以上
总　计	**101717898**	**86257730**	**20702316**	**14939539**	**6657375**	**1298654**
一、按控股情况分						
国有控股	9622448	7870346	1899689	1341091	802283	29893
集体控股	424994	344279	109924	81706	27091	0
私人控股	82756224	69865288	17770837	12885193	5633874	1213158
港澳台商控股	6578467	6269659	472961	317255	62124	34748
外商控股	2274265	1860051	407298	282187	132003	20855
其　他	61500	48107	41607	32107	0	0
二、按隶属关系分						
中　央	932933	779678	49281	25136	16461	0
地　方	6488658	5674779	1333327	915910	443411	36302
其　他	94296307	79803273	19319708	13998493	6197503	1262352
三、按营业状态分						
营　业	100825089	85648983	20579768	14890723	6643224	1289561
停业（歇业）	58365	57165	10	5	2	1
当年关闭						
其　他	669835	512333	83289	47421	13813	8913
四、按企业资质等级分						
一　级	5175514	4762202	818820	573734	347899	13944
二　级	9315306	8735525	712177	458674	161111	82610
三　级	17306146	17790458	940141	673617	235094	109533
四　级	1720718	1619942	156459	77495	51590	10131
暂　定	64311624	50260879	16745412	12208021	5501475	985212
其　他	3888590	3088724	1329307	947998	360206	97224
五、按登记注册类型分						
内资企业	92274798	77980277	19104756	13681717	5915017	1216169
港澳台商投资企业	7093835	6324327	1181862	967335	608521	61530
外商投资企业	2349265	1953126	415698	290487	133837	20955

7-2 续表 1　　(2020年)　　单位:万元、平方米

指标名称	办公楼投资	商业营业用房投资	其他用房投资	本年新增固定资产	待开发土地面积	本年购置土地面积	本年土地成交价款	房屋施工面积
总　　计	**876524**	**1763005**	**3123248**	**4709791**	**1966768**	**838735**	**1430040**	**86626010**
一、按控股情况分								
国有控股	91087	136932	330579	178577	34643	0	0	9470949
集体控股	0	13903	14315	39139	0	0	0	496962
私人控股	761898	1522695	2601051	3470067	1670534	838735	1430040	69954785
港澳台商控股	23515	42712	89479	1016266	128336	0	0	4832136
外商控股	24	43263	81824	5742	133255	0	0	1806248
其　他	0	3500	6000	0	0	0	0	64930
二、按隶属关系分								
中　央	21671	390	2084	0	0	45253	27600	649586
地　方	47866	87993	281558	246947	34643	31615	23500	6761943
其　他	806987	1674622	2839606	4462844	1932125	761867	1378940	79214481
三、按营业状态分								
营　业	869289	1732254	3087502	4688731	1932125	838735	1430040	85879369
停业(歇业)	0	3	2	21060	0	0	0	90022
当年关闭								
其　他	7235	13801	14832	0	0	0	0	429641
四、按企业资质等级分								
一　级	10774	71987	162325	0	0	0	0	4174586
二　级	73820	66207	113476	557722	144863	0	0	7923012
三　级	87713	93040	85771	2061911	190927	31615	23500	14752540
四　级	55007	5652	18305	17333	6322	4077	1110	1595092
暂　定	525510	1404270	2607611	2072825	1624656	803043	1405430	55397540
其　他	123700	121849	135760	0	0	0	0	2783240
五、按登记注册类型分								
内资企业	852985	1667480	2902574	4388553	1705177	838735	1430040	80410008
港澳台商投资企业	23515	52212	138800	315496	128336	0	0	4164174
外商投资企业	24	43313	81874	5742	133255	0	0	2051828

7-2 续表2 (2020年) 单位:万元、平方米

指标名称	#本年新开工面积	房屋竣工面积	竣工房屋价值	商品房销售面积合计	住宅	#90平方米以下	144平方米以上
总计	**19410235**	**10922729**	**3376215**	**18881024**	**15191725**	**6213267**	**1322500**
一、按控股情况分							
国有控股	1462280	488342	129973	1519355	1437437	767514	76395
集体控股	0	98774	26668	117902	98237	7210	0
私人控股	17488738	8099962	2197566	15905924	12596221	5201495	1018530
港澳台商控股	71952	2215161	1016266	757941	651566	94062	199546
外商控股	387265	20490	5742	564794	393156	142986	28029
其他	0	0	0	15108	15108	0	0
二、按隶属关系分							
中央	64866	0	0	50451	45770	32371	0
地方	1054367	505976	205142	1236918	1016286	428343	48038
其他	18291002	10416753	3171073	17593655	14129669	5752553	1274462
三、按营业状态分							
营业	19130108	10864367	3364544	18788979	15140792	6204858	1298058
停业(歇业)	6524	58362	11671	26010	26010	6000	6000
当年关闭							
其他	46625	0	0	29889	24923	2409	18442
四、按企业资质等级分							
一级	705598	0	0	802618	609492	321946	135622
二级	889862	1834867	522269	749969	527294	183790	43297
三级	895109	4431001	1582676	2182591	1405845	437682	334514
四级	103087	50757	7612	138149	99840	48730	9842
暂定	16258583	4606104	1263658	14314865	11913923	5002245	771681
其他	557996	0	0	692832	635331	218874	27544
五、按登记注册类型分							
内资企业	18335266	10128232	3077469	17164612	13761929	5706339	1083439
港澳台商投资企业	653703	774007	293004	1126618	1011842	363424	211032
外商投资企业	421266	20490	5742	589794	417954	143504	28029

7-2 续表3 （2020年） 单位：万元、平方米

指标名称	办公楼销售面积	商业营业用房销售面积	其他房屋销售面积	出租面积	#商业营业用房	待售面积	#住宅	商品房销售额
总计	**675957**	**1055988**	**1957354**	**0**	**0**	**3532468**	**709617**	**25527443**
一、按控股情况分								
国有控股	32012	40525	9381	0	0	134111	129870	2088695
集体控股	14633	252	4780	0	0	0	0	125761
私人控股	624265	979365	1706073	0	0	3213837	503497	21178138
港澳台商控股	5047	16033	85295	0	0	130743	64065	1291860
外商控股	0	19813	151825	0	0	53777	12185	809598
其他	0	0	0	0	0	0	0	33391
二、按隶属关系分								
中央	0	248	4433	0	0	0	0	72366
地方	32012	31198	157422	0	0	115207	115207	1467443
其他	643945	1024542	1795499	0	0	3417261	594410	23987634
三、按营业状态分								
营业	675957	1019256	1952974	0	0	3500117	679439	25353066
停业(歇业)	0	0	0	0	0	32351	30178	20109
当年关闭								
其他	0	586	4380	0	0	0	0	101590
四、按企业资质等级分								
一级	0	29084	164042	0	0	153056	114806	1420853
二级	54941	47478	120256	0	0	256258	7477	1023279
三级	130742	339649	306355	0	0	2114282	215620	2869542
四级	8965	20492	8852	0	0	103618	15498	223350
暂定	476513	605294	1319135	0	0	898557	351392	18615768
其他	4796	13991	38714	0	0	6697	4824	1374651
五、按登记注册类型分								
内资企业	670910	1018160	1713613	0	0	3347948	633367	22718948
港澳台商投资企业	5047	18015	91714	0	0	130743	64065	1971329
外商投资企业	0	19813	152027	0	0	53777	12185	837166

7-2 续表4　　（2020年）　　单位：万元、平方米

指标名称	住宅销售额	# 90平方米以下住房	144平方米以上住房	办公楼销售额	商业营业用房销售额	其他房屋销售额
总　计	**21840093**	**9180371**	**2548269**	**837528**	**1788498**	**1061324**
一、按控股情况分						
国有控股	2013590	1030217	201113	24635	42774	7696
集体控股	116609	4773	0	6898	485	1769
私人控股	17849047	7678853	1807991	793872	1683656	851563
港澳台商控股	1205249	169279	485371	12123	27905	46583
外商控股	622207	297249	53794	0	33678	153713
其　他	33391	0	0	0	0	0
二、按隶属关系分						
中　央	66364	36807	0	0	993	5009
地　方	1321901	532605	172238	24635	54333	66574
其　他	20451828	8610959	2376031	812893	1733172	989741
三、按营业状态分						
营　业	21726239	9169098	2470176	837528	1733348	1055951
停业（歇业）	20109	3008	6000	0	0	0
当年关闭						
其　他	93745	8265	72093	0	2472	5373
四、按企业资质等级分						
一　级	1288725	493555	430759	0	40458	91670
二　级	668582	229245	62425	117613	173353	63731
三　级	1922007	667489	503828	111219	712743	123573
四　级	201390	82937	17269	12190	6200	3570
暂　定	16496709	7390280	1432851	583007	807292	728760
其　他	1262680	316865	101137	13499	48452	50020
五、按登记注册类型分						
内资企业	19315602	8144304	1988044	825405	1721470	856471
港澳台商投资企业	1874860	738273	506431	12123	33350	50996
外商投资企业	649631	297794	53794	0	33678	153857

7-3 房地产开发企业资金来源情况

（2020年）

单位：万元

指标名称	本年资金来源合计	上年末结余资金	本年资金来源小计	国内贷款	利用外资	自筹资金	定金及预收款	个人按揭贷款	其他到位资金	本年各项应付款合计
总　计	**31174797**	**6659548**	**24515249**	**3351201**	**72304**	**11728086**	**6180314**	**2539999**	**643345**	**4781822**
一、按控股情况分										
国有控股	3382866	919429	2463437	519990	0	903015	797971	173537	68924	648449
集体控股	175322	2769	172553	67370	0	0	76129	29054	0	15564
私人控股	25747167	5113195	20633972	2572158	69000	10742240	4746640	1931086	572848	3953478
港澳台商控股	1140089	412352	727737	92283	3304	21237	310591	298749	1573	56076
外商控股	668953	192303	476650	99400	0	61594	208483	107173	0	94755
其　他	60400	19500	40900	0	0	0	40500	400	0	13500
二、按隶属关系分										
中　央	270855	117434	153421	72900	0	10	65711	12400	2400	149539
地　方	2392318	667878	1724440	390585	0	412985	767609	109748	43513	307938
其　他	28511624	5874236	22637388	2887716	72304	11315091	5346994	2417851	597432	4324345
三、按营业状态分										
营　业	30899290	6593866	24305424	3330683	72304	11578536	6153088	2527468	643345	4778012
停业(歇业)	24322	24312	10	0	0	10	0	0	0	10
当年关闭										
其　他	189641	36822	152819	18684	0	119540	4837	9758	0	0
四、按企业资质等级分										
一　级	1682135	376554	1305581	372797	0	15233	731218	176333	10000	142034
二　级	1445319	530104	915215	130354	0	399957	196580	143291	45033	323863
三　级	2360209	653544	1706665	118083	3304	509184	616022	365345	94727	329714
四　级	163228	25183	138045	50492	0	45073	25139	17315	26	89228
暂　定	23658101	5004251	18653850	2620891	69000	9167741	4503027	1800387	492804	3635649
其　他	1865805	69912	1795893	58584	0	1590898	108328	37328	755	261334
五、按登记注册类型分										
内资企业	28565805	5938895	22626910	3134898	0	11167297	5562209	2120734	641772	4598116
港澳台商投资企业	1922029	520895	1401134	116903	72304	494193	407569	308592	1573	72815
外商投资企业	686963	199758	487205	99400	0	66596	210536	110673	0	110891

7-4 房地产开发企业主要财务指标

（2020年）　　单位：万元

指标名称	企业数（个）	年末从业人数（人）	资产总计	流动资产合计	#存　货	固定资产原价	累计折旧	#本年折旧
总　　计	**707**	**27882**	**139719483**	**114742930**	**59696018**	**1231876**	**281501**	**58636**
一、按控股情况分								
国有控股	54	2847	17881040	12281893	7885991	113792	23701	5956
集体控股	8	123	439095	435897	369718	2179	1404	53
私人控股	585	22343	105367319	89480353	46021663	808494	192846	40175
港澳台商控股	41	1581	11321630	9108732	3828200	97578	31381	4610
外商控股	19	988	4710399	3436055	1590446	209834	32169	7843
其　他								
二、按隶属关系分								
中　央	4	64	187634	100544	39005	469	278	23
地　方	28	1698	13252306	8726741	6178731	95251	17782	4582
其　他	675	26120	126279543	105915645	53478283	1136156	263441	54031
三、按营业状态分								
营　业	705	27881	139686426	114709922	59678893	1231757	281396	58633
停业（歇业）	2	1	33057	33008	17125	120	105	3
当年关闭								
其　他								
四、按企业资质等级分								
一　级	14	2543	37010584	20867968	5588916	245017	84094	12819
二　级	44	2510	13786890	10712134	6217364	78680	27635	5335
三　级	140	5679	21859104	20222310	11343050	411714	91546	20734
四　级	46	1041	3151740	2832760	897069	52023	11504	2254
暂　定	441	15567	59814193	56335177	33680219	399337	62103	15414
其　他	22	542	4096973	3772581	1969400	45106	4619	2080
五、按登记注册类型分								
内资企业	634	24664	121489153	100135723	53362384	923580	217450	46133
港澳台商投资企业	46	1866	12755530	10470209	4437979	97827	31504	4630
外商投资企业	27	1352	5474801	4136998	1895655	210469	32546	7873

7-4 续表1 （2020年） 单位:万元

指标名称	负债合计	实收资本	主营业务收入	商品房屋销售收入	房屋出租收入	其他收入	主营业务成本	税金及附加
总计	**111002935**	**11419130**	**13629105**	**12940858**	**62446**	**427268**	**9926032**	**705048**
一、按控股情况分								
国有控股	12409730	1248694	2050429	1887532	8459	151520	1573831	73895
集体控股	425296	19308	36356	35804	331	222	19722	327
私人控股	85613048	8659009	10599977	10098975	38750	266796	7654279	555949
港澳台商控股	8851969	910188	574086	568436	4894	597	410145	60579
外商控股	3702891	581931	368256	350110	10012	8133	268056	14298
其他								
二、按隶属关系分								
中央	103091	90534	16434	16218	205	11	10654	1787
地方	9088148	524223	1604606	1553649	5506	42533	1294046	57656
其他	101811695	10804373	12008064	11370990	56735	384724	8621331	645605
三、按营业状态分								
营业	110968837	11418128	13629105	12940858	62446	427268	9926032	705048
停业(歇业)	34098	1002	0	0	0	0	0	0
当年关闭								
其他								
四、按企业资质等级分								
一级	25326739	1154462	1883050	1715325	2242	164621	946262	60268
二级	11289369	1021795	1811956	1771137	8573	32246	1396539	67231
三级	17446026	2312363	1936969	1897230	14188	15556	1385328	167097
四级	2718671	382975	139103	40286	1729	96197	107906	7749
暂定	50785532	6384571	7760978	7424157	31584	118454	5996042	397034
其他	3436598	162964	97048	92723	4130	195	93956	5670
五、按登记注册类型分								
内资企业	96972858	9267735	12460716	11992856	47070	224081	9075901	622770
港澳台商投资企业	9745470	1416320	675828	571249	5364	99056	463595	62562
外商投资企业	4284607	735075	492560	376753	10012	104131	386536	19716

7-4 续表2 （2020年） 单位:万元

指标名称	营业利润	投资收益	销售费用	管理费用	财务费用	利润总额	应交所得税	应付职工薪酬	应交增值税
总计	**2181807**	**1157401**	**564926**	**480257**	**352406**	**2177327**	**336996**	**412623**	**481535**
一、按控股情况分									
国有控股	287759	88745	22445	46480	39838	294992	58898	44152	70165
集体控股	9580	0	1735	2009	-127	9303	1906	2496	637
私人控股	1533966	745394	470395	359075	251930	1523199	253221	310368	366416
港澳台商控股	204164	186959	44328	53134	26930	203342	16005	42098	24548
外商控股	146337	136303	26023	19558	33835	146492	6967	13509	19769
其他									
二、按隶属关系分									
中央	-14665	0	0	427	5866	-14672	1032	1357	-308
地方	176264	2565	9027	33112	29156	179828	45566	23035	77581
其他	2020208	1154836	555899	446718	317384	2012172	290398	388232	404262
三、按营业状态分									
营业	2181829	1157401	564926	480235	352406	2177349	336996	412619	481535
停业(歇业)	-22	0	0	22	0	-22	0	5	0
当年关闭									
其他									
四、按企业资质等级分									
一级	936319	888485	24375	76481	195062	938847	25394	45783	50460
二级	242718	5747	46213	52440	29240	246664	60008	37045	73495
三级	385246	195262	92345	91899	44145	378921	42188	91718	40902
四级	-11542	35	13332	14721	11136	-13007	7743	11117	9609
暂定	668586	68254	360683	236078	73757	666690	207556	218361	299831
其他	-39519	-381	27978	8639	-933	-40787	-5892	8601	7239
五、按登记注册类型分									
内资企业	1829701	833255	471274	392867	287245	1825708	315668	346232	426275
港澳台商投资企业	219026	187843	60354	64504	29459	218228	16884	48372	31964
外商投资企业	133080	136303	33298	22885	35702	133391	4445	18020	23296

主要统计指标解释

房地产开发投资　指各种登记注册类型的房地产开发法人单位统一开发的包括统代建、拆迁还建的住宅、厂房、仓库、饭店、宾馆、度假村、写字楼、办公楼等房屋建筑物，配套的服务设施，土地开发工程（如道路、给水、排水、供电、供热、通讯、平整场地等基础设施工程）和土地购置的投资；不包括单纯的土地开发和交易活动。

计划总投资　指在建的建设工程按照总体设计（或按设计概算或预算）规定的内容全部建成计划需要的总投资。没有总体设计的建设工程，分别按报告期施工工程的计划总投资合计数填报。单纯购置单位应填报单纯购置的计划总投资。计划总投资是反应固定资产投资在建总规模的重要指标，也是检查工程进度，计算建设周期的依据之一。

本年完成投资　指从本年 1 月 1 日起至报告期完成的全部投资额。本年完成投资是反映本年的实际投资规模，计算有关投资效果，进行国民经济核算和经济分析的重要指标。

完成投资额是以货币表示的工作量指标，包括实际完成的建筑安装工程价值，设备、工具、器具的购置费，以及实际发生的其他费用。没用到工程实体的建筑材料、工程预付款和没有进行安装的需要安装的设备等，不能计入投资完成额。

建筑工程　指各种房屋、建筑物的建造工程，又称建筑工作量。这部分投资额必须兴工动料，通过施工活动才能实现，是固定资产投资额的重要组成部分。

安装工程　指各种设备、装置的安装工程，又称安装工作量。在安装工程中，不包括被安装设备本身价值。

本年新增固定资产　指在报告期已经完成建造和购置过程，并已交付生产或使用单位的固定资产的价值，包括已经建成投入生产或交付使用的工程投资和达到固定资产标准的设备、工具、器具的投资及有关应摊入的费用。属于增加固定资产价值的其他建设费用，应随同交付使用的工程一并计入新增固定资产。

房屋施工面积　指报告期内施工的全部房屋建筑面积。包括本期新开工的房屋建筑面积、上期跨入本期继续施工的房屋建筑面积、上期停缓建在本期恢复施工的房屋建筑面积、本期竣工的房屋建筑面积以及本期施工后又停缓建的房屋建筑面积。多层建筑应填各层建筑面积之和。

房屋竣工面积　指报告期内房屋建筑按照设计要求已全部完工，达到住人和使用条件，经验收鉴定合格或达到竣工验收标准，可正式移交使用的各栋房屋建筑面积的总和。

竣工面积以房屋单位工程（栋）为核算对象，在整栋房屋符合竣工条件后按其全部建筑面积一次性计算，而不是按各栋施工房屋中已完成的部分或层次分割计算。

商品房销售面积　指报告期内出售商品房屋的合同总面积（即双方签署的正式买卖合同中所确定的建筑面积）。本月销售面积指从本月 1 日起至本月最后一天止出售商品房屋的合同总面积。商品房销售面积由现房销售面积和期房销售面积两部分组成。

商品房销售额　指报告期内出售商品房屋的合同总价款（即双方签署的正式买卖合同中所确定的合同总价）。本月销售额指从本月 1 日起至本月最后一天止出售商品房屋的合同总价款。该指标与商品房销售面积同口径，由现房销售额和期房销售额两部分组成。

待售面积　指报告期末已竣工的可供销售或出租的商品房屋建筑面积中,尚未销售或出租的商品房屋建筑面积,包括以前年度竣工和本期竣工的房屋面积,但不包括报告期已竣工的拆迁还建、统建代建、公共配套建筑、房地产公司自用及周转房等不可销售或出租的房屋面积。按照商品房待售时间的长短可以划分为待售一年以下、待售一到三年(含一年)和待售三年以上(含三年)。

8 建筑业

8-1 按登记注册类型分建筑业总承包、专业承包施工企业生产情况

（2020年）

项目	单位	总计	#国有及国有控股企业	按登记注册类型分 内资企业	港、澳、台商投资企业	外商投资企业
建筑业企业个数	个	1743	55	1730	11	2
签订的合同额	万元	130280954	53014243	128677362	1563912	39681
上年结转合同额	万元	68166305	38066900	67310984	838330	16991
本年新签合同额	万元	62114650	14947343	61366378	725582	22690
承包工程完成情况						
直接从建设单位承揽工程完成的产值	万元	50766753	10173285	49690890	1040825	35038
自行完成施工产值	万元	50640823	10166123	49586960	1018825	35038
分包出去工程的产值	万元	125930	7162	103929	22000	0
从建设单位以外承揽工程完成的产值	万元	1506332	192950	1502630	3702	0
建筑业总产值	万元	52147156	10359073	51089590	1022527	35038
#装饰装修产值	万元	1757269	242846	1721492	2060	33716
在外省完成的产值	万元	27219280	2660556	26556563	656173	6544
建筑业总产值按构成分						
建筑工程产值	万元	47775757	9338561	46899951	840777	35029
安装工程产值	万元	3833534	986841	3652048	181477	9
其他产值	万元	537865	33672	537592	273	0
竣工产值	万元	22810915	2820168	22425968	359782	25165
房屋建筑施工面积	平方米	395830985	86844933	377215093	18384836	231056
#本年新开工面积	平方米	123906712	15926751	121794712	2035118	76882
年末自有施工机械设备(净值)	万元	545585	39598	544845	740	0
年末自有施工机械设备(总台数)	台	54732	6096	54528	204	0
年末自有施工机械设备(总功率)	千瓦	8851047	144438	8847080	3967	0
计算建筑业劳动生产率的平均人数	人	1982674	313166	1945571	36710	393
年末从业人数	人	1951997	299817	1914497	37108	392
#工程技术人员	人	153838	12875	153047	681	110
主要建筑材料消耗量						
钢材	吨	27831200	2035484	27151128	678596	1476
木材	立方米	19061511	2047399	19019365	38628	3518
水泥	吨	106264936	13901525	105161344	1090360	13232
平板玻璃(重量箱)	重量箱	22959220	3944477	22735503	197211	26506
平板玻璃(平方米)	平方米	82090548	8805336	80873252	1187092	30204
铝材	吨	2194777	349566	2187624	7096	57
房屋建筑竣工面积	平方米	78227044	6759399	76338519	1757015	131510
住宅	平方米	62834734	6101718	61090616	1744118	0
商业及服务用房	平方米	3550585	177659	3550585	0	0
办公用房	平方米	3183698	0	3183698	0	0
科研、教育、医疗用房	平方米	1225561	212551	1212664	12897	0
文化、体育、娱乐用房	平方米	144594	9329	144594	0	0
厂房及建筑物	平方米	6255212	200893	6250614	0	4598
仓库	平方米	170992	0	170992	0	0
其他用房	平方米	861668	57249	734756	0	126912
房屋竣工价值	万元	16080565	1654706	15704169	351230.6	25165
住宅	万元	13239650	1427194	12894442	345207	0
商业及服务用房	万元	685384	67394	685384	0	0
办公用房	万元	566059	0	566059	0	0
科研、教育、医疗用房	万元	326048	73891	320025	6023	0
文化、体育、娱乐用房	万元	26486	1589	26486	0	0
厂房及建筑屋	万元	1031856	57928	1030798	0	1058
仓库	万元	47374	0	47374	0	0
其他用房	万元	157708	26710	133601	0	24107

8-2 按行业分建筑业总承包、专业承包施工企业生产情况

（2020 年）

项目	单位	总计	按国民经济行业分			
			房屋建筑业	土木工程建筑业	建筑安装业	建筑装饰和其他建筑业
建筑业企业个数	个	1743	925	388	117	313
签订的合同额	万元	130280954	108787414	16407032	2380589	2705920
上年结转合同额	万元	68166305	61080612	5402966	889171	793556
本年新签合同额	万元	62114650	47706802	11004067	1491418	1912364
承包工程完成情况						
直接从建设单位承揽工程完成的产值	万元	50766753	39326164	8526388	1194992	1719209
自行完成施工产值	万元	50640823	39247026	8500916	1191897	1700984
分包出去工程的产值	万元	125930	79138	25472	3094	18226
从建设单位以外承揽工程完成的产值	万元	1506332	899179	558049	14146	34958
建筑业总产值	万元	52147156	40146206	9058965	1206043	1735941
#装饰装修产值	万元	1757269	1043980	97620	6285	609384
在外省完成的产值	万元	27219280	21577711	4350854	535536	755179
建筑业总产值按构成分						
建筑工程产值	万元	47775757	38178169	7821851	395867	1379869
安装工程产值	万元	3833534	1699251	1038300	768555	327428
其他产值	万元	537865	268786	198814	41621	28644
竣工产值	万元	22810915	18548170	3229951	540930	491864
房屋建筑施工面积	平方米	395830985	374246517	15376268	773911	5434289
#本年新开工面积	平方米	123906712	110821761	8916544	504522	3663885
年末自有施工机械设备（净值）	万元	545585	353984	163490	13308	14803
年末自有施工机械设备（总台数）	台	54732	34472	14318	3389	2553
年末自有施工机械设备（总功率）	千瓦	8851047	1148878	7514591	111033	76545
计算建筑业劳动生产率的平均人数	人	1982674	1585550	302765	30714	63645
年末从业人数	人	1951997	1571899	297831	27025	55242
#工程技术人员	人	153838	110393	26735	5668	11042
主要建筑材料消耗量						
钢　材	吨	27831200	24642556	2482406	417610	288628
木　材	立方米	19061511	17008350	1719081	94305	239775
水　泥	吨	106264936	90685201	13960478	468214	1151043
平板玻璃（重量箱）	重量箱	22959220	20806201	1965939	7970	179110
平板玻璃（平方米）	平方米	82090548	73088698	7237582	61471	1702797
铝　材	吨	2194777	1979557	136277	5737	73206
房屋建筑竣工面积	平方米	78227044	72278469	4993633	290785	664157
住　宅	平方米	62834734	59402096	2940171	197179	295288
商业及服务用房	平方米	3550585	2775731	758206	0	16648
办公用房	平方米	3183698	3043708	123959	0	16031
科研、教育、医疗用房	平方米	1225561	1071607	145039	0	8915
文化、体育、娱乐用房	平方米	144594	141696	469	0	2429
厂房及建筑物	平方米	6255212	5114451	949842	0	190919
仓　库	平方米	170992	165492	1000	4500	0
其他用房	平方米	861668	563688	74947	89106	133927
房屋竣工价值	万元	16080565	14973243	946193	40644	120485
住　宅	万元	13239650	12573752	569274	36478	60146
商业及服务用房	万元	685384	583745	97407	0	4232
办公用房	万元	566059	531673	31372	0	3014
科研、教育、医疗用房	万元	326048	291875	33663	0	511
文化、体育、娱乐用房	万元	26486	26055	31	0	401
厂房及建筑屋	万元	1031856	817207	187614	0	27035
仓　库	万元	47374	45940	120	1315	0
其他用房	万元	157708	102998	26713	2851	25146

8-3 按企业资质等级分建筑业总承包施工企业生产情况

(2020年)

项目	单位	总计	按企业资质等级分			
			特级	一级	二级	三级以下
建筑业企业个数	个	1133	9	98	280	746
签订的合同额	万元	123990154	59792707	34841954	23022073	6333421
上年结转合同额	万元	66525302	42753944	14433279	7605375	1732705
本年新签合同额	万元	57464852	17038763	20408675	15416698	4600716
承包工程完成情况						
直接从建设单位承揽工程完成的产值	万元	46736849	12159657	18321732	12234803	4020657
自行完成施工产值	万元	46645635	12159637	18294681	12190615	4000702
分包出去工程的产值	万元	91215	20	27052	44188	19955
从建设单位以外承揽工程完成的产值	万元	1200065	103944	570480	371147	154493
建筑业总产值	万元	47845699	12263581	18865161	12561762	4155196
#装饰装修产值	万元	1032272	127013	334680	369384	201197
在外省完成的产值	万元	25721006	6063149	10605211	7363419	1689227
建筑业总产值按构成分						
建筑工程产值	万元	44522044	12163605	17224100	11563053	3571286
安装工程产值	万元	2912376	77915	1538664	838267	457531
其他产值	万元	411280	22061	102397	160442	126379
竣工产值	万元	21438718	5052447	9754804	4860083	1771384
房屋建筑施工面积	平方米	390104568	148171196	152705628	74822702	14405042
#本年新开工面积	平方米	122495729	37698804	46717615	29776261	8303049
年末自有施工机械设备(净值)	万元	434010	71679	133079	141788	87464
年末自有施工机械设备(总台数)	台	48279	1466	21608	17592	7613
年末自有施工机械设备(总功率)	千瓦	1570172	79084	690677	567623	232788
计算建筑业劳动生产率的平均人数	人	1816226	421658	723010	496529	175029
年末从业人数	人	1788320	432882	703240	484323	167875
#工程技术人员	人	132371	18080	52035	40901	21355
主要建筑材料消耗量						
钢材	吨	26637046	7100659	9908888	7193144	2434355
木材	立方米	18528579	4674236	5446378	6747035	1660930
水泥	吨	102596259	32912171	38548812	23428718	7706558
平板玻璃(重量箱)	重量箱	22593456	7874621	5855412	4331766	4531657
平板玻璃(平方米)	平方米	79882836	28414130	23869938	17067186	10531582
铝材	吨	2068979	714221	483237	539511	332010
房屋建筑竣工面积	平方米	76631774	20178339	30781428	19616731	6055276
住宅	平方米	62316376	17187337	26675098	14604933	3849008
商业及服务用房	平方米	3371120	790324	1107503	1308506	164787
办公用房	平方米	2846813	787573	691344	728710	639186
科研、教育、医疗用房	平方米	1125415	316257	454288	239573	115297
文化、体育、娱乐用房	平方米	142165	0	36124	95167	10874
厂房及建筑物	平方米	6029638	995224	1754244	2241922	1038248
仓库	平方米	170992	101624	8260	8600	52508
其他用房	平方米	629255	0	54567	389320	185368
房屋竣工价值	万元	15768859	4264585	6660834	3637624	1205815
住宅	万元	13142071	3631503	5857061	2756213	897294
商业及服务用房	万元	639402	175321	253178	176254	34649
办公用房	万元	488469	160065	116266	132027	80111
科研、教育、医疗用房	万元	302565	87246	135089	54290	25940
文化、体育、娱乐用房	万元	26085	0	4894	19099	2092
厂房及建筑屋	万元	993961	176080	268707	410537	138638
仓库	万元	47374	34370	1470	4340	7194
其他用房	万元	128932	0	24170	84865	19897

8-4 按企业资质等级分建筑业专业承包施工企业生产情况

(2020年)

项目	单位	总计	按企业资质等级分		
			一级	二级	三级以下
建筑业企业个数	个	610	110	345	155
签订的合同额	万元	6290800	3489158	1957071	844572
上年结转合同额	万元	1641002	913229	536742	191032
本年新签合同额	万元	4649798	2575930	1420329	653539
承包工程完成情况					
直接从建设单位承揽工程完成的产值	万元	4029904	2112383	1222295	695225
自行完成施工产值	万元	3995189	2101579	1207653	685957
分包出去工程的产值	万元	34715	10804	14642	9269
从建设单位以外承揽工程完成的产值	万元	306268	236539	45125	24604
建筑业总产值	万元	4301456	2338118	1252778	710561
#装饰装修产值	万元	724996	512752	185950	26295
在外省完成的产值	万元	1498274	950357	442097	105821
建筑业总产值按构成分					
建筑工程产值	万元	3253713	1774516	964929	514268
安装工程产值	万元	921158	501182	254159	165817
其他产值	万元	126586	62420	33690	30476
竣工产值	万元	1372197	661097	459162	251939
房屋建筑施工面积	平方米	5726417	3207035	2479066	40316
#本年新开工面积	平方米	1410983	566602	814676	29705
年末自有施工机械设备(净值)	万元	111575	19855	22487	69234
年末自有施工机械设备(总台数)	台	6453	2342	2615	1496
年末自有施工机械设备(总功率)	千瓦	7280875	70018	99118	7111739
计算建筑业劳动生产率的平均人数	人	166448	84409	54000	28039
年末从业人数	人	163677	85523	51673	26481
#工程技术人员	人	21467	9483	8245	3739
主要建筑材料消耗量					
钢材	吨	1194154	838487	323454	32213
木材	立方米	532932	287298	220981	24653
水泥	吨	3668677	2034005	1437886	196786
平板玻璃(重量箱)	重量箱	365764	130960	217083	17721
平板玻璃(平方米)	平方米	2207712	1183512	894851	129349
铝材	吨	125798	87753	32579	5466
房屋建筑竣工面积	平方米	1595270	589682	907361	98227
住宅	平方米	518358	174418	343439	501
商业及服务用房	平方米	179465	44672	122693	12100
办公用房	平方米	336885	251344	85541	0
科研、教育、医疗用房	平方米	100146	53325	46781	40
文化、体育、娱乐用房	平方米	2429	0	2429	0
厂房及建筑物	平方米	225574	64757	83349	77468
仓库	平方米	0	0	0	0
其他用房	平方米	232413	1166	223129	8118
房屋竣工价值	万元	311706	135072	162536	14099
住宅	万元	97579	35372	62140	67
商业及服务用房	万元	45982	12049	30421	3512
办公用房	万元	77590	57943	19646	0
科研、教育、医疗用房	万元	23484	13018	10460	6
文化、体育、娱乐用房	万元	401	0	401	0
厂房及建筑屋	万元	37895	16512	11300	10083
仓库	万元	0	0	0	0
其他用房	万元	28776	178	28168	430

8-5 按县(市)区分建筑业总承包、专业承包施工企业生产情况

(2020年)

项目	单位	福州市	鼓楼区	台江区	仓山区	晋安区	马尾区	长乐区
建筑业企业个数	个	1743	209	85	125	211	125	106
签订的合同额	万元	130280954	33628530	2329169	2104344	8845538	31809988	4141451
上年结转合同额	万元	68166305	24079187	1003536	764196	4413963	22078992	918717
本年新签合同额	万元	62114650	9549344	1325634	1340148	4431575	9730997	3222734
承包工程完成情况								
直接从建设单位承揽工程完成的产值	万元	50766753	8907973	1659654	1158343	4042261	5467026	2625029
自行完成施工产值	万元	50640823	8894374	1632472	1152914	4025089	5457151	2623949
分包出去工程的产值	万元	125930	13599	27182	5429	17172	9875	1080
从建设单位以外承揽工程完成的产值	万元	1506332	231722	23671	35867	141440	129970	13668
建筑业总产值	万元	52147156	9126096	1656144	1188782	4166529	5587122	2637617
#装饰装修产值	万元	1757269	401498	112884	67935	159096	248932	144895
在外省完成的产值	万元	27219280	3681743	653585	370969	1984062	2293659	1414111
建筑业总产值按构成分								
建筑工程产值	万元	47775757	8366563	1184672	1118395	3740302	4883482	2472108
安装工程产值	万元	3833534	698206	457322	56643	398107	640438	145630
其他产值	万元	537865	61327	14150	13743	28120	63201	19880
竣工产值	万元	22810915	3446455	598488	570391	1480090	972563	1062726
房屋建筑施工面积	平方米	395830985	73388259	18768085	4878516	15904289	74023386	23438810
#本年新开工面积	平方米	123906712	12081007	2118933	709655	5724171	23331216	7577167
年末自有施工机械设备(净值)	万元	545585	94011	8395	13168	34652	26918	28655
年末自有施工机械设备(总台数)	台	54732	6254	1332	757	7259	1353	6056
年末自有施工机械设备(总功率)	千瓦	8851047	181841	25497	7067080	179701	61278	88287
计算建筑业劳动生产率的平均人数	人	1982674	304207	57975	39621	130754	202319	88757
年末从业人数	人	1951997	288145	50410	38762	126924	187391	89910
#工程技术人员	人	153838	32307	2952	5265	12101	8549	9869
主要建筑材料消耗量								
钢材	吨	27831200	4035559	731296	355310	963430	873227	1771950
木材	立方米	19061511	2285042	296488	173391	884481	1988973	1152360
水泥	吨	106264936	10656017	1267156	836170	3577542	16652873	5831056
平板玻璃(重量箱)	重量箱	22959220	1247105	198910	27942	557764	4122047	2556993
平板玻璃(平方米)	平方米	82090548	5042087	1200936	148298	2525895	9784864	14284495
铝材	吨	2194777	197688	27578	27461	144825	337593	136230
房屋建筑竣工面积	平方米	78227044	10905549	1953586	2123808	1899904	3900509	4667671
住宅	平方米	62834734	8669493	1908376	1492481	1445706	3517605	2779149
商业及服务用房	平方米	3550585	997973	0	208979	23758	77074	107305
办公用房	平方米	3183698	87212	1800	220563	0	123100	523697
科研、教育、医疗用房	平方米	1225561	450781	0	8915	67504	41634	278304
文化、体育、娱乐用房	平方米	144594	0	0	0	9748	29381	26795
厂房及建筑物	平方米	6255212	567456	10	61827	194769	80251	931241
仓库	平方米	170992	132234	0	0	0	0	7893
其他用房	平方米	861668	400	43400	131043	158419	31464	13287
房屋竣工价值	万元	16080565	2704299	332222	489904	444077	730502	847463
住宅	万元	13239650	2100106	325280	441790	345268	643509	605659
商业及服务用房	万元	685384	251940	0	11674	10186	20957	17486
办公用房	万元	566059	29230	418	1883	0	22334	72159
科研、教育、医疗用房	万元	326048	161779	0	511	22452	9195	50550
文化、体育、娱乐用房	万元	26486	0	0	0	1612	7550	3305
厂房及建筑屋	万元	1031856	125299	155	8810	35532	19037	94920
仓库	万元	47374	35926	0	0	0	0	1455
其他用房	万元	157708	18	6369	25235	29027	7921	1930

8-5 续表 (2020 年)

项目	单位	福清市	闽侯县	连江县	罗源县	闽清县	永泰县	平潭县
建筑业企业个数	个	80	157	79	55	154	178	179
签订的合同额	万元	9940067	2144898	4256345	1171152	15459117	11375438	3074918
上年结转合同额	万元	4165268	1064423	976772	736202	3870606	3424165	670279
本年新签合同额	万元	5774799	1080475	3279574	434950	11588511	7951274	2404639
承包工程完成情况								
直接从建设单位承揽工程完成的产值	万元	4492899	1249149	3325238	591681	8516395	7365634	1365470
自行完成施工产值	万元	4492899	1244906	3289374	591571	8511921	7360288	1363914
分包出去工程的产值	万元	0	4243	35864	110	4475	5346	1556
从建设单位以外承揽工程完成的产值	万元	25374	3793	169133	36	39803	50736	641119
建筑业总产值	万元	4518273	1248700	3458507	591607	8551724	7411024	2005033
#装饰装修产值	万元	38966	6344	145087	3734	274004	74279	79616
在外省完成的产值	万元	3036775	357165	1793847	277817	5591401	4349548	1414599
建筑业总产值按构成分								
建筑工程产值	万元	4502089	1119715	2882584	587596	7767030	7257120	1894100
安装工程产值	万元	11733	90128	537916	4005	671733	56277	65396
其他产值	万元	4451	38857	38007	6	112962	97626	45537
竣工产值	万元	3548713	698086	1312511	232905	3421671	4553185	913133
房屋建筑施工面积	平方米	35107727	6804155	19023999	4239391	51780026	65476508	2997834
#本年新开工面积	平方米	13001099	2223254	7390379	1308309	22164207	26003735	273580
年末自有施工机械设备(净值)	万元	77744	22117	17604	5972	81353	113638	21358
年末自有施工机械设备(总台数)	台	6059	1816	2867	809	9805	7642	2723
年末自有施工机械设备(总功率)	千瓦	298042	52835	84107	37707	440661	222280	111731
计算建筑业劳动生产率的平均人数	人	163246	49821	94150	25835	404062	311838	110089
年末从业人数	人	177072	49829	83397	22980	395139	322145	119893
#工程技术人员	人	10742	5146	5393	4465	29589	18919	8541
主要建筑材料消耗量								
钢　材	吨	2620171	493528	1740686	239896	5936938	7476739	592470
木　材	立方米	1556723	402623	1019018	82831	4168510	4531519	519552
水　泥	吨	13406124	2801923	9479222	697358	22097806	15522302	3439387
平板玻璃(重量箱)	重量箱	1227378	690064	1294461	351980	5878235	4369605	436736
平板玻璃(平方米)	平方米	5073977	2003926	5845086	914970	16639870	16970414	1655730
铝　材	吨	84653	94591	263351	39250	282596	512354	46607
房屋建筑竣工面积	平方米	10751860	2642321	6201108	1216235	13140552	18430764	393177
住　宅	平方米	9032370	1995909	5535043	472945	10494645	15175148	315864
商业及服务用房	平方米	925753	118619	26261	22336	265429	738079	39019
办公用房	平方米	41230	66807	237304	44672	919386	909455	8472
科研、教育、医疗用房	平方米	58316	7850	35908	11168	167734	97447	0
文化、体育、娱乐用房	平方米	0	0	0	21665	48196	8809	0
厂房及建筑物	平方米	692591	335640	366592	337325	1174414	1485956	27140
仓　库	平方米	1600	8600	0	0	7660	13005	0
其他用房	平方米	0	108896	0	306124	63088	2865	2682
房屋竣工价值	万元	2066386	557435	1144556	222543	2921394	3542284	77502
住　宅	万元	1749592	471002	1016999	95259	2349493	3040176	55518
商业及服务用房	万元	178058	28235	4973	6025	55579	88217	12054
办公用房	万元	9931	11669	53273	12049	196487	155103	1523
科研、教育、医疗用房	万元	13334	2579	12597	3012	30080	19959	0
文化、体育、娱乐用房	万元	0	0	0	2105	9059	2856	0
厂房及建筑屋	万元	115237	33786	56714	44254	260978	231268	5867
仓　库	万元	235	4340	0	0	1355	4063	0
其他用房	万元	0	5824	0	59839	18363	642	2540

8-6 建筑业盈利总承包、专业承包施工企业数及利润总额

（2020年）

项目	单位	福州市	鼓楼区	台江区	仓山区	晋安区	马尾区	长乐区
企业个数	个	**1488**	**175**	**65**	**95**	**175**	**104**	**87**
施工总承包	个	972	69	24	58	82	77	59
特级	个	8	3				1	
一级	个	98	17	2	1	15	1	5
二级	个	247	21	9	10	23	20	6
三级以下	个	619	28	13	47	44	55	48
专业承包	个	516	106	41	37	93	27	28
一级	个	103	30	8	5	9	10	5
二级	个	288	48	21	22	63	8	20
三级以下	个	125	28	12	10	21	9	3
利润总额	万元	**1397801**	**184555**	**39056**	**24740**	**86376**	**123434**	**111553**
施工总承包	万元	1215971	141391	33056	14844	65188	102196	108931
特级	万元	201318	55458	0	0	0	76165	0
一级	万元	486663	64430	16602	6678	41461	618	69544
二级	万元	394882	13388	15011	3003	15701	12054	12111
三级以下	万元	133109	8115	1444	5163	8027	13359	27275
专业承包	万元	181829	43164	6000	9895	21188	21239	2622
一级	万元	108194	23506	3146	2580	13921	17730	365
二级	万元	47926	7894	2018	4811	4692	2469	1927
三级以下	万元	25709	11763	836	2504	2575	1040	330

8-6 续表 （2020 年）

项目	单位	福清市	闽侯县	连江县	罗源县	闽清县	永泰县	平潭县
企业个数	个	**75**	**129**	**74**	**47**	**139**	**158**	**165**
施工总承包	个	63	122	49	26	121	144	78
特级	个					1	3	
一级	个	11	3	8		22	11	2
二级	个	27	16	16	9	36	33	21
三级以下	个	25	103	25	17	62	97	55
专业承包	个	12	7	25	21	18	14	87
一级	个	2	2	13	3	8	1	7
二级	个	6	3	12	16	7	8	54
三级以下	个	4	2	0	2	3	5	26
利润总额	**万元**	**129271**	**31643**	**72106**	**58554**	**272522**	**170915**	**92900**
施工总承包	万元	127729	29655	65088	55162	262956	169357	40243
特级	万元	0	0	0	0	14248	55447	0
一级	万元	88363	2827	37865	0	122226	30626	5424
二级	万元	33721	11023	24105	53520	112971	62738	25534
三级以下	万元	5645	15805	3118	1642	13510	20546	9286
专业承包	万元	1542	1988	7018	3392	9567	1558	52657
一级	万元	31	1341	6467	2598	3404	381	32723
二级	万元	1408	532	551	750	5921	731	14221
三级以下	万元	102	115	0	43	241	446	5714

8-7 按登记注册类型分建筑业总承包、专业承包施工企业主要财务指标

（2020 年）　　单位:万元

项　　目	总　计	#国有及国有控股企业	按登记注册类型分 内资企业	港、澳、台商投资企业	外商投资企业
年初存货	3132366	949927	3025834	101017	5515
流动资产合计	27111088	7705839	26682051	362815	66223
应收工程款	6393087	2005420	6232018	125876	35194
存　货	3751416	1258474	3666583	82793	2040
固定资产原价	2398034	759372	2385198	7876	4961
房屋和构筑物	624247	387432	622006	716	1525
机器设备	1009917	243157	1004198	5099	620
累计折旧	1030764	215579	1021040	6056	3669
本年折旧	149647	37852	148800	558	289
在建工程	151721	33924	151721	0	0
无形资产	183143	145522	182332	347	463
土地使用权	139318	130928	138824	244	250
资产总计	32744030	10793518	32287264	388184	68581
流动负债合计	21017645	7085347	20679649	283557	54438
应付账款	5648764	3114645	5579345	40441	28978
非流动负债合计	1259481	1025449	1259481	0	0
负债合计	23127762	8431549	22789750	283573	54438
所有者权益合计	9616268	2361968	9497514	104611	14143
#实收资本	5251191	898595	5181182	54008	16000
个人资本	1620444	0	1620444	0	0
营业收入	43581942	9622536	42532062	997176	52704
主营业务收入	42975051	9478762	41925546	997117	52388
营业成本	40110606	9009576	39094664	969551	46392
主营业务成本	39417273	8826017	38401618	969504	46150
税金及附加	418799	30858	414088	4557	155
主营业务税金及附加	408052	29621	404182	3716	154
其他业务利润	41332	36453	41258	0	74
销售费用	67289	4743	66926	0	363
管理费用	1122776	199157	1114913	4182	3681
研发费用	249478	172452	247178	2300	0
财务费用	226003	83827	225509	117	377
营业利润	1337015	245407	1319270	16476	1270
营业外收入	32091	6515	31942	126	23
营业外支出	13477	3746	13325	143	8
利润总额	1356592	248175	1338850	16458	1284
所得税费用	377997	43064	372610	4776	611
应付职工薪酬(本年贷方累计发生额)	10863160	1958961	10640976	218060	4124
应交增值税	953275	123104	933106	18280	1888
建筑业企业在境外完成的营业收入	328718	175525	328718	0	0

8-8 按行业分建筑业总承包、专业承包施工企业主要财务指标

（2020 年） 单位：万元

项目	总计	按国民经济行业分			
		房屋建筑业	土木工程建筑业	建筑安装业	建筑装饰和其他建筑业
年初存货	3132366	2203018	597960	210158	121229
流动资产合计	27111088	19866817	4994392	1114965	1134915
应收工程款	6393087	4028082	1673016	346483	345506
存　货	3751416	2834437	578538	210762	127679
固定资产原价	2398034	1293107	865625	100548	138754
房屋和构筑物	624247	425686	132604	28446	37511
机器设备	1009917	478449	451274	40029	40165
累计折旧	1030764	483156	424779	51151	71679
本年折旧	149647	71422	61636	7634	8956
在建工程	151721	78736	52374	8374	12237
无形资产	183143	48654	119491	7795	7203
土地使用权	139318	29867	103918	2432	3100
资产总计	32744030	23692153	6403956	1322473	1325447
流动负债合计	21017645	15925170	3556330	751834	784310
应付账款	5648764	3746066	1445036	281656	176006
非流动负债合计	1259481	885931	338740	15968	18842
负债合计	23127762	17446989	4027617	805447	847709
所有者权益合计	9616268	6245164	2376339	517026	477739
#实收资本	5251191	3316963	1272997	316711	344519
个人资本	1620444	1165322	284985	78329	91808
营业收入	43581942	32471451	8227136	1218731	1664624
主营业务收入	42975051	32087491	8121336	1190581	1575644
营业成本	40110606	29990676	7551655	1065441	1502835
主营业务成本	39417273	29549797	7413041	1038938	1415497
税金及附加	418799	322300	74360	9381	12758
主营业务税金及附加	408052	314651	73538	8824	11039
其他业务利润	41332	5147	11279	24525	381
销售费用	67289	33470	13004	10493	10322
管理费用	1122776	674456	293162	79004	76155
研发费用	249478	162316	58756	22843	5564
财务费用	226003	176784	30837	9561	8821
营业利润	1337015	935505	283432	47248	70830
营业外收入	32091	20509	8495	1975	1112
营业外支出	13477	7254	4391	1213	620
利润总额	1356592	949669	287535	48010	71378
所得税费用	377997	282275	76703	5450	13569
应付职工薪酬（本年贷方累计发生额）	10863160	8695655	1574209	193736	399560
应交增值税	953275	675517	212795	26862	38101
建筑业企业在境外完成的营业收入	328718	141955	174949	5733	6081

8-9 按企业资质等级分建筑业总承包施工企业主要财务指标

(2020年)　　　　单位:万元

项　　目	总　计	#特　级	一　级	二　级	三级以下
年初存货	2731031	432609	1468870	650271	179282
流动资产合计	23899478	5072374	11736005	5114718	1976381
应收工程款	5087494	1061416	2346589	1085346	594143
存　货	3335232	494641	1883692	714149	242750
固定资产原价	1934382	242622	796902	531973	362885
房屋和构筑物	525560	98587	325437	89097	12440
机器设备	798198	67981	281855	232148	216214
累计折旧	798667	99865	341509	238757	118536
本年折旧	113029	11795	46893	28469	25873
在建工程	128524	4532	57658	43284	23051
无形资产	171924	35524	131637	2645	2118
土地使用权	135372	31373	102455	1063	481
资产总计	28916096	7175599	13420072	5930631	2389794
流动负债合计	18847678	4542469	9706681	3477884	1120644
应付账款	4984372	1785174	2116267	763215	319716
非流动负债合计	1208365	473557	450633	162504	121670
负债合计	20809556	5305238	10360275	3818762	1325281
所有者权益合计	8106540	1870361	3059797	2111869	1064513
#实收资本	4309946	679169	1486356	1392757	751665
个人资本	1418442	55101	461510	574021	327810
营业收入	39424262	9320955	16908638	10153936	3040733
主营业务收入	38919380	9290619	16816595	9844792	2967373
营业成本	36388856	8786281	15619445	9275578	2707553
主营业务成本	35808942	8759465	15508964	8912700	2627813
税金及附加	378795	28828	158071	144880	47016
主营业务税金及附加	369883	28662	156516	139377	45328
其他业务利润	39768	3960	30988	4231	589
销售费用	45919	0	15135	19992	10793
管理费用	927699	128465	294248	349307	155679
研发费用	227684	138544	86607	1885	648
财务费用	208349	62354	110586	23600	11808
营业利润	1169647	195795	472295	381623	119934
营业外收入	26622	8458	9037	6832	2295
营业外支出	10141	2936	3624	2453	1128
利润总额	1187222	201318	477707	386130	122067
所得税费用	338477	51206	150540	111756	24975
应付职工薪酬(本年贷方累计发生额)	9980158	2625272	4193447	2377962	783477
应交增值税	832560	107611	410168	243349	71432
建筑业企业在境外完成的营业收入	319873	13250	168190	91356	47076

8-10 按企业资质等级分建筑业专业承包施工企业主要财务指标

(2020年)　　单位:万元

项目	总计	一级	二级	三级以下
年初存货	401334	214121	106653	80561
流动资产合计	3211610	1599262	816993	795355
应收工程款	1305593	724948	275114	305530
存货	416185	214710	121376	80099
固定资产原价	463652	139117	163485	161050
房屋和构筑物	98686	35488	58559	4639
机器设备	211719	29126	63214	119378
累计折旧	232098	50683	74204	107211
本年折旧	36618	9805	18141	8672
在建工程	23197	9708	7345	6143
无形资产	11218	5090	5457	671
土地使用权	3946	3341	0	606
资产总计	3827933	1883359	973022	971553
流动负债合计	2169967	1146664	451835	571468
应付账款	664393	409676	152918	101799
非流动负债合计	51116	28373	12693	10050
负债合计	2318206	1202116	521897	594194
所有者权益合计	1509728	681243	451126	377359
#实收资本	941245	394384	337266	209595
个人资本	202002	89737	65819	46446
营业收入	4157680	2203123	1262433	692124
主营业务收入	4055671	2152790	1217304	685577
营业成本	3721750	1982046	1126307	613397
主营业务成本	3608331	1931723	1083525	593083
税金及附加	40005	21521	15356	3128
主营业务税金及附加	38169	20419	14658	3092
其他业务利润	1564	804	425	335
销售费用	21370	5789	6639	8942
管理费用	195077	75534	77403	42141
研发费用	21795	14142	2696	4957
财务费用	17654	7885	4458	5312
营业利润	167368	103768	45015	18586
营业外收入	5469	4002	873	595
营业外支出	3336	2620	488	229
利润总额	169370	105095	45323	18951
所得税费用	39520	25527	9204	4789
应付职工薪酬(本年贷方累计发生额)	883001	429180	322881	130940
应交增值税	120714	60743	26984	32988
建筑业企业在境外完成的营业收入	8845	2567	3560	2718

8-11 按县(市)区分建筑业总承包、专业承包施工企业主要财务指标

(2020年)　　单位:万元

项　　目	福州市	鼓楼区	台江区	仓山区	晋安区	马尾区	长乐区
年初存货	3132366	836407	131876	523040	183803	367764	77008
流动资产合计	27111088	7948932	1041963	1189443	1976244	6567518	697762
应收工程款	6393087	1822745	225642	203769	563608	922789	123434
存　货	3751416	1314003	131202	495447	189276	334486	107785
固定资产原价	2398034	543608	89801	79864	261601	315667	62893
房屋和构筑物	624247	263434	26811	16240	67208	75766	14549
机器设备	1009917	178545	36997	30440	98060	159395	22456
累计折旧	1030764	203053	45305	29122	126492	85817	26796
本年折旧	149647	25033	5852	6627	22181	19639	4006
在建工程	151721	49518	726	7615	19208	22767	2163
无形资产	183143	63678	58003	905	20859	18803	11466
土地使用权	139318	51173	57638	435	9120	16718	0
资产总计	32744030	10196804	1197723	1397368	2398597	7634958	781545
流动负债合计	21017645	6731986	782296	947666	1509470	6259588	474003
应付账款	5648764	1638492	214527	244805	629207	1672400	68643
非流动负债合计	1259481	660667	6965	181529	123374	155048	2271
负债合计	23127762	7753185	802652	1139905	1664027	6528551	486734
所有者权益合计	9616268	2443618	395071	257463	734570	1106407	294811
#实收资本	5251191	1142178	248166	170780	534267	529385	194965
个人资本	1620444	183642	24005	44120	149901	126368	99942
营业收入	43581942	8054656	1683203	1080577	3729498	5155450	2166881
主营业务收入	42975051	8003732	1660273	1071750	3682688	5127053	2164743
营业成本	40110606	7594351	1576113	1021593	3507742	4701612	1941213
主营业务成本	39417273	7534987	1541675	979062	3456172	4674913	1939294
税金及附加	418799	29332	8337	8436	36670	23001	58657
主营业务税金及附加	408052	27746	8236	8337	36087	21844	57346
其他业务利润	41332	27756	3474	1022	6131	2104	0
销售费用	67289	12854	3210	3062	7261	6318	5226
管理费用	1122776	205301	50902	55385	100851	91019	49273
研发费用	249478	61304	10080	1677	27812	102608	2489
财务费用	226003	64778	5736	8279	8136	88504	8368
营业利润	1337015	178312	37095	21707	80573	113746	106640
营业外收入	32091	4931	1252	278	4079	1840	1484
营业外支出	13477	4028	577	248	1431	1849	868
利润总额	1356592	179127	37771	21582	83165	113761	107673
所得税费用	377997	34209	9633	3998	19199	22470	15491
应付职工薪酬(本年贷方累计发生额)	10863160	1848298	320437	242822	728939	1252305	546535
应交增值税	953275	153087	31946	11655	58759	62033	50047
建筑业企业在境外完成的营业收入	328718	27865	137365	7692	2010	23433	20607

8-11 续表 (2020年) 单位:万元

项目	福清市	闽侯县	连江县	罗源县	闽清县	永泰县	平潭县
年初存货	180992	69257	90660	38926	348149	200544	83939
流动资产合计	1675831	794206	593072	211132	2313912	1221431	879644
应收工程款	691207	183173	146911	104663	565742	369225	470179
存　货	260767	106000	69276	42364	463232	150442	87138
固定资产原价	233052	74941	65052	44179	231883	258398	137097
房屋和构筑物	29945	16477	4996	25012	67245	14210	2354
机器设备	107894	28185	35978	8798	83753	143536	75881
累计折旧	107934	31600	36864	10574	103408	145011	78789
本年折旧	10811	4662	3614	2252	22256	11434	11281
在建工程	702	13973	1295	7904	8211	6753	10885
无形资产	1352	3154	17	3268	1570	52	16
土地使用权	955	180	0	3100	0	0	0
资产总计	1987482	900189	740823	267762	2814356	1416376	1010046
流动负债合计	1167676	433787	291934	105419	1336700	451359	525762
应付账款	405717	15130	105205	24557	357821	91571	180688
非流动负债合计	7354	72748	2733	231	712	37131	8719
负债合计	1184856	535055	316638	122391	1498586	530987	564196
所有者权益合计	802627	365134	424185	145372	1315771	885389	445850
# 实收资本	324797	260270	282700	104302	700422	513615	245345
个人资本	163730	113596	117022	26769	254772	234728	81850
营业收入	3692200	1064080	2682694	431542	6171061	5867302	1802798
主营业务收入	3687192	1032553	2676427	408021	5886163	5848537	1725920
营业成本	3468778	956410	2557631	356100	5588564	5461824	1378677
主营业务成本	3463452	928943	2551411	349134	5243994	5442558	1311680
税金及附加	46396	10552	20142	5445	84617	66797	20417
主营业务税金及附加	43288	9764	20115	5232	84463	65794	19802
其他业务利润	186	113	1	50	478	17	0
销售费用	2726	5081	291	1002	10841	5391	4026
管理费用	43330	55321	34035	14403	217837	160976	44143
研发费用	7009	1175	9734	891	7261	17440	0
财务费用	6810	8657	2402	2455	5623	9146	7110
营业利润	124807	29203	69907	58249	268973	160632	87171
营业外收入	2236	905	2312	189	3479	8364	744
营业外支出	572	502	431	54	877	1504	537
利润总额	126470	30370	71656	58385	271575	167680	87378
所得税费用	55117	7018	42377	2575	72875	69107	23928
应付职工薪酬(本年贷方累计发生额)	1127395	249154	602430	135104	1946014	1639817	223910
应交增值税	94435	30413	78455	6507	198581	140041	37314
建筑业企业在境外完成的营业收入	5045	206	4785	0	15521	84040	150

主要统计指标解释

签订合同额　指建筑业企业在报告期直接同建设单位签订的各种国内工程合同的总价款和以前年度同建设单位签订的各种国内工程合同的未完工程跨入本年度继续施工工程合同的总价款余额。

建筑业总产值　指以货币表现的建筑业企业在一定时期内生产的建筑业产品和服务的总和。建筑业总产值包括建筑工程产值、安装工程产值和其他产值三部分内容。

劳务分包企业建筑业总产值指劳务分包企业与总承包企业或专业承包企业签定劳务分包合同后，从事建筑安装工程取得的所有劳务收入。

建筑工程产值　指列入建筑工程预算内的各种工程价值，包括：

(1)各种房屋如厂房、仓库、办公室、住宅、商店、学校、医院、俱乐部、食堂、车库、招待所等房屋建筑，按照当前预算制度规定，列入房屋工程预算内的暖气、卫生、通风、照明、煤气等设备价值及其装饰油漆工程，以及列入建筑工程预算内的各种管道(如蒸汽、压缩空气、石油、给排水等管道)，电力、电讯电缆导线的敷设等工程。

(2)设备基础、支柱、操作平台、梯子、烟囱、凉水塔、水池、灰塔等建筑工程，炼焦炉、裂解炉、蒸汽炉等各种窑炉的砌筑工程及金属结构工程。

(3)为施工而进行的建筑场地的布置，工程地质勘探，原有建筑物和障碍物的拆除及平整土地，施工临时用水、电、汽、道路工程，以及完工后建筑场地的清理，环境绿化工作等。

(4)矿井的开凿、井巷掘进延伸、露天矿的剥离、石油、天然气钻井工程和铁路、公路、港口、桥梁等工程。

(5)水利工程，如水库、堤坝、灌渠以及河道整治等工程。

(6)防空、地下建筑等特殊工程。

(7)装饰装修工程。

安装工程产值　指设备安装工程价值，包括：

(1)生产、动力、起重、运输、传动和医疗、实验等各种需要安装设备的装配和安装与设备相连的工作台、梯子、栏杆等装设工程，附属于被安装设备的管线敷设工程、被安装设备的绝缘、防腐、保温、油漆等工作。

(2)为测定安装工作质量，对单个设备、系统设备进行单机试运和系统联动无负荷试运工作。

在设备安装产值中，不得包括被安装设备本身价值。

其他产值　建筑业总产值中除建筑工程、安装工程以外的产值。包括房屋构筑物修理产值、非标准设备制造产值、总包企业向分包企业收取的管理费以及不能明确划分的施工活动所完成的产值。

竣工产值　一般是以单位工程为对象，当该工程按照设计所规定的工程内容全部完成，达到了设计规定的交工条件，经有关部门检查验收鉴定合格的单位工程价值，即为竣工产值。

主营业务收入　指企业确认的销售商品、提供劳务等主营业务的收入。根据会计“主营业务收入”科目的期末贷方余额(结转前)填报。执行2006年《企业会计准则》或2011年《小企业会计准则》的企业，如未设置该科目，以“营业收入”代替填报。

主营业务成本　指企业经营主要业务所发生的成本总额。根据会计“主营业务成本”科目的期末借方余额(结转前)填报。执行2006年《企业会计准则》或2011年《小企业会计准则》的企业，如未设置该科目，以“营业成本”代替填报。

主营业务税金及附加　指企业经营主要业务应负担的营业税、消费税、城市维护建设税、教育费附加等。根据会计“主营业务税金及附加”科目的期末借方余额(结转前)填报。执行2006年《企业会计准则》或2011年《小企业会计准则》的企业，如未设置该科目，以“营业税金及附加”代替填报。

房屋施工面积　指报告期内施工的全部房屋建筑面积。包括本期新开工的房屋建筑面积、上期跨入本期继续施工的房屋建筑面积、上期停缓建在本期恢复施工的房屋建筑面积、本期竣工的房屋建筑面积以及本期施工后又停缓建的房屋建筑面积。多层建筑应填各层建筑面积之和。

房屋竣工面积 指报告期内房屋建筑按照设计要求已全部完工,达到住人和使用条件,经验收鉴定合格或达到竣工验收标准,可正式移交使用的各栋房屋建筑面积的总和。

竣工面积以房屋单位工程(栋)为核算对象,在整栋房屋符合竣工条件后按其全部建筑面积一次性计算,而不是按各栋施工房屋中已完成的部分或层次分割计算。

9 批发零售、住宿餐饮与旅游业

9-1 主要年份社会消费品零售总额

单位:万元

年份	社会消费品零售总额	年份	社会消费品零售总额
1952	14728	1996	1795791
1957	28730	1997	2235688
1962	41885	1998	2609755
1965	40392	1999	2947541
1970	41312	2000	3276424
1975	55755	2001	3572907
1978	69385	2002	3951171
1979	81434	2003	4501755
1980	105652	2004	5315459
1981	107486	2005	6000823
1982	119816	2006	6995883
1983	132492	2007	8448810
1984	159722	2008	10124005
1985	203152	2009	11732622
1986	246647	2010	14134846
1987	284971	2011	16802023
1988	377931	2012	19871647
1989	440614	2013	22807830
1990	452764	2014	25871765
1991	506952	2015	29255269
1992	605046	2016	31448425
1993	762545	2017	34740855
1994	1019877	2018	38307977
1995	1296563	2019	41989358
		2020	42256054

注:根据第四次全国经济普查结果对1992-2019年社会消费品零售总额进行了修订。

9-2 限额以上批发企业基本情况

（2020 年）　　单位：万元

项　　目	法人企业（个）	年末从业人员（人）	商品购进额	商品销售额	#批发额	商品年末库　存
总　　计	**2818**	**60548**	**74702199**	**79345080**	**74787983**	**3631101**
按登记注册类型分						
内资企业	2763	58415	71014223	75498645	71204165	3516313
#国有企业	8	1417	871021	1292389	1292357	58299
集体企业	5	65	27821	31629	31623	786
有限责任公司	162	7971	12625538	12959496	12290195	1035018
#其他有限责任公司	130	5771	9557509	9904271	9290672	427245
股份有限公司	4	398	1825972	1680601	1680552	65424
私营企业	2584	48564	55663871	59534531	55909438	2356785
私营独资企业	4	27	10096	15933	11941	92
私营合伙企业	4	5	215619	226155	2187	57
私营有限责任公司	2563	47716	55300352	59110182	55719999	2340485
私营股份有限公司	13	816	137803	182261	175311	16152
港、澳、台商投资企业	30	752	1822150	1900088	1807114	24656
#港、澳、台商独资经营企业	17	265	1712096	1771845	1711557	19121
外商投资企业	25	1381	1865826	1946347	1776704	90133
#外资企业	15	891	1544141	1553233	1384391	81465

9-2 续表 (2020年) 单位:万元

项　　目	法人企业(个)	年末从业人员(人)	商品购进额	商品销售额	#批发额	商品年末库存
按国民经济行业分						
农、林、牧、渔产品批发	62	1185	1404349	1383556	1367067	452357
谷物、豆及薯类批发	15	379	651498	594686	580563	402533
种子批发	2	73	3697	10253	10253	1223
畜牧渔业饲料批发	22	260	491580	506854	506275	42815
食品、饮料及烟草制品批发	338	10981	6923536	7585575	6624194	528625
米、面制品及食用油批发	38	1121	1042772	1062064	948475	144245
糕点、糖果及糖批发	14	698	209516	234229	195171	22554
果品、蔬菜批发	45	2032	1360652	1422449	1028842	18443
肉、禽、蛋、奶及水产品批发	111	2563	2038296	2033880	1958518	151736
盐及调味品批发	13	385	70527	84426	82686	10309
营养和保健品批发	3	38	13550	17970	17970	792
酒、饮料及茶叶批发	56	1380	1074413	1155711	861481	101817
烟草制品批发	2	1443	699658	1117055	1111322	47945
其他食品批发	56	1321	414152	457792	419730	30784
纺织、服装及家庭用品批发	481	10641	7118583	7653883	7282400	324889
纺织品、针织品及原料批发	139	1443	3040954	3169457	3121305	34204
服装批发	90	2266	855040	927095	897815	30392
鞋帽批发	72	2012	1371128	1557865	1423812	22822
化妆品及卫生用品批发	21	631	201533	220096	214491	12686
厨具卫具及日用杂品批发	26	678	105337	123337	120029	7431
灯具、装饰物品批发	23	463	127016	146103	141633	4998
家用视听设备批发	14	676	412578	443921	357092	129250
其他家庭用品批发	59	1524	602056	647918	592701	16700
文化、体育用品及器材批发	98	2209	958391	1064550	952540	45914
文具用品批发	41	653	403653	441753	390572	14744
图书批发	7	347	41253	49678	46307	7406
首饰、工艺品及收藏品批发	30	672	383326	426611	378210	15222
其他文化用品批发	13	345	107529	118746	110709	7262
医药及医疗器材批发	154	6058	2621971	2930332	2799043	261238
西药批发	28	2175	1352280	1456446	1361684	147047
中药批发	22	1251	319247	371024	363461	26037
医疗用品及器材批发	99	2555	921771	1069185	1045126	85546
矿产品、建材及化工产品批发	1110	14341	43816585	45899262	44204456	1414785
煤炭及制品批发	75	822	5291435	5707020	5379689	214183
石油及制品批发	48	1199	6421676	6535843	5933986	177065
非金属矿及制品批发	26	221	1283831	1318872	1318399	7678
金属及金属矿批发	258	2352	15485825	15935539	15685967	375770
建材批发	506	7205	9460689	9779562	9279127	381869
化肥批发	17	336	511482	614218	614212	68348
农药批发	4	144	36959	37689	37689	13079
其他化工产品批发	176	2062	5324688	5970519	5955387	176793
机械设备、五金产品及电子产品批发	486	12088	7067161	7791688	6623276	397972
农业机械批发	4	98	26483	29814	29148	4331
汽车及零配件批发	79	1298	2081373	2108460	1662032	111006
摩托车及零配件批发	10	183	113648	129212	127434	6283
五金产品批发	61	986	383329	419762	402060	20070
电气设备批发	53	1067	230331	272901	266569	11693
计算机、软件及辅助设备批发	54	1308	534059	675389	627134	40282
通讯设备批发	37	1090	776493	1021978	626026	33355
广播影视设备批发	5	123	47213	54190	54013	7382
其他机械设备及电子产品批发	183	5935	2874231	3079983	2828861	163571
贸易经纪与代理	12	1165	1918131	1904471	1902765	50893
贸易代理	10	598	426624	439363	437657	8207
其他贸易经纪与代理	2	567	1491507	1465108	1465108	42685
其他批发业	77	1880	2873492	3131763	3032243	154428
再生物资回收与批发	32	267	2057484	2270406	2239566	63605
其他未列明批发业	42	1456	721139	773101	718818	32224

9-3 限额以上零售企业基本情况

(2020年) 单位:万元

项目	法人企业(个)	年末从业人员(人)	商品购进额	商品销售额	#批发额	商品年末库存
总计	**1480**	**100506**	**25568155**	**27703147**	**2961743**	**1308326**
按登记注册类型分						
内资企业	1420	76752	20257178	21921278	1834410	1082409
#国有企业	8	170	24046	27409	0	732
集体企业	21	516	127738	143692	5352	3198
有限责任公司	79	8950	1995625	2135701	389959	206350
#其他有限责任公司	78	8921	1993095	2131903	389959	204817
股份有限公司	3	3195	3036983	2324244	1243874	140533
私营企业	1309	63921	15072786	17290232	195224	731597
私营独资企业	71	1157	384743	428960	10803	15104
私营合伙企业	5	152	17118	21913	0	448
私营有限责任公司	1228	61966	14091709	16152947	184088	677584
私营股份有限公司	5	646	579216	686411	333	38462
港、澳、台商投资企业	33	4153	646772	650301	11518	47556
#港、澳、台商独资经营企业	25	3516	496957	486015	11518	36221
外商投资企业	27	19601	4664205	5131569	1115816	178361
#外资企业	21	5392	770757	895278	0	55159

9-3 续表 （2020 年） 单位：万元

项　　　目	法人企业（个）	年末从业人员（人）	商品购进额	商品销售额	# 批发额	商品年末库　存
按国民经济行业分						
综合零售	191	30291	5151990	5417106	36321	222562
百货零售	40	3930	879259	1042992	31299	28833
超级市场零售	102	24094	4066976	4136218	2437	179191
其他综合零售	38	560	128101	149558	825	4448
食品、饮料及烟草制品专门零售	206	8412	1100999	1280958	38569	58704
粮油零售	15	240	59229	65475	2249	4114
糕点、面包零售	6	1452	16811	33039	0	826
肉、禽、蛋、奶及水产品零售	45	2553	349755	403624	8570	14518
营养和保健品零售	5	84	56161	64838	0	447
酒、饮料及茶叶零售	62	1338	379900	437008	8810	22711
烟草制品零售	3	243	29352	33129	0	5355
其他食品零售	56	844	124302	143597	9861	8787
纺织、服装及日用品专门零售	111	4291	1208941	1377494	27455	49907
纺织品及针织品零售	11	169	54832	61722	8032	2069
服装零售	36	1739	399014	464053	125	21903
鞋帽零售	10	208	35545	42887	636	4766
化妆品及卫生用品零售	11	422	277557	309403	8020	9123
厨具卫具及日用杂品零售	7	186	79084	90398	0	1156
钟表、眼镜零售	5	842	53389	67115	0	2627
自行车等代步设备零售	7	138	52033	57137	0	3977
其他日用品零售	23	437	251961	278305	10267	4215
文化、体育用品及器材专门零售	71	4276	1309905	1488416	248329	111417
文具用品零售	17	289	77097	94582	379	7324
图书、报刊零售	5	3072	520621	513910	239613	81236
珠宝首饰零售	19	318	86614	84041	0	17747
工艺美术品及收藏品零售	15	282	484844	592269	0	3026
乐器零售	8	116	27393	31865	8337	1048
照相器材零售	1	5	670	750	0	5
其他文化用品零售	2	85	95006	149797	0	237
医药及医疗器材专门零售	64	8550	734491	802823	89430	102575
西药零售	51	7392	680657	743877	89347	88862
中药零售	10	1103	49994	54037	83	12938
医疗用品及器材零售	3	55	3840	4908	0	775
汽车、摩托车、零配件和燃料及其他动力销售	335	22220	11379379	11786415	2488896	578899
汽车新车零售	243	10924	5100505	5548143	51766	353287
汽车零配件零售	24	815	266564	454997	2310	6444
摩托车及零配件零售	8	183	8991	12101	0	2398
机动车燃油零售	57	10231	5995441	5762178	2430408	216029
家用电器及电子产品专门零售	162	3804	1110173	1462448	9474	49571
家用视听设备零售	8	177	93755	113591	0	1031
日用家电零售	79	1735	502737	793435	1957	24967
计算机、软件及辅助设备零售	22	584	198860	213982	4833	4616
通信设备零售	28	881	191170	207204	2136	10980
其他电子产品零售	25	427	123651	134237	548	7977
五金、家具及室内装饰材料专门零售	159	3114	2031195	2440577	10745	48349
五金零售	34	411	69285	84848	271	3910
灯具零售	13	213	282751	306965	0	4662
家具零售	38	1204	1235156	1553227	0	26180
木质装饰材料零售	11	177	45888	47285	100	2343
陶瓷、石材装饰材料零售	16	197	192270	210129	371	1953
其他室内装饰材料零售	26	458	128542	145783	5039	3964
货摊、无店铺及其他零售业	181	15548	1541082	1646910	12524	86343
生活用燃料零售	11	363	24191	35033	1701	215
其他未列明零售业	8	104	7991	9294	0	476

9-4 限额以上批发零售贸易业商品销售类值

单位:万元

项目	2019年			2020年		
	销售合计	批发额	零售额	销售合计	批发额	零售额
总计	**88346050.3**	**60155632.5**	**28190417.8**	**103498175**	**74743085**	**28755090**
粮油食品类	7700089	3323707	4376382	9289759	4483802	4805957
饮料类	1040839	443582	597257	1374862	462639	912223
烟酒类	1995190	1382777	612413	2173503	1501566	671937
服装、鞋帽、针纺织品类	6343791	4544444	1799347	5433509	3570221	1863288
化妆品类	650796	37569	613227	616052	51648	564404
金银珠宝类	878329	136229	742099	842998	166382	676616
日用品类	2112197	670961	1441236	2593187	935195	1657993
五金、电料类	992472	432046	560426	938316	505334	432982
体育、娱乐用品类	198402	49565	148837	179728	65819	113909
书报杂志类	620957	297285	323672	660674	283043	377631
电子出版物及音像制品类	10980	3774	7206	7211	3429	3782
家用电器和音像器材类	2569115	1152536	1416579	2297101	1040525	1256576
中西药品类	2830126	1972012	858115	2974470	2091542	882928
文化办公用品类	1423692	842731	580961	1584612	969256	615356
家具类	1370570	329244	1041326	1421739	329910	1091829
通讯器材类	2214446	1272506	941940	2387184	1378123	1009061
煤炭及制品类	4363684	4344693	18991	6913960	6913849	112
木材及制品类	642131	642131		997876	997876	
石油及制品类	8426789	6136853	2289936	9224294	7018566	2205729
化工材料及制品类	10366410	10366410		10522310	10522310	
金属材料类	11126181	11126181		17321321	17321321	
建筑及装潢材料类	6790396	4631483	2158913	7600105	5529511	2070594
机电产品及设备类	1240735	1089684	151051	1520893	1378527	142367
汽车类	8028995	1377093	6651903	8039029	1485080	6553949
种子饲料类	295918	295918		581935	581935	
棉麻类	57261	53220	4041	112273	112214	59
其他类	4055562	3201001	854562	5889276	5043465	845811

9-5 限额以上批发零售贸易业商品购进、销售库存数量

(2020年)

项　　目	单　位	购进量	销售量	期末库存量
大米(稻米)	千克	1385574725	1090936003	1756094082
面粉(小麦面)	千克	6918435	6901490	1095510
小　麦	千克	89227712	88361404	84862533
食用植物油	千克	582601204	585209568	20919726
猪　肉	千克	42444161	42255972	514987
牛　肉	千克	5418719	5672396	454068
羊　肉	千克	1208744	1176698	55279
禽　肉	千克	55313279	55570639	4256662
鲜　蛋	千克	94667135	86272194	387499
彩色电视机	台	402230	396475	34188
家用电冰箱	台	397076	399841	6426
房间空调器	台	2663716	2745808	793363
电脑(微型计算机)	台	191967	192588	20211
汽　车	辆	1246687	1346046	64754
#轿　车	辆	832279	850252	54972
钢　材	吨	17709771	16992542	1521304
铜	吨	71626	71855	88
铝	吨	5116	5479	164
水　泥	吨	6975519	9019809	426280
化学肥料	吨	1517297	1522379	246498
化学农药	吨	7747	7684	956

9-6 限额以上批发企业年末资产及负债情况

（2020 年） 单位：万元

项目	法人企业数（个）	流动资产合计	固定资产原价	资产合计	负债合计	所有者权益合计
总计	**2818**	**31166683**	**1101807**	**40811441**	**31519579**	**9180250**
按登记注册类型分						
内资企业	2763	29879394	931839	39252289	30575828	8582916
# 国有企业	8	438395	80548	527364	122346	405018
集体企业	5	3450	1750	5066	3647	1419
有限责任公司	162	4271744	197370	7066199	4758915	2303218
# 其他有限责任公司	130	2707832	107359	3389494	2443673	941755
股份有限公司	4	262843	10823	290679	151439	139236
私营企业	2584	24902962	641348	31362981	25539480	5734026
私营独资企业	4	2242	869	2268	1887	381
私营合伙企业	4	147338	225	147543	126500	127
私营有限责任公司	2563	24379642	575084	28578080	24076962	4432559
私营股份有限公司	13	373739	65170	2635090	1334131	1300959
港、澳、台商投资企业	30	412506	19558	508808	303903	187070
# 港、澳、台商独资经营企业	17	326174	9400	366339	269937	96401
外商投资企业	25	874784	150410	1050344	639848	410264
# 外资企业	15	481728	79282	580517	512312	67973

9-6 续表 (2020年) 单位:万元

项目	法人企业数(个)	流动资产合计	固定资产原价	资产合计	负债合计	所有者权益合计
按国民经济行业分						
农、林、牧、渔产品批发	62	847727	38816	948236	785488	162647
谷物、豆及薯类批发	15	599037	18588	669470	602134	67235
种子批发	2	14606	4351	18288	5456	12833
畜牧渔业饲料批发	22	169186	12784	188358	126752	61606
食品、饮料及烟草制品批发	338	2936944	256227	5837985	3418204	2417905
米、面制品及食用油批发	38	511470	26161	700386	533151	167234
糕点、糖果及糖批发	14	112508	19170	137865	99979	37654
果品、蔬菜批发	45	144010	30526	271488	108056	163433
肉、禽、蛋、奶及水产品批发	111	847645	49864	976999	824927	150431
盐及调味品批发	13	78698	18600	197449	96759	100690
营养和保健品批发	3	4866	325	5923	4515	1409
酒、饮料及茶叶批发	56	666575	33026	2891912	1540332	1351577
烟草制品批发	2	387007	68970	459625	59817	399808
其他食品批发	56	184166	9585	196340	150669	45670
纺织、服装及家庭用品批发	481	2741527	155786	3036220	2556590	475900
纺织品、针织品及原料批发	139	1090651	78246	1211167	1105792	102497
服装批发	90	334474	27213	394943	276744	118199
鞋帽批发	72	365714	16100	403974	230285	173689
化妆品及卫生用品批发	21	61272	3507	66371	54901	11470
厨具卫具及日用杂品批发	26	71599	10841	100580	61284	39296
灯具、装饰物品批发	23	42789	6494	50988	29892	21096
家用视听设备批发	14	274268	3135	282373	319012	-37491
其他家庭用品批发	59	147106	8497	160369	129996	30373
文化、体育用品及器材批发	98	360725	30064	551417	346424	204057
文具用品批发	41	175013	17663	303720	223159	79632
图书批发	7	72315	3436	111480	37502	73977
首饰、工艺品及收藏品批发	30	67217	5632	82663	47316	35340
其他文化用品批发	13	33842	1889	38336	28208	10128
医药及医疗器材批发	154	1112070	51104	1261103	849199	389296
西药批发	28	450623	25285	516860	356158	141795
中药批发	22	186975	8322	221430	119274	101299
医疗用品及器材批发	99	460967	16880	508658	362442	143377
矿产品、建材及化工产品批发	1110	18072004	418787	23268685	18636323	4604571
煤炭及制品批发	75	1460409	35615	1556557	1212239	319882
石油及制品批发	48	826308	119464	1004774	810133	190326
非金属矿及制品批发	26	605058	6649	668903	519467	149436
金属及金属矿批发	258	5616765	19815	6436412	5882802	554400
建材批发	506	6356885	175898	8259467	6215072	2044685
化肥批发	17	360008	8518	387441	313231	74209
农药批发	4	23508	257	23639	21434	2205
其他化工产品批发	176	2823064	52571	4931492	3661944	1269429
机械设备、五金产品及电子产品批发	486	3917035	123350	4333318	3585283	699347
农业机械批发	4	27878	791	38311	32310	6001
汽车及零配件批发	79	875536	11497	896692	837945	58747
摩托车及零配件批发	10	27344	9816	31711	26587	5124
五金产品批发	61	136894	9914	156955	112486	44470
电气设备批发	53	154611	11144	174030	120429	53601
计算机、软件及辅助设备批发	54	286517	10836	309598	199479	110119
通讯设备批发	37	235782	5161	255392	163986	44532
广播影视设备批发	5	21170	186	21175	19694	1316
其他机械设备及电子产品批发	183	2151304	64004	2449454	2072366	375438
贸易经纪与代理	12	383834	10482	590197	429171	161026
贸易代理	10	155814	5491	356933	225172	131762
其他贸易经纪与代理	2	228020	4991	233263	203999	29264
其他批发业	77	794817	17193	984280	912900	65500
再生物资回收与批发	32	263596	4596	277137	228774	42483
其他未列明批发业	42	478188	12430	653855	635372	18483

9-7 限额以上批发企业财务状况

(2020年)　　单位:万元

项　　目	营业收入	主营业务收入	业务成本	税金及附加	营业利润
总　　计	**71567657**	**70654475**	**68430310**	**245817**	**873355**
按登记注册类型分					
内资企业	68066856	67245931	65055216	242322	824187
#国有企业	1163278	1162288	870421	132447	121955
集体企业	29948	29771	29252	69	-181
有限责任公司	11826281	11797898	11427459	21019	117926
#其他有限责任公司	8930578	8906157	8604845	18053	84332
股份有限公司	1523607	1489502	1484924	1396	4269
私营企业	53523743	52766472	51243159	87391	580218
私营独资企业	15754	15754	14097	110	439
私营合伙企业	131004	2676	129172	476	-621
私营有限责任公司	53209226	52580960	50946269	86555	474435
私营股份有限公司	167759	167082	153621	251	105966
港、澳、台商投资企业	1704516	1677673	1676070	1317	9787
#港、澳、台商独资经营企业	1587850	1586819	1571228	1175	5687
外商投资企业	1796285	1730871	1699024	2178	39381
#外资企业	1440231	1375313	1374096	1205	21436

9-7 续表 (2020年) 单位:万元

项 目	营业收入	主营业务收入	业务成本	税金及附加	营业利润
按国民经济行业分					
农、林、牧、渔产品批发	1329145	1327556	1310277	1498	6129
谷物、豆及薯类批发	574657	573357	583368	329	3186
种子批发	10256	10253	7197	17	2172
畜牧渔业饲料批发	492460	492460	478338	429	2355
食品、饮料及烟草制品批发	6976212	6937730	6321690	145804	304544
米、面制品及食用油批发	985401	983126	952296	1002	11
糕点、糖果及糖批发	219463	208785	203727	411	3462
果品、蔬菜批发	1292626	1292577	1235614	975	13729
肉、禽、蛋、奶及水产品批发	1927357	1910390	1850539	1855	11434
盐及调味品批发	79233	76090	67470	413	601
营养和保健品批发	17181	17181	12068	110	2604
酒、饮料及茶叶批发	1034133	1031319	912905	7457	145480
烟草制品批发	989439	988545	695213	132333	124654
其他食品批发	431381	429717	391858	1249	2571
纺织、服装及家庭用品批发	6835208	6802069	6462598	10648	28733
纺织品、针织品及原料批发	2863719	2857191	2811472	1903	-111
服装批发	875246	875035	789454	3918	16451
鞋帽批发	1262451	1261945	1181137	1700	-2712
化妆品及卫生用品批发	202042	201232	180609	271	2104
厨具卫具及日用杂品批发	115950	115682	94681	343	4367
灯具、装饰物品批发	135169	134867	115430	424	4631
家用视听设备批发	396633	389418	375261	707	-2061
其他家庭用品批发	599663	596903	547733	695	5162
文化、体育用品及器材批发	957464	932423	874533	2748	30903
文具用品批发	389361	377762	355251	1703	15041
图书批发	49775	46311	34784	276	5931
首饰、工艺品及收藏品批发	382506	372621	358964	486	7725
其他文化用品批发	110548	110456	104438	174	725
医药及医疗器材批发	2686845	2592207	2407901	6943	71321
西药批发	1342349	1270823	1238666	3039	26239
中药批发	336127	328870	289267	729	14012
医疗用品及器材批发	978565	962719	854315	3067	29914
矿产品、建材及化工产品批发	41139666	40833255	39896422	42068	409435
煤炭及制品批发	5066322	4814753	4908973	6599	30072
石油及制品批发	5960991	5951859	5760857	9891	72640
非金属矿及制品批发	1175557	1175557	1153539	411	2632
金属及金属矿批发	14208796	14202057	13883041	7458	168117
建材批发	8748530	8720229	8315618	12350	125536
化肥批发	522843	522596	505077	900	3078
农药批发	37748	37662	34267	62	294
其他化工产品批发	5418878	5408543	5335049	4398	7065
机械设备、五金产品及电子产品批发	7013813	6715108	6625738	11897	42282
农业机械批发	28103	27925	24970	29	115
汽车及零配件批发	1874898	1872378	1839172	989	-3286
摩托车及零配件批发	117406	117406	113300	104	310
五金产品批发	388980	388152	352070	657	11525
电气设备批发	249570	247872	224368	782	1416
计算机、软件及辅助设备批发	611271	610536	556555	1091	10847
通讯设备批发	910074	636973	884650	658	4105
广播影视设备批发	48114	45879	43224	42	26
其他机械设备及电子产品批发	2785397	2767988	2587428	7544	17224
贸易经纪与代理	1799970	1735309	1747146	2038	25039
贸易代理	438878	438753	421276	1062	6522
其他贸易经纪与代理	1361092	1296556	1325870	976	18517
其他批发业	2829334	2778819	2784005	22173	-45032
再生物资回收与批发	2038417	1989968	2039939	20545	-39027
其他未列明批发业	710454	709830	669746	866	-7134

9-8 限额以上零售企业年末资产及负债情况

（2020 年） 单位：万元

项 目	法人企业数（个）	流动资产合 计	固定资产原 价	资产合计	负债合计	所 有 者权益合计
总 计	**1480**	**7787662**	**1930529**	**13131169**	**7699601**	**5358274**
按登记注册类型分						
内资企业	1420	5455982	1353156	7939910	4866497	3000334
# 国有企业	8	2490	3270	4870	798	3242
集体企业	21	9345	4244	11985	8068	3917
有限责任公司	79	1057041	315162	1482806	957146	520261
# 其他有限责任公司	78	1054422	315125	1480082	955007	519677
股份有限公司	3	809324	415861	1834138	519860	1314278
私营企业	1309	3577782	614619	4606111	3380626	1158635
私营独资企业	71	43578	12617	53411	20499	31472
私营合伙企业	5	4703	1666	7255	3235	3822
私营有限责任公司	1228	2885225	543480	3695120	2770935	858974
私营股份有限公司	5	644276	56857	850325	585957	264368
港、澳、台商投资企业	33	197305	67949	402873	262113	140545
# 港、澳、台商独资经营企业	25	152960	53738	339109	243086	95807
外商投资企业	27	2134375	509423	4788386	2570991	2217395
# 外资企业	21	203525	69023	266932	145759	121173

9-8 续表　　(2020年)　　单位:万元

项　　目	法人企业数(个)	流动资产合　计	固定资产原　价	资产合计	负债合计	所有者权益合计
按国民经济行业分						
综合零售	191	2801858	466441	5066620	2889249	2167475
百货零售	40	633917	207545	1047955	784207	263748
超级市场零售	102	2122301	241758	3957315	2073851	1878134
其他综合零售	38	26782	9892	38015	20391	13058
食品、饮料及烟草制品专门零售	206	188936	32515	243541	124543	117295
粮油零售	15	24954	3059	28601	7262	21340
糕点、面包零售	6	4320	5171	9418	2221	7197
肉、禽、蛋、奶及水产品零售	45	52310	8801	68862	36162	31182
营养和保健品零售	5	2327	374	2709	1636	1073
酒、饮料及茶叶零售	62	42004	8387	52628	29706	22558
烟草制品零售	3	8687	467	9111	5747	3364
其他食品零售	56	34863	4504	43047	26965	16261
纺织、服装及日用品专门零售	111	178655	27432	265960	170421	94374
纺织品及针织品零售	11	13979	499	14848	9602	5247
服装零售	36	93551	10945	157886	102889	53835
鞋帽零售	10	14015	542	14516	15278	-762
化妆品及卫生用品零售	11	18231	9260	31312	16556	14755
厨具卫具及日用杂品零售	7	7876	321	8754	8063	692
钟表、眼镜零售	5	5795	2843	8700	1456	7244
自行车等代步设备零售	7	9011	920	9972	5669	4303
其他日用品零售	23	15433	2053	18756	10608	8148
文化、体育用品及器材专门零售	71	723671	137271	893286	528045	354527
文具用品零售	17	21312	1166	27640	12012	14953
图书、报刊零售	5	596199	120393	749599	447499	302100
珠宝首饰零售	19	59989	2197	63435	28927	24477
工艺美术品及收藏品零售	15	26247	8925	28034	24274	3751
乐器零售	8	10816	1007	12223	6960	5263
照相器材零售	1	338	28	381	376	5
其他文化用品零售	2	4406	2785	6865	4837	2029
医药及医疗器材专门零售	64	221449	39751	283731	183776	97817
西药零售	51	202001	36927	255471	154162	99172
中药零售	10	15769	2449	22383	26809	-4425
医疗用品及器材零售	3	3679	375	5876	2805	3071
汽车、摩托车、零配件和燃料及其他动力销售	335	2477783	1056400	4917140	2711855	2167632
汽车新车零售	243	1138726	247050	1516757	1066943	446744
汽车零配件零售	24	125988	31065	169376	112417	23013
摩托车及零配件零售	8	8810	704	9831	4834	4997
机动车燃油零售	57	1200069	776933	3216871	1526107	1690127
家用电器及电子产品专门零售	162	361369	24044	436927	344695	86706
家用视听设备零售	8	5404	753	6032	1201	4831
日用家电零售	79	246069	8693	304828	255182	48896
计算机、软件及辅助设备零售	22	32772	4055	36423	23575	12212
通信设备零售	28	38886	637	41198	28946	8112
其他电子产品零售	25	38238	9905	48447	35791	12655
五金、家具及室内装饰材料专门零售	159	385815	82019	479579	215620	259832
五金零售	34	23134	4474	27114	16674	7993
灯具零售	13	5004	487	7077	3326	3751
家具零售	38	247301	68556	321157	102589	218023
木质装饰材料零售	11	11089	1021	12821	9224	2867
陶瓷、石材装饰材料零售	16	66123	1297	67094	58460	8480
其他室内装饰材料零售	26	15550	3478	24563	13173	11140
货摊、无店铺及其他零售业	181	448126	64656	544387	531398	12616
生活用燃料零售	11	18066	23086	39230	16197	23033
其他未列明零售业	8	2672	116	3068	2008	1060

9-9 限额以上零售企业财务状况

（2020年）　　单位：万元

项　　目	营业收入	主营业务收入	业务成本	税金及附加	营业利润
总　　计	**25907459**	**24781143**	**23143922**	**94755**	**618153**
按登记注册类型分					
内资企业	20110373	19294063	17993457	76930	288049
#国有企业	26537	17124	23706	120	861
集体企业	138329	138329	115454	789	1458
有限责任公司	1968937	1888969	1740272	6557	45368
#其他有限责任公司	1965575	1885607	1738020	6542	45076
股份有限公司	2222043	2128349	2063465	5307	98295
私营企业	15754527	15121292	14050560	64157	142068
私营独资企业	394117	369484	350215	1999	19783
私营合伙企业	19388	18548	17291	67	570
私营有限责任公司	14735730	14127969	13121590	59720	117498
私营股份有限公司	605291	605291	561464	2371	4217
港、澳、台商投资企业	632140	595216	522956	5608	6824
#港、澳、台商独资经营企业	484506	448403	393293	5359	4367
外商投资企业	5164946	4891865	4627509	12218	323279
#外资企业	801510	787190	696823	1757	-159

9-9 续表 (2020年) 单位:万元

项目	营业收入	主营业务收入	业务成本	税金及附加	营业利润
按国民经济行业分					
综合零售	5252550	4836041	4557266	20538	189845
百货零售	927891	904061	795470	11322	-3765
超级市场零售	4097923	3730462	3572997	8561	188256
其他综合零售	136981	114263	124170	322	2827
食品、饮料及烟草制品专门零售	1180623	1049219	1033405	2239	32813
粮油零售	60183	60183	55846	208	1389
糕点、面包零售	30745	29967	15843	64	-206
肉、禽、蛋、奶及水产品零售	379344	364615	331810	475	11754
营养和保健品零售	57677	57677	55509	78	778
酒、饮料及茶叶零售	398598	283382	358663	526	7414
烟草制品零售	29317	29264	24426	67	1481
其他食品零售	132800	132173	114728	384	4640
纺织、服装及日用品专门零售	1224710	1161193	1083069	2531	23781
纺织品及针织品零售	55145	55145	51906	40	353
服装零售	416264	412763	358896	609	3793
鞋帽零售	38276	38275	33073	53	-201
化妆品及卫生用品零售	266716	207776	237582	392	5692
厨具卫具及日用杂品零售	80633	80631	74887	164	2088
钟表、眼镜零售	60524	60524	48730	587	1419
自行车等代步设备零售	55099	54599	50116	196	475
其他日用品零售	246323	245751	223563	455	9866
文化、体育用品及器材专门零售	1310444	1234980	1089587	12026	51008
文具用品零售	84257	84152	65570	143	11522
图书、报刊零售	428209	421413	349592	2055	21424
珠宝首饰零售	75882	63577	68552	384	2314
工艺美术品及收藏品零售	529614	473356	456395	495	8030
乐器零售	29183	29183	24627	96	1488
照相器材零售	664	664	582	2	35
其他文化用品零售	142385	142385	107698	8336	4877
医药及医疗器材专门零售	727226	713556	601257	2227	14795
西药零售	672452	659588	560321	2018	16231
中药零售	50431	49625	37327	201	-1633
医疗用品及器材零售	4344	4344	3609	8	196
汽车、摩托车、零配件和燃料及其他动力销售	11136743	10787807	10238416	25758	269425
汽车新车零售	5083444	4979783	4782384	10446	33083
汽车零配件零售	398250	317554	357587	430	2756
摩托车及零配件零售	11288	11237	9356	15	-119
机动车燃油零售	5635464	5470938	5081987	14852	233194
家用电器及电子产品专门零售	1317705	1288744	1239993	1916	14438
家用视听设备零售	101570	101570	96911	176	3249
日用家电零售	723944	711205	680244	944	7512
计算机、软件及辅助设备零售	188680	180662	180036	208	1546
通信设备零售	185425	177520	173405	374	522
其他电子产品零售	118087	117788	109396	214	1609
五金、家具及室内装饰材料专门零售	2211035	2185560	1947932	25019	41929
五金零售	76255	73233	64071	285	2581
灯具零售	270696	270597	254552	350	2750
家具零售	1420643	1417365	1230679	22842	25641
木质装饰材料零售	42508	33407	39188	219	1106
陶瓷、石材装饰材料零售	187297	186147	169034	903	3971
其他室内装饰材料零售	130834	122129	117291	276	3086
货摊、无店铺及其他零售业	1546423	1524041	1352998	2500	-19880
生活用燃料零售	34053	34018	25772	79	2035
其他未列明零售业	9163	9163	8314	20	-189

9-10 限额以上住宿业基本情况

(2020 年)

项　　目	法人企业（个）	年末从业人员（人）	床位数（个）	餐位数（位）
总　计	**276**	**18805**	**65837**	**84849**
按住宿行业小类分				
旅游饭店	177	15344	49833	74361
一般旅馆	88	3065	13860	9832
其他住宿服务	6	250	962	540
按登记注册类型分				
内资企业	257	16753	60980	75295
#国有企业	7	598	1622	2305
集体企业	1	126	196	448
有限责任公司	26	3517	9964	12036
#其他有限责任公司	22	2913	7859	9876
股份有限公司	1	61	178	0
私营企业	222	12451	49020	60506
私营独资企业	42	1009	4153	3819
私营合伙企业	7	505	852	4540
私营有限责任公司	173	10937	44015	52147
私营股份有限公司				
港澳台商投资企业	14	1770	3965	8094
#港澳台独资企业	6	1017	2119	4564
外商投资企业	5	282	892	1460
#外资企业	4	269	807	1260

9-11　限额以上餐饮业企业基本情况

（2020 年）

项　　目	法人企业（个）	年末从业人员（人）	餐位数（位）	营业面积（平方米）
总　　计	**371**	**33070**	**197612**	**607434**
按餐饮行业小类分				
正餐服务	321	13523	143996	442260
快餐服务	19	15315	47724	151077
其他餐饮业	11	265	1482	2590
按登记注册类型分				
内资企业	357	17749	161131	465462
#国有企业				
集体企业	1	0	0	0
有限责任公司	6	356	1621	6698
#其他有限责任公司	6	356	1621	6698
股份有限公司				
私营企业	350	17393	159510	458764
私营独资企业	103	3331	41502	111141
私营合伙企业	12	384	6579	27837
私营有限责任公司	233	13564	102179	310286
私营股份有限公司	2	114	9250	9500
港澳台商投资企业	6	5511	13364	57345
#港澳台独资企业	5	5392	13144	55879
外商投资企业	8	9810	23117	84627
#外资企业	7	9732	22517	83917

9-12 限额以上住宿业经营情况

（2020年）

单位：万元

项　目	营业额	客房收入	餐费收入	商品销售收入	其他收入
总　计	**639661**	**207850**	**394988**	**17359**	**19464**
按住宿行业小类分					
旅游饭店	531902	147108	353066	14989	16739
一般旅馆	100720	56367	40601	1101	2651
其他住宿服务	3462	2638	750	0	74
按登记注册类型分					
内资企业	555927	185764	339942	12606	17615
#国有企业	13731	8273	3193	0	2265
集体企业	5509	1931	3538	0	40
有限责任公司	77942	32979	37363	451	7149
#其他有限责任公司	70386	29659	34258	451	6019
股份有限公司	627	626	0	1	0
私营企业	458119	141955	295848	12154	8161
私营独资企业	37842	25227	11381	1148	87
私营合伙企业	26433	2402	24031	0	0
私营有限责任公司	393843	114326	260437	11007	8074
私营股份有限公司					
港澳台商投资企业	77210	19303	51814	4747	1348
#港澳台独资企业	45452	11920	28030	4678	825
外商投资企业	6523	2783	3233	6	501
#外资企业	3980	1742	2195	6	37

9-13 限额以上餐饮业企业经营情况

（2020 年）　　　　单位:万元

项　　目	营业额	客房收入	餐费收入	商品销售收入	其他收入
总　　计	**1189006**	**65**	**1143356**	**11387**	**34198**
按餐饮行业小类分					
正餐服务	665309	65	653163	5778	6305
快餐服务	462119	0	453625	1221	7273
其他餐饮业	3849	0	3789	60	0
按登记注册类型分					
内资企业	967304	36	928810	9936	28522
#国有企业					
集体企业	52	0	52	0	0
有限责任公司	13911	0	10997	1	2913
#其他有限责任公司	13911	0	10997	1	2913
股份有限公司					
私营企业	953341	36	917761	9935	25610
私营独资企业	302009	36	299463	1953	557
私营合伙企业	17380	0	17313	67	0
私营有限责任公司	397403	0	364435	7916	25053
私营股份有限公司	236549	0	236549	0	0
港澳台商投资企业	78899	29	75585	1163	2122
#港澳台独资企业	77890	0	74612	1163	2115
外商投资企业	142803	0	138962	288	3554
#外资企业	140828	0	136986	288	3554

9-14 限额以上住宿企业年末资产及负债情况

（2020 年）　　单位：万元

项　　目	法人企业数（个）	流动资产合　计	固定资产原　价	资产总计	负债合计	所有者权益合计
总　计	**276**	**580782**	**873929**	**1651119**	**979716**	**667767**
按住宿行业小类分						
旅游饭店	177	389464	723080	1261827	853326	407758
一般旅馆	88	55863	146705	186844	119786	64166
其他住宿服务	6	2919	2478	4544	1529	3015
按登记注册类型分						
内资企业	257	537137	736014	1434198	865010	565843
#国有企业	7	15510	33634	54780	5943	48765
集体企业	1	4153	5535	9416	5023	4392
有限责任公司	26	85721	287531	336003	278013	57991
#其他有限责任公司	22	80415	282678	327059	273203	53856
股份有限公司	1	131684	661	193766	1819	191947
私营企业	222	300068	408654	840233	574212	262749
私营独资企业	42	9456	9367	19630	5085	11687
私营合伙企业	7	2797	7165	12148	3835	8313
私营有限责任公司	173	287815	392122	808455	565292	242749
私营股份有限公司						
港澳台商投资企业	14	36442	129752	200421	109928	90203
#港澳台独资企业	6	32182	117969	137583	62288	75005
外商投资企业	5	7203	8162	16500	4779	11721
#外资企业	4	5848	6075	14283	4140	10144

9-15 限额以上餐饮企业年末资产及负债情况

（2020 年） 单位：万元

项目	法人企业数（个）	流动资产合计	固定资产原价	资产总计	负债合计	所有者权益合计
总计	**371**	**194234**	**127592**	**377963**	**255202**	**121854**
按餐饮行业小类分						
正餐服务	321	111854	59065	178215	102161	74740
快餐服务	19	73446	66225	184725	135557	49168
其他餐饮业	11	890	38	1408	1206	827
按登记注册类型分						
内资企业	357	167564	62867	244396	131251	112237
#国有企业						
集体企业	1	0	0	0	0	0
有限责任公司	6	2826	4518	10754	5688	5066
#其他有限责任公司	6	2826	4518	10754	5688	5066
股份有限公司						
私营企业	350	164738	58349	233642	125563	107171
私营独资企业	103	24130	18383	40946	9700	29834
私营合伙企业	12	2086	1878	3174	852	2321
私营有限责任公司	233	86528	37904	132491	85739	47258
私营股份有限公司	2	51994	183	57031	29272	27759
港澳台商投资企业	6	14593	32391	76208	64040	12168
#港澳台独资企业	5	12822	32238	74376	62391	11985
外商投资企业	8	12076	32334	57360	59911	-2552
#外资企业	7	11319	31897	56415	59229	-2815

9-16 限额以上住宿企业财务状况

（2020 年）　　　　单位：万元

项　　目	营业收入	主营业务收入	业务成本	税金及附加	营业利润
总　　计	**627849**	**610077**	**359581**	**8505**	**-29044**
按住宿行业小类分					
旅游饭店	522778	508191	299492	7103	-26293
一般旅馆	98095	95076	56093	1349	-141
其他住宿服务	3440	3280	1271	36	-549
按登记注册类型分					
内资企业	545258	530107	320151	7439	-25644
#国有企业	12914	12743	4593	96	-1771
集体企业	5463	5463	4486	0	-46
有限责任公司	77391	73854	46655	995	-14703
#其他有限责任公司	69809	66990	40039	926	-12519
股份有限公司	591	590	482	15	-2204
私营企业	448899	437456	263936	6334	-6920
私营独资企业	36833	35177	21912	217	4158
私营合伙企业	25113	24564	17065	351	3202
私营有限责任公司	386953	377715	224959	5766	-14279
私营股份有限公司					
港澳台商投资企业	76239	73673	36260	994	-3017
#港澳台独资企业	45183	42959	17878	698	-1496
外商投资企业	6352	6297	3170	71	-383
#外资企业	3809	3754	2248	41	-650

9-17 限额以上餐饮企业财务状况

（2020 年）　　　　单位：万元

项　　目	营业收入	主营业务收入	业务成本	税金及附加	营业利润
总　　计	**1147863**	**1132413**	**830520**	**6055**	**26729**
按餐饮行业小类分					
正餐服务	646489	637448	468701	5128	14655
快餐服务	441497	438268	318489	834	10934
其他餐饮业	3847	3578	2636	1	156
按登记注册类型分					
内资企业	934488	922267	724937	5880	29700
#国有企业					
集体企业					
有限责任公司	13924	13806	8198	59	327
#其他有限责任公司	13924	13806	8198	59	327
股份有限公司					
私营企业	920564	908461	716739	5821	29374
私营独资企业	291054	280940	227531	916	12408
私营合伙企业	17225	17132	10873	216	1059
私营有限责任公司	387523	385628	270093	4180	6156
私营股份有限公司	224761	224761	208243	510	9751
港澳台商投资企业	77158	77158	27634	47	-781
#港澳台商独资企业	76149	76149	27392	47	-318
外商投资企业	136217	132989	77949	128	-2190
#外资企业	134260	131031	77083	125	1893

9-18 主要年份按县(市)区分社会消费品零售总额

单位:万元

年　份	福州市	鼓楼区	台江区	仓山区	马尾区	晋安区	长乐区
2000	3276424	499023	562327	209580	129275	181478	268470
2001	3572907	568973	621464	237892	141887	195242	291998
2002	3951171	679628	674872	267776	154909	226528	315704
2003	4501755	906025	743358	375809	159515	399445	317546
2004	5315459	1209154	868275	483999	173578	596202	335073
2005	6000823	1578964	966778	568841	174765	890156	331018
2006	6995883	2029661	949828	667241	211869	1137992	336518
2007	8448810	2577687	1092313	882101	262248	1401411	369107
2008	10124005	3172348	1294055	1040368	328878	1694507	418425
2009	11732622	3747551	1434416	1205476	372061	1974605	485649
2010	14134846	4016303	1560507	1464641	453273	2470318	571158
2011	16802023	5490893	1719471	1754422	554582	2983373	697417
2012	19871647	6641188	1997086	2056319	662822	3613558	809041
2013	22807830	7587096	2195500	2350637	903216	4019413	946309
2014	25871765	8704067	2166351	2675365	1172847	4531932	1084215
2015	29255269	9600270	2290235	3049290	1495484	5368953	1270307
2016	31448425	10662483	2096404	3373989	1384376	5782772	1311936
2017	34740855	11258941	2114203	3966665	1589052	6540007	1430905
2018	38307977	11981193	2114290	4409679	1695404	8004901	1522906
2019	41989358	12805900	2370873	4889884	1892856	8945034	1600412
2020	42256054	13050714	2453216	4887906	1827604	9065109	1585609

注:1. 本表数据均为根据第四次全国经济普查结果修订数;2. 本表中因四舍五入全市数据与分县(市)区合计数之间的误差均未作调整。

9-18 续表 单位:万元

年 份	福清市	闽侯县	连江县	罗源县	闽清县	永泰县	平 潭
2000	560299	250478	259531	75725	88432	79430	112379
2001	579150	270908	280004	81940	94755	87577	121117
2002	620462	295580	300948	88928	99849	94386	131601
2003	621205	281647	278753	87002	102868	97050	131532
2004	663258	277072	271394	93889	108904	96030	138631
2005	669541	238439	164618	99622	100410	89294	128376
2006	714925	282356	190898	111289	109662	102160	151484
2007	783663	322013	217212	125519	120759	113916	180861
2008	912714	383203	250597	142087	140586	131864	214374
2009	1023390	479626	290196	163251	160708	147210	248483
2010	1163889	660440	346009	190913	182821	167675	296717
2011	1357982	828602	423530	217106	214797	201530	358320
2012	1513203	972836	493431	241075	239272	226456	405360
2013	1715920	1285753	571621	271763	270396	255871	434335
2014	1939250	1574904	653861	306603	305941	286278	470152
2015	2149309	1773575	795929	319215	320289	305642	516771
2016	2353794	2061591	884425	338824	328267	321492	548073
2017	2622065	2472803	1038919	394217	361081	358163	593835
2018	2790744	2807859	1152765	429223	385797	383821	629394
2019	3079930	3093456	1296509	488547	439085	427725	659147
2020	3180779	2972032	1273625	513063	454980	403260	588158

9-19 接待境外旅游人数

（1980-2020 年）

单位：人次

年 份	合 计	外国人	华 侨	港澳同胞	台湾同胞
1980	26881	8234	6258	12290	99
1981	27584	9032	3442	14368	742
1982	20335	8592	1767	8957	1019
1983	42131	15706	3713	20928	1784
1984	55474	20903	3207	27822	3542
1985	53693	20836	1669	28177	3011
1986	67586	27256	2754	34388	3188
1987	73789	31118	1669	36223	4779
1988	105195	27028	2537	35849	39781
1989	110016	19563	1494	24131	64828
1990	178984	27823	2549	28883	119729
1991	148135	34656	3366	29958	80155
1992	174414	46273	4547	32654	90940
1993	162741	48717	3601	29330	81093
1994	129680	52800	3030	25664	48186
1995	127669	50381	4549	25566	47173
1996	120563	50154	3804	22870	43735
1997	129148	51315	3638	22724	51471
1998	132098	45719	4846	27059	54474
1999	249601	74603	20808	53636	100554
2000	300269	100745	36705	59496	103323
2001	288763	124814		55625	108324
2002	298003	146135		56963	94905
2003	281762	144792		59067	77903
2004	310779	177842		55147	77790
2005	308883	187642		49876	71365
2006	559602	340571		81232	137799
2007	572273	344548		83812	143913
2008	630457	361155		83525	185777
2009	605973	357898		85095	162980
2010	670206	389198		94562	186446
2011	741826	428371		98526	214929
2012	832696	477274		108172	247250
2013	905000	510274		126046	268680
2014	906886	511337		126309	269240
2015	966198	556129		128927	281142
2016	1086765	626629		149789	310347
2017	1314816	811405		159888	343523
2018	1619542	929548		261154	428840
2019	1734022	1016949		287306	429767
2020	554191	317185		112381	124625

9-20 按国别(地区)分接待外国者旅游人数

单位:人次

国别(地区)	2000年	2001年	2002年	2003年	2004年	2005年	2006年	2007年	2008年	2009年
合　计	**100745**	**124814**	**146135**	**144792**	**177842**	**187642**	**340571**	**344548**	**361155**	**357898**
亚洲小计	47302	47854	56290	55826	64763	64552	93867	92406	99827	95158
#日　本	17794	19851	21251	20708	27780	29233	40267	36027	38676	35036
菲律宾	3592	2715	4063	2181	2412	2291	5904	5993	5924	6509
新加坡	9201	8610	9477	13816	12818	10447	13345	13655	15763	17669
泰　国	684	866	780	347	486	776	1028	1146	1251	1264
印度尼西亚	3365	3192	3565	2226	3039	2912	7151	7022	8046	7762
马来西亚	8237	5391	8343	6750	7900	6334	7641	8277	10712	9313
美洲小计	42869	64934	76603	75966	91550	100414	214932	218164	224152	224080
#美　国	40024	59810	72198	72907	86881	96152	192426	195815	201080	201249
加拿大	2203	3746	3516	2629	4322	3947	17580	18067	18583	18610
欧洲小计	8770	9454	10576	10236	16949	18848	23417	24790	27150	28892
#英　国	1042	1684	1991	1901	2798	2456	6152	6434	6913	6789
法　国	650	639	890	687	1099	1055	1657	1595	1326	1444
德　国	2531	2633	2588	3632	6209	6718	3185	3795	5053	7965
意大利	551	518	655	515	948	1293	2759	2763	2835	2654
俄罗斯	1037	1266	981	878	1254	1204	794	555	686	652
大洋洲小计	1378	2015	2282	2357	3199	2736	5829	6161	6386	6215
#澳大利亚	1172	1686	1973	2023	2866	2339	4319	4431	4630	4367
新西兰	163	171	258	284	295	326	1139	946	1048	974
非洲小计	426	557	384	407	1381	1092	2526	3027	3640	3553

9-20 续表 单位:人次

国别(地区)	2010年	2011年	2012年	2013年	2014年	2015年	2016年	2017年	2018年	2019年	2020年
合 计	**389198**	**428371**	**477274**	**510274**	**511337**	**556129**	**626629**	**811405**	**929548**	**1016949**	**317185**
亚洲小计	112202	120640	132410	292957	293567	298557	337851	493106	495162	551851	
#日 本	39878	41020	41192	97492	97695	114777	126288	210375	157411	151160	
菲律宾	6737	7285	4240	6210	6223	3865	4564	6324	9813	40405	
新加坡	18961	21678	29443	47618	47717	41028	43306	45017	54941	77269	
泰 国	1302	1813	2829	5737	5749	5062	6111	5931	9864	14769	
印度尼西亚	9283	10073	1962	24706	24757	20422	23233	23248	29463	59644	
马来西亚	13791	14698	16536	47735	47834	45034	51998	54187	76381	12840	
美洲小计	237081	256477	273467	96622	96823	95432	112140	124059	153382	191506	
#美 国	214064	232463	252671	73177	73329	70092	78486	88042	111160	135108	
加拿大	19603	18304	15742	14943	14974	17926	22093	23516	25107	26646	
欧洲小计	29731	35403	44528	80086	80253	113615	109092	110599	158309	175484	
#英 国	7200	7147	5627	16300	16334	26028	22492	19862	28241	29311	
法 国	1636	1787	2952	7933	7950	7509	6702	7703	11634	17206	
德 国	6520	8080	7987	19632	19673	22212	20069	18703	25389	24491	
意大利	2908	3368	3973	6879	6893	13237	10504	8503	9492	8854	
俄罗斯	839	3289	6248	3682	3690	3113	7504	7006	14928	19796	
大洋洲小计	6420	10699	19523	27979	28037	37449	51149	58777	83795	72160	
#澳大利亚	4794	7984	14090	16735	16770	27233	29647	36278	51587	46026	
新西兰	1100	2100	4685	8981	9000	8445	14429	13506	18706	15604	
非洲小计	3764	5152	7346	12631	12657	11076	16397	24864	38900	25948	

注:2020年没有统计到国别

主要统计指标解释

社会消费品零售总额　指企业(单位、个体户)通过交易直接售给个人、社会集团非生产、非经营用的实物商品金额,以及提供餐饮服务所取得的收入金额。个人包括城乡居民和入境人员,社会集团包括机关、社会团体、部队、学校、企事业单位、居委会或村委会等。

批发额　指售给国民经济各行业用于生产、经营用的商品金额。

零售额　指售给个人用于生活消费和社会集团用于公共消费的商品金额。

商品购进额　指从本企业以外的单位和个人购进(包括从国外直接进口)作为转卖或加工后转卖的商品金额(含增值税)。本指标反映批发和零售业从国内外市场上购进商品的总价。

商品销售额　指对本单位以外的单位和个人出售的商品金额(包括售给本单位消费用的商品,含增值税),在批发和零售业中,本指标反映在国内市场上销售商品以及出口商品的总价。

期末商品库存额　对于批发和零售业法人单位和个体经营户,是指报告期末取得所有权的全部商品金额(含增值税);对于批发和零售业产业活动单位,是指报告期末实际在库且归属法人具有所有权的全部商品金额(含增值税)。这个指标反映批发和零售业的商品库存情况,以及对市场商品供应的保证程度。

营业额　指住宿和餐饮业单位在经营活动中,因提供服务或销售商品等取得的全部收入(含增值税),收入主要来源于提供客房、餐费服务、商品销售和其他服务,如商务服务。不包括多产业法人企业附营的其他行业产业活动单位的餐费收入、商品销售收入等各项收入。

客房收入　指住宿和餐饮业单位在经营活动中因提供住宿服务取得的收入(含增值税)。不包括多产业法人企业附营的其他行业产业活动单位的客房收入。

餐费收入　指本单位为顾客提供就餐服务取得的收入(含增值税)。包括:经烹饪、调制加工后出售的各种食品,如主食、炒菜、凉拌菜等的收入。不包括多产业法人企业附营的其他行业产业活动单位的餐费收入。

商品销售收入　指对本单位以外的单位和个人出售的商品金额(包括售给本单位消费用的商品,含增值税)。在住宿和餐饮业中,本指标反映住宿和餐饮业单位出售商品的销售总额(含增值税),不包括法人企业附营的其他行业产业活动单位的商品销售额。

其他收入　指提供客房、餐饮服务、商品销售以外的其他服务获得的收入(含增值税),如商品服务、健身娱乐等。

客房数　指本单位提供住宿服务的房间数,该指标按报告期内正常情况下的实有数统计。

床位数　指本单位供应旅客使用的床位数,不包括临时加床和门店内部工作人员使用的床位。该指标按报告期内正常情况下的实有数统计。

餐位数　指本单位为顾客提供就餐服务时,正常可同时容纳就餐人员的餐位数量,不包括临时加的餐位。该指标按报告期内正常情况下的实有数统计。

10 对外经济

10-1 进出口总额

(1981-2020年)

年份	进出口总额(万美元)	出口总额	进口总额	进出口总额(万元)	出口总额	进口总额
1981	394	394		701	701	
1982	682	682		1316	1316	
1983	888	888		1740	1740	
1984	2215	2215		6180	6180	
1985	1384	1384		4055	4055	
1986	1323	1323		4922	4922	
1987	3961	3961		14735	14735	
1988	16840	9290	7550	62645	34559	28086
1989	19906	14124	5782	93757	66524	27233
1990	32278	23360	8918	168491	121939	46552
1991	42568	30034	12534	231144	163085	68060
1992	65562	46969	18593	376982	270072	106910
1993	150893	93987	56906	873670	544185	329486
1994	211193	129448	81745	1801476	1104191	697285
1995	234961	156732	78229	1968973	1313414	655559
1996	303581	168315	135266	2519722	1397015	1122708
1997	375183	192861	182322	3105765	1596503	1509262
1998	379794	196157	183637	3143935	1623788	1520147
1999	371050	203578	167472	3071552	1685219	1386333
2000	511835	272947	238888	4232875	2257272	1975604
2001	537892	299856	238036	4448367	2479809	1968558
2002	638804	353425	285379	5282909	2922825	2360084
2003	829631	464279	365352	6861048	3839587	3021461
2004	1252722	744391	508331	10360011	6156114	4203897
2005	1368910	867200	501710	11053948	7002640	4051308
2006	1575456	1016452	559004	12414593	8009642	4404952
2007	1864105	1231004	633101	13878262	9164825	4713437
2008	2032422	1358759	673663	13890791	9286574	4604217
2009	1786004	1201245	584759	12195193	8202341	3992851
2010	2459967	1631423	828544	16291623	10804425	5487198
2011	3472476	2413056	1059420	21879724	15204425	6675299
2012	3105985	2113124	992861	19522669	13282041	6240628
2013	3142949	1933708	1209241	19162246	11789624	7372621
2014	3466317	2123845	1342472	21295896	13047784	8248112
2015	3334237	2111956	1222281	20654803	13122755	7532048
2016	3165021	2142037	1022984	20821731	14067886	6753845
2017	3442407	2183461	1258946	23360306	14823723	8536583
2018	3730366	2518856	1211510	24592630	16600742	7991889
2019	3675637	2627852	1047785	25257578	18019814	7237765
2020	3610468	2576740	1033728	25079728	17843550	7236178

注:从1996年起为海关统计口径数据。

10-2 按主要国别(地区)分出口商品贸易额

单位:万美元

国别(地区)	2000年	2001年	2002年	2003年	2004年	2005年	2006年	2007年	2008年	2009年
总　计	**272947**	**298483**	**349140**	**464279**	**744391**	**867200**	**1016452**	**1231004**	**1358759**	**1201138**
亚　洲	107504	115788	136346	173379	270549	306633	321216	416836	456892	442614
#中国香港	23882	30974	39170	53461	84719	76932	65083	63725	66605	61604
中国澳门	615	356	94		592	222	344	429	240	214
日　本	42091	48061	54609	55487	81891	94095	91517	117239	124542	106124
菲律宾	1916	2640	2795		6272	10394	9859	12285	11084	11929
泰　国	989	1002	1454		3823	4559	5050	7956	8016	11071
马来西亚	4145	1503	2472		12069	9827	19691	27655	37824	52759
新加坡	5386	6658	6465		12528	16376	11306	16307	21171	21993
阿拉伯联合酋长国	1884	2319	4424		11279	12941	13617	14225		
欧　洲	56880	69740	78622	111319	166501	206784	256257	335613	373479	296145
#德　国	15412	22245	24621	22445	36411	29231	34993	53696	72969	53306
法　国	3715	2701	3866	3572	4882	11873	13750	17593	16972	15613
意大利	4623	4986	5800	8447	7670	13192	15048	22585	27301	23694
芬　兰	332	534	594	40814	2415	4010	3262	9135	12652	4340
英　国	7151	7843	8589	10407	16226	20946	31156	30638	30020	29109
丹　麦	540	531	725		1129	2765	6236	5513	6549	4846
瑞　典	549	640	651		1219	1989	2835	4751	4475	4036
瑞　士	842	1533	1260	1524	2489	4666	7187	9677	5244	2329
西班牙	3351	3381	3356	4144	4837	8341	10350	22000	14853	12932
北美洲	88011	91870	111316	147468	245699	259031	331638	330818	364212	319300
#加拿大	6533	7984	6723	8007	12023	15942	22236	27449	28350	22315
美　国	81478	83886	104594	139460	233676	243089	309401	303364	335862	296985
大洋洲	4511	4255	5840	9720	19830	16907	21047	27467	26727	28148
#澳大利亚	4040	3760	5101	8534	14148	14716	16012	22249	22799	21343
非　洲	4961	7747	8455	10525	17879	23938	33652	41177	47262	45496
拉丁美洲	11080	9082	8561	11862	23933	30183	51826	79750	90187	69435
俄罗斯				1443	2749	4584	4664	7440	11696	9925

10-2 续表 单位:万美元

国别(地区)	2010年	2011年	2012年	2013年	2014年	2015年	2016年	2017年	2018年	2019年	2020年
总 计	**1631423**	**2413056**	**2113124**	**1933708**	**2123845**	**2111956**	**2142037**	**2183461**	**2518856**	**2627852**	**2576740**
亚 洲	640321	841802	840147	827281	916214	860327	921755	888662	1049658	1179882	1151073
#中国香港	89947	103217	129926	141054	132695	142037	130200	107757	138425	94649	121378
中国澳门	373	1637	425	1243	1228	659	400	812	2184	2063	1776
日 本	147136	156625	155158	152402	148842	131280	125266	126188	137818	138683	131619
菲律宾	19092	25127	31867	39758	36216	50455					
泰 国	15428	21884	21159	23019	32275	36183	52958	43729	49203	52839	59056
马来西亚	60905	73582	73930	77097	67615	43496	50880	46601	60579	104208	84853
新加坡	35637	54745	71573	55848	89148	43542	38090	43352	50457	79960	87305
阿拉伯联合酋长国	23243	47047	42615	33527	38764	38189					
欧 洲	384037	622708	483501	414748	453049	421711	426087	450848	520059	541644	494263
#德 国	70346	126184	79560	56686	67834	70698	67370	69264	81036	77408	73792
法 国	19179	33943	23010	18813	21289	19150	21101	20301	25842	30462	30750
意大利	30833	43455	31192	26871	30097	24692					
芬 兰	6660	8950	9006	6077	4622	3279					
英 国	41880	89642	62502	50758	71618	69986	67157	61964	65608	78174	74560
丹 麦	6027	8210	7153	6697	9437	6773					
瑞 典	5864	8886	7036	7705	9058	8808					
瑞 士	2699	3239	4006	2614	1436	1239					
西班牙	18843	33645	21893	19188	18684	19759					
北美洲	374739	622898	481678	440615	481621	601666	521096	539862	619505	558718	570847
#加拿大	28949	44383	36635	31222	32932	33103	31323	35843	41234	59743	74227
美 国	345777	578514	445043	409391	448685	568562	489772	504013	578259	498972	496619
大洋洲	30961	48854	44078	42088	53859	49550	49050	51340	58184	61399	65078
#澳大利亚	24923	40730	37626	34297	34739	39693	39740	42235	48846	51465	54789
非 洲	70994	99549	113122	90072	96403	98565	105478	97794	121670	133656	153935
拉丁美洲	130370	177245	151955	118846	122694	124452	118571	154955	149781	152554	141543
俄罗斯	17729	25095	33274	36533	30434	23555	20213	28523	34759	26539	25969

10-3 按主要国别(地区)分进口商品贸易额

单位:万美元

国别(地区)	2000年	2001年	2002年	2003年	2004年	2005年	2006年	2007年	2008年	2009年
总　计	**238889**	**238287**	**285379**	**365351**	**498331**	**501710**	**559004**	**633101**	**673663**	**583940**
亚　洲	200716	196287	240536	307189	419006	419188	472449	512025	532102	411439
#中国香港	2542	2135	2218	2442	2914	1948	1753	1947	1990	2034
中国澳门	24	23	19		2	3	10	14	5	
日　本	38931	36952	42635	62874	81783	72427	66490	74794	91945	69773
菲律宾	671	1237	599		1134	1373	1664	2071	3204	6306
泰　国	4379	4670	5839		4690	4088	7504	8613	11490	10885
马来西亚	11737	11201	13551		16683	10787	7993	13197	17369	12952
新加坡	3361	2230	2648		4015	2495	2568	3926	4312	4646
阿拉伯联合酋长国	7	115	7		11	82	91	112		
欧　洲	17931	21785	22290	26693	33023	32175	38368	55937	65210	67672
#德　国	1628	1443	2107	6606	8499	8617	12773	22150	28017	22092
法　国	421	471	598	719	1039	749	821	1961	5093	4875
意大利	1266	1696	2203	1626	2551	1620	1533	1790	3126	2960
芬　兰	597	329	282	350	5183	669	507	1448	1335	2150
英　国	2978	2598	1337	1940	3079	3060	2122	2421	2882	4628
丹　麦	72	73	81		256	264	246	498	876	331
瑞　典	234	151	201		212	598	1093	1988	2374	1230
瑞　士	4331	8538	8469	8534	9807	9818	10018	9283	1425	959
西班牙	260	91	35	76	319	500	271	394	2057	2720
北美洲	12671	12636	10836	16585	24238	19517	24173	35953	30227	37282
#加拿大	412	707	274	493	476	919	608	1364	1754	2603
美　国	12252	11928	10562	16091	23762	18597	23565	34588	28466	34666
大洋洲	1137	915	1112	2003	1877	1806	2513	2396	2832	7801
#澳大利亚	497	226	454	935	734	1056	1330	1144	1167	5214
非　洲	832	926	958	1075	1989	2365	4028	4809	5918	13224
拉丁美洲	5561	5738	9646	11804	18199	19307	17212	22279	37374	46521

10-3 续表 单位:万美元

国别(地区)	2010 年	2011 年	2012 年	2013 年	2014 年	2015 年	2016 年	2017 年	2018 年	2019 年	2020 年
总　计	**828544**	**1059420**	**992861**	**1209241**	**1342472**	**1222281**	**1022984**	**1258946**	**1211510**	**1047785**	**1033728**
亚　洲	559626	570067	557633	530142	515915	460137	507725	641956	657334	533398	519704
#中国香港	5927	20213	26182	5472	1857	17036	3559	1166	1046	3601	3352
中国澳门		53					–	–	–	–	–
日　本	95468	87933	87103	74505	68977	67318	100081	145103	88211	77687	62399
菲律宾	10382	9584	19312	16262	23788	13731					
泰　国	18975	13475	24417	27026	23091	17350	15966	22867	40837	29057	27157
马来西亚	16262	14937	10915	13933	10419	13947	14430	20178	23898	22910	96774
新加坡	7617	9180	6989	7891	8379	7243	5335	7597	6810	4588	2596
阿拉伯联合酋长国	243	265	2075	3770	860	732					
欧　洲	109646	206316	196280	378682	299859	335100	215621	237824	219992	193816	134859
#德　国	41003	53748	45382	51009	53172	39802	37705	46490	49810	43351	36462
法　国	5848	11057	8629	6772	5478	3550	4362	5879	3559	4282	5993
意大利	5269	6004	5815	4523	5263	5321					
芬　兰	2361	3061	4169	2002	3536	2477					
英　国	6250	4745	6077	6656	7035	6548	14018	17125	9244	3762	2540
丹　麦	177	371	844	1582	947	699					
瑞　典	814	2648	828	1686	2418	1507					
瑞　士	1644	54238	65160	243581	162372	235267					
西班牙	11292	10894	5194	6468	7099	4598					
北美洲	71197	99504	112092	166714	223980	212364	105517	139708	77615	45986	49843
#加拿大	9747	13385	19488	27345	47298	48145	20461	17906	6672	7745	6747
美　国	61425	86113	92604	139331	176617	164220	85005	121778	70200	36090	41487
大洋洲	9488	51695	23611	24860	123859	71277	65823	75763	84367	84666	127869
#澳大利亚	5797	47086	19709	19836	119984	69322	64301	70406	76309	78944	123911
非　洲	24147	65024	32116	18121	81743	49511	39428	51598	11684	11275	11638
拉丁美洲	54434	66812	76994	90711	97083	93843	88870	112097	160518	178644	189815

10-4 外商直接投资合同数

(1979-2020年)

单位:项

年 份	外商直接投资	合资企业	合作企业	独资企业
1979	5			
1980	5			
1981	3			
1982	2			
1983	4			
1984	64			
1985	73			
1986	29	19	10	
1987	56	46	9	1
1988	168	123	26	19
1989	214	131	16	67
1990	233	103	9	121
1991	286	99	16	171
1992	676	259	35	382
1993	1134	372	56	706
1994	722	216	31	475
1995	678	179	25	474
1996	412	107	10	295
1997	437	83	18	336
1998	481	109	13	359
1999	338	80	8	250
2000	295	80	6	209
2001	319	73	3	243
2002	386	52	41	293
2003	360	88	2	268
2004	414	90	5	319
2005	326	81	11	234
2006	327	83	2	242
2007	234	78		155
2008	155	31	1	123
2009	144	29	1	114
2010	186	44	1	140
2011	170	51	1	118
2012	148	47		100
2013	135	44	1	89
2014	126	41		85
2015	339	105		234
2016	483	104		379
2017	362	121		241
2018	524	238	1	285
2019	310	134	3	168
2020	297	104	0	190

10-5 外商直接投资合同金额

(1979-2020年)　　单位:万美元、万元

年份	外商直接投资	合资企业	合作企业	独资企业
1979	105			
1980	387			
1981	104			
1982	15			
1983	106			
1984	5603			
1985	4367			
1986	909	794	115	
1987	3052	2115	767	170
1988	11781	8489	1432	1860
1989	15156	9262	656	5238
1990	27370	7693	1452	18225
1991	29601	6632	1057	21912
1992	117538	27587	7565	82386
1993	330705	64417	13476	252812
1994	220592	56769	16279	147544
1995	322706	36978	24674	261053
1996	111121	23919	2113	85088
1997	92022	16395	9497	65831
1998	111031	32927	19577	58527
1999	93426	13434	5030	74962
2000	95479	15652	1171	78656
2001	103264	20122	1944	81198
2002	150867	10236	16854	117596
2003	161412	20650	3236	135597
2004	135003	10651	-376	122331
2005	116672	12603	6581	96779
2006	142956	22989	4497	115470
2007	132371	22323		100379
2008	148883	9619	2834	130805
2009	122969	5880	2660	112371
2010	167297	22793	151	113360
2011	176966	18091	2980	147998
2012	205643	37432	18	158848
2013	205700	31244	5	146811
2014	146368	44145		102373
2015	317473	74033		243440
2015	1954374	453508		748351
2016	1083548	267412		671762
2017	3952099	1380423		2529493
2018	2616226	996310	10000	1550887
2019	2738979	481508	26336	2182824
2020	1852028	278351		1562915

注:从2015年起,单位为人民币口径

10-6 按行业分外商直接投资合同数

（1987-2020 年）

单位：项

年份	农业	制造业	建筑业	交通运输仓储及邮政通信业信息传输计算机服务和软件业	批发零售住宿餐饮业	房地产公用事业服务业
1987	6	48	1			
1988	6	153	4	2		3
1989	8	179	1			23
1990	6	190	1		2	33
1991	8	248		3		25
1992	22	481	11		3	153
1993	56	675	46		55	134
1994	37	379	39		26	75
1995	46	414	36		39	36
1996	37	209	15		50	20
1997	29	247	13		76	16
1998	23	291	6	4	78	31
1999	26	219	6		17	39
2000	14	210		1	10	35
2001	10	228	3	1	9	23
2002	13	237	9	5	13	53
2003	12	256	8	5	11	67
2004	12	307	5	9	18	63
2005	5	240		7	26	10
2006	8	234	5	4	36	42
2007	10	131	1	3	42	57
2008	8	63	4	1	33	46
2009	4	38		2	54	46
2010	9	46	1	4	82	44
2011	8	37	1	5	74	41
2012	12	32	2	1	64	36
2013	3	14	4	9	74	31
2014	6	11	1	10	56	42
2015	9	31	3	16	207	5
2016	7	22	2	33	246	3
2017	8	40	12	27	94	7
2018	24	41	10	37	113	6
2019	7	28		41	80	15
2020	23	25	12	49	82	3

10-7 按行业分外商直接投资合同金额

（1987-2020 年）　　　　单位：万美元、万元

年　份	农　业	制造业	建筑业	交通运输仓储及邮政通信业信息传输计算机服务和软件业	批发零售住宿餐饮业	房地产公用事业服务业
1987	197	2608	215			
1988	1103	9906	119	64		589
1989	256	11095	51			3474
1990	233	20243	22		115	6752
1991	959	21744				6623
1992	1003	50540	432		3480	58127
1993	5148	134920	2280		5592	149058
1994	2637	92714	1562		1642	105230
1995	7501	251052	2036		2857	25104
1996	2983	54310	1051		3758	15021
1997	3823	50486	6692		6854	9409
1998	6588	47296	17819	375	6211	20661
1999	8560	49682	3970		4178	22143
2000	703	52199	169	10	3004	33314
2001	4727	69326	885	1454	501	17967
2002	4400	101619	8132	3463	944	22600
2003	3294	128747	3873	208	358	24932
2004	3887	93171	-1815	8458	2959	28343
2005	8141	87428	-13	5710	3893	7045
2006	6922	113480	2695	1395	3704	14760
2007	5408	73864	-71	1128	13896	38146
2008	6157	62739	1649	56	7557	70725
2009	3522	32980	761	8400	13552	63720
2010	9022	87209	-119	4406	30304	36475
2011	7411	61022	119	2618	33497	56839
2012	19238	31366	11798	2030	45849	86017
2013	1102	44503	10749	15403	61858	40512
2014	3253	31223	8248	12936	33813	56895
2015	537	65662	-3408	15111	198485	11252
2015	3251	405658	-21877	93483	1220344	69038
2016	13339	139859	-1200	165613	440689	275
2017	58819	834113	225405	108516	284115	7795
2018	94991	225854	37558	121852	453665	165614
2019	9851	500660	1953	437527	182085	224766
2020	54719	303313	32565	439344	216566	79321

注：从 2015 年起，单位为人民币口径

10-8 按国别(地区)分外商直接投资合同数

单位:项

国别(地区)	2000年	2001年	2002年	2003年	2004年	2005年	2006年	2007年	2008年	2009年
合 计	**295**	**319**	**386**	**360**	**414**	**326**	**327**	**234**	**155**	**144**
#中国香港	119	95	140	137	158	125	142	78	63	56
中国澳门	7		1	3	3	4	4	1	1	2
日 本	27	24	33	17	24	27	25	16	13	7
菲律宾	2	2	3	7	3	2				
泰 国		2	1	3	1			1		
马来西亚	1	2	3	2	4	2		2	2	1
新加坡	7	6	10	15	13	6	12	6	4	5
印度尼西亚	2	4	1	2	7	4	11		1	2
德 国	1					2		2	2	
维尔京群岛	10	22	27	25	34	22	17	19	15	6
英 国		1			1		2	1	1	
开曼群岛	2	3	3	4	2	2	2	1		1
加拿大	5	7	11	12	10	11	12	6	3	3
美 国	24	33	35	37	43	33	19	32	11	23
澳大利亚	8	12	7	9	16	16	5	14	4	2

10-8 续表 单位:项

国别(地区)	2010 年	2011 年	2012 年	2013 年	2014 年	2015 年	2016 年	2017 年	2018 年	2019 年	2020 年
合 计	**186**	**170**	**148**	**135**	**126**	**339**	**483**	**362**	**524**	**310**	**297**
# 中国香港	72	74	50	48	57	89	80	150	249	112	120
中国澳门		1	4	1		1	2	1	8	4	4
日 本	9	9	3	5	2	17	2	9	9	5	3
菲律宾											
泰 国							1		1		
马来西亚	5	4	4	1		3	2	5	5	4	1
新加坡	4	5	5	6	5	6	8	14	7	5	4
印度尼西亚		1		1		2	2		3		
德 国		2	1		1	5	1	2		1	1
维尔京群岛	9	4	7	6	1	4	1	1	3		
英 国		1			1	6	5	1	2	1	1
开曼群岛	2				1					1	
加拿大	6	5	3	2	4	4	4	3	7	4	3
美 国	10	9	7	7	6	24	19	15	19	20	5
澳大利亚	6	2	6	1	2	12	9	4	10	2	5

10-9 按国别(地区)分外商直接投资合同金额

单位:万美元、万元

国别(地区)	2000 年	2001 年	2002 年	2003 年	2004 年	2005 年	2006 年	2007 年	2008 年	2009 年
合　计	**95479**	**103264**	**150867**	**161412**	**135003**	**116672**	**142956**	**132371**	**148883**	**122969**
#中国香港	63312	43296	70300	75503	82905	51832	70580	58978	100517	119015
中国澳门	763		711	443	89	994	381	525	-479	390
日　本	4080	1653	18927	2591	3886	5122	12842	3216	1034	1914
菲律宾	98	731	473	1735	-99	151	-191	74	38	-1592
泰　国		190	150	2011	25				889	
马来西亚	1045	1004	3270	207	646	412	1	2810	2601	-305
新加坡	585	579	37	-1797	2946	2068	5076	395	5946	384
印度尼西亚	494	3141	1198	81	932	763	8857	-1308	2930	348
德　国	10	179	-7		33	86	6	-20	573	
维尔京群岛	7666	12138	18907	12814	14590	22617	18211	26466	2876	-8122
英　国		-8	-95	552	-289		1291	993	-1883	
开曼群岛	96	6115	4372	286	1121	2379	1651	4059	1210	735
加拿大	437	159	2994	1294	1495	645	3843	729	-267	520
美　国	7516	7666	7889	6915	10448	7375	1932	8894	2742	1104
澳大利亚	325	562	-1	3151	1754	2997	661	1293	-15	88

注:从 2015 年起,单位为人民币口径。

10-9 续表 单位:万美元、万元

国别(地区)	2010 年	2011 年	2012 年	2013 年	2014 年	2015 年	2015 年	2016 年	2017 年	2018 年	2019 年	2020 年
合　计	**167297**	**176966**	**205643**	**205700**	**146368**	**317473**	**1954374**	**1083548**	**3952099**	**2616226**	**2738979**	**1852028**
#中国香港	104403	118214	137328	82593	100040	192927	1183373	638309	3088993	2025105	1838683	1202108
中国澳门		9	2507			8	51	34048	40	2599	17473	8948
日　本	2570	4101	-1856	1635	378	498	3117	500	31205	17029	8559	10885
菲律宾	-230	-66								-464		
泰　国	2	-1000		-2		163	1002	52		3000		
马来西亚	3325	217	-1507	-1717		230	1408	1642	50598	1974	14380	1000
新加坡	1695	4426	4546	11503	3161	-709	-4907	26364	59484	45574	65116	199208
印度尼西亚	223	-1989	188	777		10	54	1028		750		
德　国		510	793	-500	332	732	4678	1997	33091	630	109	310
维尔京群岛	9659	8084	12519	18922	-63	53954	330314	-5659	1018	52244	-695	-3402
英　国	-89	39		210	325	1544	9497	12366	3503	99	163	158
开曼群岛	6197	1419	1542	2007	1221			-4909	-9281	19263	6852	-58
加拿大	4792	3639	951	199	483	1517	9303	16348	69417	21755	6703	1799
美　国	395	1510	10948	-402	810	10038	62730	32050	32644	62697	37257	32801
澳大利亚	909	2807	816	2910	218	1541	9524	15756	14730	17273	1836	8234

10-10 实际利用外商直接投资

（1979-2020 年）　　单位：万美元、万元

年份	合计	合资企业	合作企业	独资企业
1979	78			
1980	167			
1981	61			
1982	154			
1983	679			
1984	1630			
1985	1539			
1986	1495	588	886	
1987	1462	498	794	170
1988	2355	2004	351	
1989	5035	2815	890	1330
1990	10193	6242	703	3248
1991	13813	5412	330	8071
1992	28452	7870	1175	19407
1993	63385	24762	2938	35685
1994	81838	42263	3004	46571
1995	105035	26106	5289	73640
1996	97590	27902	5330	64358
1997	97848	30830	5973	60746
1998	90348	27883	6177	56288
1999	90036	25183	6675	58178
2000	80087	8471	3565	66843
2001	100198	27953	3095	67754
2002	120246	28404	3162	76635
2003	130198	12332	3236	114630
2004	136042	19336	5407	99029
2005	160000			
2006	162100			
2007	170225			
2008	213034			
2009	229596			
2010	248193			
2011	268592			
2005（验资口径）	64017	9986	341	51383
2006（验资口径）	66069	8913	430	56726
2007（验资口径）	70011	11634	55	57859
2008（验资口径）	100150	24311	189	68177
2009（验资口径）	103227	16842		71491
2010（验资口径）	118524	23232		80795
2011（验资口径）	127745	10169	17	67927
2012（验资口径）	133877	23075	18	83210
2013（验资口径）	143063	20199	153	58901
2014（验资口径）	154651	30976		120600
2015（验资口径）	167852	22654		145198
2015（验资口径）	1073614	138844		429594
2016（验资口径）	1249015	143964		539700
2017（验资口径）	1317609	163830		716975
2018（验资口径）	553862	209794		269283
2019（验资口径）	653000	267303		340132
2020（验资口径）	700722	274646		384013

注：从 2015 年起，单位为人民币口径

10-11 按国别(地区)分实际利用外商直接投资

单位:万美元、万元

国别(地区)	2000年	2001年	2002年	2003年	2004年	2005年	2006年	2007年	2008年	2009年
中国香港	39861	47263	51503	51940	57923	26819	26569	31728	43567	73079
中国澳门	474	500	2358	207	1213	227	52	1525	217	105
日本	1679	6072	3258	23600	4818	3624	10020	1614	3344	2044
菲律宾	258	125	1169	228	1184	508	58	209	124	
泰国	174	151	769	941	500	295		56	907	
马来西亚	2075	1480	2883	491	1448	630	20	353	853	20
新加坡	1209	1638	1299	1601	2819	2070	1119	2971	2487	2486
印度尼西亚	509	1990	796	415	946	336	424	629	361	1458
德国		10					61		10	500
法国						52	3	42		
英国	7850	1810	3558	450	267	300	400	667	179	1
加拿大	50	221	823	695	1398	223	401	377	452	359
美国	7031	13452	4791	6642	8220	2138	3613	2195	2160	1788
澳大利亚	178	242	784	186	801	378	267	776	488	204
维尔京群岛	7794	11121	13351	15145	18906	12042	13579	16795	25682	12172
开曼群岛		61	4523	3116	1269	3630	2016	2914	992	1546
百幕大	1001	100	10852	2708	4885	1800			2123	490

注:从2015年起,单位为人民币口径。

10-11 续表 单位:万美元、万元

国别(地区)	2010 年	2011 年	2012 年	2013 年	2014 年	2015 年	2015 年	2016 年	2017 年	2018 年	2019 年	2020 年
中国香港	82044	45842	72914	53236	92626	122368	762773	701771	710207	354579	443820	592797
中国澳门	101	128		148							4976	2788
日本	1657	4636	3232	979	1511	672	4142	10029	10360	4054	2914	236
菲律宾	38		18	289								
泰国						153	935	60				
马来西亚	50	1968	223	1414	203			70	2095	160	2952	1399
新加坡	128	3212	4346	10336	12419	2598	15942	29202	25107	46899	15088	66807
印度尼西亚	406	19	284	722	156			118	283	120		
德国			488	178	160			1042	1820	636	776	
法国												6231
英国			8						21	293	69	
加拿大	36	400	411	265	116			122	27639			106
美国	1442	986	1916	1029	1272	1148	7164	21	4005	6879	1342	14
澳大利亚	341	290	161	287	186				66		28	506
维尔京群岛	6765	13191	8391	8186	12247	12065	73948	119025	62531	16729	50836	915
开曼群岛	3799	2020	2396	2062	3009	842	5174	406		19501	5806	
百慕大		31926	561		786				39125			

10-12 按县(市)区分外商直接投资合同数

单位:项

地 区	2000年	2001年	2002年	2003年	2004年	2005年	2006年	2007年	2008年	2009年
福州市	**295**	**319**	**387**	**360**	**414**	**326**	**327**	**234**	**155**	**144**
#鼓楼区	48	48	64	61	71	54	51	53	43	36
台江区	25	31	27	26	35	23	22	19	10	17
仓山区	27	47	48	46	47	38	42	29	18	12
晋安区	31	31	40	35	42	30	29	17	10	18
马尾区	31	34	53	49	30	27	28	19	12	5
长乐区	8	14	23	19	26	16	16	14	7	10
福清市	32	33	44	40	57	54	60	45	24	19
闽侯县	29	34	35	24	40	24	19	17	16	13
连江县	8	8	8	33	17	14	9	4	9	5
罗源县	6	4	13	10	12	13	9	12	4	5
闽清县	10	3	1	9	5	5	7	2	1	
永泰县	5	6	2	1	3	5	2	1		2
平 潭	4	1	2	2	5	3		1		2

10-12 续表 单位:项

地　　区	2010 年	2011 年	2012 年	2013 年	2014 年	2015 年	2016 年	2017 年	2018 年	2019 年	2020 年
福州市	**186**	**170**	**148**	**135**	**126**	**339**	**483**	**362**	**524**	**310**	**297**
#鼓楼区	49	40	33	27	37	34	31	34	83	60	53
台江区	21	18	18	22	21	19	18	17	28	22	37
仓山区	19	19	16	14	11	33	16	36	85	39	25
晋安区	10	13	4	6	12	12	37	12	30	20	13
马尾区	10	16	17	16	12	189	218	121	175	59	30
长乐区	4	8	6	2	6	8	6	7	16	19	20
福清市	18	23	19	12	9	26	38	23	44	28	44
闽侯县	33	17	24	24	14	7	19	30	13	15	17
连江县	4	9	6	7	3	2	5	14	17	25	5
罗源县	3	4	2	2		1	2	9	6	4	5
闽清县	3	2	1	1		3	3	2	3	3	11
永泰县	2		2	1	1	2		1	1	6	18
平　潭	10										

10-13 按县(市)区分外商直接投资合同金额

单位:万美元、万元

地区	2000年	2001年	2002年	2003年	2004年	2005年	2006年	2007年	2008年	2009年
福州市	**95479**	**103264**	**150867**	**161412**	**135003**	**116672**	**142956**	**132371**	**148883**	**122969**
#鼓楼区	8907	9380	13173	12422	16356	14074	15291	15750	17168	19331
台江区	7078	8462	12610	11802	12375	7941	10112	15960	16337	18438
仓山区	7782	10156	23500	12343	15032	15050	8688	11757	31315	6609
晋安区	1607	12024	15341	14818	18001	16362	17701	4691	5941	7630
马尾区	4149	14544	31494	29026	11051	12911	22512	21037	21476	4829
长乐区	4618	11724	15062	15536	18191	11613	1078	7906	5697	9353
福清市	12056	13008	19475	53982	20225	15784	40162	17870	23790	23876
闽侯县	12911	10950	12154	10516	9181	6654	16288	9970	10783	18419
连江县	737	1709	2012	5141	5071	5301	4912	6899	7899	5439
罗源县	797	1139	5052	4651	4005	4504	5153	3950	5006	5048
闽清县	354	54	-372	823	704	463	231	74	2119	281
永泰县	203	2406	1352	4	774	286	285	780	854	1000
平 潭	657	12	353	110	321	761	339	1136		607

注:从2015年起,单位为人民币口径。

10-13 续表　　单位:万美元、万元

地　区	2010年	2011年	2012年	2013年	2014年	2015年	2015年	2016年	2017年	2018年	2019年	2020年
福州市	**167297**	**176966**	**205643**	**205700**	**146368**	**317473**	**1954374**	**1083548**	**3952099**	**2616226**	**2738979**	**1852028**
#鼓楼区	19755	22197	22260	23752	17056	16300	616197	169077	124430	248143	230756	399380
台江区	21246	22977	23017	24257	18188	15566	124307	48797	96943	70404	332743	208590
仓山区	7161	11255	18804	19750	4020	8798	83476	118013	1060100	470441	447090	190307
晋安区	12310	16027	5016	5267	7904	1553	12552	46654	659431	83095	219034	107954
马尾区	22371	23740	25046	29314	34202	99325	587192	430428	999867	1371809	366050	210166
长乐区	6498	8474	9775	10300	11173	11400	81525	63473	162106	58557	185136	38060
福清市	19253	23290	26877	28700	28784	28865	338834	76679	120775	137004	60464	256341
闽侯县	25530	35122	56583	33492	22409	12028	43986	43489	32270	55428	720027	39892
连江县	4050	4794	6029	17862	2488	2208	13639	31967	439795	54969	114960	133133
罗源县	5200	5621	5660	5946	133	347	2224	2802	143554	28151	23436	21028
闽清县	157	167	2000	4990		1128	7446	23751	13928	3600	10862	97601
永泰县	1199	1500	1705	2070	11	2795	17165	-665	10092	7815	6000	54715
平　潭	1579											

10-14 按县(市)区分实际利用外资

单位:万美元、万元

地 区	2000 年	2001 年	2002 年	2003 年	2004 年	2005 年	2006 年	2007 年	2008 年	2009 年
福州市	**80087**	**100198**	**120246**	**130198**	**136042**	**64017**	**66069**	**70011**	**100150**	**103227**
#鼓楼区	4503	5646	9240	12318	15404	8123	10133	14002	17827	18162
台江区	3010	3762	7078	9745	11895	4750	4723	6200	9113	9788
仓山区	5048	7575	18600	15926	12418	6567	9310	12586	16403	15371
晋安区	2509	10184	15246	17332	15850	6311	6640	4050	2732	2735
马尾区	15080	18753	21639	21729	21050	7087	13357	13551	13746	15706
长乐区	7191	10272	14799	15316	15523	3757	3815	4747	5824	7960
福清市	11032	13770	20009	17069	20289	12301	12630	12867	13256	13336
闽侯县	5727	8505	12208	13076	16015	5514	6212	9621	11291	13202
连江县	1351	1600	1930	3115	2445	2289	2958	3876	3912	3260
罗源县	1353	1420	996	2850	3532	1733	1821	2115	2459	2380
闽清县	570	510	201	356	604	206	63	131	155	160
永泰县	361	636	1270	75	100	207	345	577	621	625
平 潭	576	638	465	513	304	95	450	500	556	542

注:从 2015 年起,单位为人民币口径。

10-14 续表

单位:万美元、万元

地　区	2010年	2011年	2012年	2013年	2014年	2015年	2015年	2016年	2017年	2018年	2019年	2020年
福州市	**118524**	**127745**	**133877**	**143063**	**154651**	**167852**	**1073614**	**1249015**	**1317609**	**553862**	**653000**	**700722**
#鼓楼区	18180	19710	22687	24100	25788	28018	179209	218095	260486	154517	41396	100036
台江区	11163	11910	9700	9789	12929	14222	90967	110253	119007	7635	83394	77557
仓山区	15400	16180	18634	5613	14000	15066	96365	113145	150326	139224	139439	133757
晋安区	10000	10510	10655	8839	9755	10544	67441	72680	75522	39448	64439	86765
马尾区	25539	27999	10188	15076	21539	26157	167305	202091	208552	40538	113127	66895
长乐区	7965	3615	3768	8771	11620	13889	88837	104399	23645	19502	24261	69161
福清市	13810	15976	19714	21210	24180	30016	191988	228893	266247	54822	56631	85654
闽侯县	13512	15040	17902	19012	20200	13667	87417	82218	85158	22115	14614	20839
连江县	2027	3785	6823	8575	9094	9877	63175	77921	86771	5397	91071	39878
罗源县	2381	2525	2907	3127	3138	3391	21689	23393	24128	15467	8217	10564
闽清县	222	279	401	425	450	487	3115	3257	3723	5487	3357	3134
永泰县	875	1113	1371	1724	1958	2116	13534	12671	14044	7854	4481	3192
平　潭	650											

主要统计指标解释

进出口总额　海关进出口总额指实际进出我国国境的货物总金额。包括对外贸易实际进出口货物,来料加工装配进出口货物,国家间、联合国及国际组织无偿援助物资和赠送品,华侨、港澳台同胞和外籍华人捐赠品,租赁期满归承租人所有的租赁货物,进料加工进出口货物,边境地方贸易及边境地区小额贸易进出口货物(边民互市贸易除外),中外合资经营企业、中外合作经营企业、外商独资经营企业进出口货物和公用物品,到离岸价格在规定限额以上的进出口货样和广告品(无商业价值、无使用价值和免费提供出口的除外),从保税仓库提取在中国境内销售的进口货物,以及其他进出口货物。我国规定出口货物按离岸价格统计,进口货物按到岸价格统计。

利用外资　指我国各级政府、部门、企业和其他经济组织通过对外借款、吸收外商直接投资以及用其他方式筹措的境外现汇、设备、技术等。

外商投资　指国外及港澳台地区的法人和自然人在中国大陆地区以现金、实物、无形资产、股权等方式进行投资。其中,外商直接投资是指外国投资者在非上市公司中的全部投资及在单个外国投资者所占股权比例不低于10%的上市公司中的投资。

11 价格指数

11-1 主要物价总指数

（1978年=100）

年　份	城市居民消费价格指数	商品零售价格指数
1979		101.2
1980		108.2
1981		109.5
1982		113.8
1983		116.4
1984		120.6
1985		141.3
1986		154.2
1987		171.8
1988		221.6
1989		263.5
1990	102.4	262.2
1991	110.3	276.1
1992	120.2	296.3
1993	143.9	350.2
1994	181.7	435.3
1995	214.8	500.6
1996	233.3	524.1
1997	241.9	528.3
1998	242.6	521.4
1999	240.9	505.8
2000	247.9	498.7
2001	245.2	486.2
2002	245.0	475.5
2003	246.0	464.1
2004	257.2	475.2
2005	265.4	480.4
2006	267.5	479.9
2007	278.7	494.8
2008	290.7	516.6
2009	288.1	508.9
2010	297.3	523.7
2011	311.6	544.6
2012	318.5	550.6
2013	327.1	556.1
2014	333.0	559.4
2015	338.3	556.0
2016	346.8	559.9
2017	351.7	561.6
2018	357.0	570.1
2019	365.9	580.4
2020	374.7	585.0

注:1.本表中商品零售价格指数1990~2000年为全市数据,其他年份为市区数据。
　2.上述年份不全的指数均以开编年份的上一年价格为100。

11-2 主要物价总指数

（上年=100）

年　份	城市居民消费价格指数	商品零售价格指数
1951		108.4
1952		97.2
1957		100.6
1962		101.0
1965		95.6
1970		99.2
1975		100.1
1978		100.3
1979		101.2
1980		106.9
1985		117.2
1990	102.4	99.5
1995	118.2	115.0
2000	102.9	98.6
2001	98.9	97.5
2002	99.9	97.8
2003	100.4	97.6
2004	104.6	102.4
2005	103.2	101.1
2006	100.8	99.9
2007	104.2	103.1
2008	104.3	104.4
2009	99.1	99.1
2010	103.2	102.9
2011	104.8	104.0
2012	102.2	101.1
2013	102.7	101.0
2014	101.8	100.6
2015	101.6	99.4
2016	102.5	100.7
2017	101.4	100.3
2018	101.5	101.5
2019	102.5	101.8
2020	102.4	100.8

注：1.本表中1990年以前零售、消费总指数数据均为市区数据。
2.2001年起商品零售价格总指数为市区数据。

11-3 居民消费价格分类指数(2020年)

(上年=100)

项 目	城 市
居民消费价格总指数	**102.4**
一、食品烟酒	106.8
#食 品	110.1
粮 食	99.5
食用油	102.0
菜	106.0
畜肉类	140.3
禽肉类	102.8
水产品	101.9
蛋 类	90.2
二、衣 着	99.6
三、居 住	100.6
四、生活用品及服务	100.3
五、交通通信	96.7
六、教育文化娱乐	104.0
七、医疗保健	100.0
八、其他用品及服务	104.4

11-4 商品零售价格分类指数(2020年)

(上年=100)

项目	城市
商品零售价格指数	**100.8**
一、食品	108.3
二、饮料、烟酒	96.8
三、服装、鞋帽	99.4
四、纺织品	101.0
五、家用电器及音像器材	98.3
六、文化办公用品	102.1
七、日用品	100.6
八、体育娱乐用品	99.9
九、交通、通信用品	96.6
十、家具	98.4
十一、化妆品	100.3
十二、金银饰品	121.3
十三、中西药品及医疗保健用品	99.4
十四、书报杂志及电子出版物	99.6
十五、燃料	91.1
十六、建筑材料及五金电料	100.2

主要统计指标解释

居民消费价格指数 是度量一组代表性消费商品及服务项目价格水平随着时间而变动的相对数,是反映居民家庭购买并用于消费的商品及服务项目价格水平变动趋势和变动幅度的统计指标。它是分析和制定货币政策、价格政策、居民消费政策、工资政策以及进行国民经济核算的重要依据,其按年度计算的变动率通常被用来作为反映通货膨胀(紧缩)程度的指标。

工业生产者出厂价格指数 反映一定时期内全部工业产品出厂价格总水平的变动趋势和程度的相对数,包括工业企业售给本企业以外所有单位的各种产品和直接售给居民用于生活消费的产品。该指数可以观察出厂价格变动对工业总产值及增加值的影响。

住宅销售价格指数 综合反映住宅商品价格水平总体变化趋势和变化幅度的相对数。全国住宅销售价格指数由70个大中城市的新建住宅销售价格指数和二手住宅销售价格指数组成。新建住宅含保障性住房;新建商品住宅不含保障性住房。

12 财政金融

12-1 主要年份财政收入及支出总额

单位:万元

年份	一般公共预算收入		一般公共预算支出	
	全市	市区	全市	市区
1952	2911	1900	1501	
1957	5654	3957	2823	
1962	9553	6071	2997	
1965	10039	6991	4233	
1970	13052	10544	6832	
1975	16454	13465	8834	
1978	24042	19395	12848	
1979	22754	18179	15139	
1980	26401	21191	14464	
1981	27007	21660	15996	
1982	27902	21258	19163	
1983	30441	21916	20214	
1984	33027	25211	23504	
1985	51403	42215	39153	
1986	59296	47000	47064	
1987	68027	52651	52766	
1988	83294	62608	67545	38900
1989	100509	73624	78579	46590
1990	109448	77937	82816	46874
1991	119982	83846	95044	53929
1992	140189	98883	116521	67717
1993	213876	154241	166165	100726
1994	209931	148598	218231	136688
1995	258210	177692	274524	173813
1996	301576	205303	351845	229028
1997	350492	240490	356722	232799
1998	425350	299683	422864	266142
1999	500927	342630	485320	298161
2000	553534	379777	540439	339490
2001	685594	486041	633398	398452
2002	704395	473016	684145	416347
2003	836582	553535	822748	486663
2004	1071070	734463	951458	563094
2005	1276777	871658	1189934	712767
2006	1525163	1036616	1423025	834788
2007	1465641	1020567	1430922	839360
2008	1688559	1132545	1781952	993916
2009	1952612	1264771	2050925	1067934
2010	2478206	1612563	2624208	1261659
2011	3200356	2023382	3633008	1664033
2012	3820151	2301127	4107344	1769500
2013	4539690	2689062	5338424	2525064
2014	5108707	2992262	5748081	2468387
2015	5604635	3378849	7259345	3260059
2016	5989113	3572049	8299274	3806942
2017	6341633	4080478	9388572	5039172
2018	6803797	4072558	9247552	4767964
2019	6680760	3915393	9497604	4634130
2020	6756083	3786911	9514035	4611924

12-2 财政收入主要指标

单位:万元

项　　目	2010 年	2011 年	2012 年	2013 年	2014 年
一般公共预算收入	**2478206**	**3200356**	**3820151**	**4539690**	**5108707**
增值税	251099	291191	347978	463077	570635
营业税	736861	895716	1102551	1259860	1189725
企业所得税	313955	404238	507810	589336	740013
个人所得税	154288	190076	191075	231932	260233
资源税	2792	2496	2473	2300	8180
城市维护建设税	94267	153560	183040	207478	218760
房产税	81276	97719	97558	149351	150617
印花税	45120	58747	59901	75513	78077
城镇土地使用税	53605	55958	45605	83698	67844
土地增值税	186659	323493	386526	549507	622072
车船税	13766	16544	25129	30730	35171
耕地占用税	24159	46949	59925	46409	70210
契　税	194050	238768	138792	232269	262428
环境保护税					
其他税收收入					
专项收入	46526	74418	85920	98573	100945
行政事业性收费收入	102509	127125	151573	190788	212801
罚没收入	47170	57369	72141	67609	85194
国有资本经营收入	55549	69730	131625	71573	124402
国有(资源)资产有偿使用收入	69791	82562	204899	167233	264992
捐赠收入					
政府住房基金收入					
其他收入	4764	13697	25630	22454	46408
政府性基金收入	4195406	5314329	3113915	5095310	5252341

12-2 续表 单位:万元

项目	2015年	2016年	2017年	2018年	2019年	2020年
一般公共预算收入	**5604635**	**5989113**	**6341633**	**6803797**	**6680760**	**6756083**
增值税	584399	1105992	1525483	1809165	1838682	1873846
营业税	1247305	565742	5044	2451		
企业所得税	821341	905241	898991	976535	943425	801768
个人所得税	299815	353531	441560	465384	388228	566043
资源税	3213	2682	8882	11779	2612	2372
城市维护建设税	248228	271715	245486	287731	290964	297448
房产税	156979	182295	209708	232515	232426	184943
印花税	80880	89637	101420	110451	112159	124326
城镇土地使用税	65691	75329	97515	88754	64810	49697
土地增值税	508975	632291	933349	682507	636954	536444
车船税	39791	43215	46441	52234	58400	63328
耕地占用税	45159	25790	31638	41372	44850	31181
契 税	308341	255090	292524	274243	299456	320130
环境保护税				2252	3405	3353
其他税收收入			14	0	1242	672
专项收入	288954	464530	503726	620811	574232	786551
行政事业性收费收入	142317	154695	96079	176373	110579	114953
罚没收入	72130	125816	134351	155340	260049	225563
国有资本经营收入	278060	228250	190860	175174	52648	73095
国有(资源)资产有偿使用收入	366196	396953	452383	488989	660001	558426
捐赠收入		4381	5702	4814	881	2912
政府住房基金收入		39970	24118	39981	40000	39964
其他收入	46861	65968	96359	104942	64757	99068
政府性基金收入	4020743	6151368	6740074	10454592	10090656	13120182

12-3 财政支出主要指标

单位：万元

项　　目	2010年	2011年	2012年	2013年	2014年
一般公共预算支出	**2624208**	**3633008**	**4107344**	**5338424**	**5748081**
一般公共服务支出	304557	374367	453581	517438	463311
外交支出					
国防支出	6673	9416	13412	19647	12050
公共安全支出	193636	252845	275611	324067	327400
教育支出	559878	713825	957850	1081133	1206466
科学技术支出	41759	49275	64780	86258	93278
文化旅游体育与传媒支出	39185	59263	76458	100835	122186
社会保障和就业支出	262489	362696	384223	439851	509560
卫生健康支出	181654	276710	310077	379715	530736
节能环保支出	42909	62266	65834	74732	133331
城乡社区支出	245784	362925	458111	920065	807993
农林水支出	147086	291350	298982	379070	361467
交通运输支出	65554	279739	216383	185829	302428
资源勘探信息等支出	69998	97377	121486	229206	177695
商业服务业等支出	66295	89169	87113	100611	111129
金融支出	60	2542	719	3806	7080
援助其他地区支出				2368	5421
自然资源海洋气象等支出	26861	33870	30263	46971	137185
住房保障支出	51628	92261	77993	104905	231316
粮油物资储备支出	13291	13847	16533	24250	26093
灾害防治及应急管理支出					
其他支出	297362	204426	177484	255947	147365
债务付息支出				61720	34591
债务发行费用支出					
政府性基金支出	**3183141**	**5579487**	**3476974**	**5149274**	**4949219**

注：2019年文化旅游体育与传媒支出、卫生健康支出、自然资源海洋气象等支出、灾害防治及应急管理支出因机构改革和预算管理工作需要，科目有修订，下同。

12-3 续表 单位:万元

项 目	2015年	2016年	2017年	2018年	2019年	2020年
一般公共预算支出	**7259345**	**8299274**	**9388572**	**9247552**	**9497604**	**9514035**
一般公共服务支出	484233	575353	684847	780911	896747	841006
外交支出	3500			0	0	0
国防支出	16385	17373	10901	12972	13904	11663
公共安全支出	382917	471047	511113	534700	494356	504380
教育支出	1351744	1530806	1557755	1659184	1819641	1851895
科学技术支出	100554	112461	196765	290765	287913	432935
文化旅游体育与传媒支出	146966	173803	187333	137363	197191	213570
社会保障和就业支出	651435	717424	796883	878383	1030572	1192794
卫生健康支出	580040	620287	755334	839612	857275	940707
节能环保支出	123638	197500	257897	182796	264166	286670
城乡社区支出	1328111	1860149	2102376	1686401	1593546	1026582
农林水支出	602675	621048	914002	749954	650620	618302
交通运输支出	360100	233497	279713	278721	204824	332292
资源勘探信息等支出	192130	238274	294509	315810	260444	270481
商业服务业等支出	110367	120723	150631	111134	111891	190412
金融支出	12460	32594	78725	10322	4134	17718
援助其他地区支出	4827	9641	16412	4151	13042	15109
自然资源海洋气象等支出	76055	91264	90839	115526	100755	87925
住房保障支出	156744	186989	131474	269117	183932	214820
粮油物资储备支出	36994	33252	26697	26697	35588	30390
灾害防治及应急管理支出					59446	56297
其他支出	475942	339260	225738	170237	243656	193654
债务付息支出	60395	115319	116738	192130	173404	183346
债务发行费用支出	1133	1210	1890	666	557	1087
政府性基金支出	**4546590**	**5010573**	**6924753**	**10901879**	**12864575**	**14785133**

12-4 按县(市)区分财政收入主要指标

(2020年) 单位:万元

项 目	福州市	市 区							
			市本级	鼓楼区	台江区	仓山区	晋安区	马尾区	长乐区
一般公共预算总收入	**11083620**	**6145541**	**3490873**	**515618**	**249880**	**410338**	**335823**	**315682**	**827329**
一般公共预算收入	6756083	3786911	2094483	308384	161929	271630	228809	209996	511680
税收收入	4855551	2793889	1529531	254703	125672	207012	168396	133808	374767
增值税	1873846	992905	469259	90274	44443	86350	69052	57735	175792
营业税		0							
企业所得税	801768	491873	249269	77973	29005	34905	25308	30359	45054
个人所得税	566043	235869	189432		0			1555	44882
资源税	2372	478	0	83	3	0	7	4	381
城市维护建设税	297448	200326	119081	14963	8303	13252	14970	10039	19718
房产税	184943	128790	24372	27622	18050	18725	14963	9624	15434
印花税	124326	82105	13307	16075	7721	12058	9904	11613	11427
城镇土地使用税	49697	29652	2670	4142	1827	6266	5056	4658	5033
土地增值税	536444	367800	228942	23222	16227	35177	29063	8146	27023
车船税	63328	42871	39797	0	0	0	0	32	3042
耕地占用税	31181	13059	1096	0	0			0	11963
契 税	320130	206272	191580	4	0			3	14685
环境保护税	3353	977	34	75	29	253	66	40	480
其他税收收入	672	912	692	270	64	26	7	0	-147
非税收入	1900532	993022	564952	53681	36257	64618	60413	76188	136913
专项收入	786551	482549	356383	5681	3290	5308	6068	28734	77085
行政事业性收费收入	114953	77811	48682	3577	2645	6469	4774	2229	9435
罚没收入	225563	90679	66934	1153	739	1930	2693	5019	12211
国有资本经营收入	73095	59426	0	16087	429	671	870	28369	13000
国有资源(资产)有偿使用收入	558426	160899	40316	26707	26603	29903	7063	6392	23915
捐赠收入	2912	2400	0	0	0	0	2400	0	0
政府住房基金收入	39964	34110	32897	0	0	0	0	303	910
其他收入	99068	85148	19740	476	2551	20337	36545	5142	357
上划中央收入	4327537	2358630	1396390	207234	87951	138708	107014	105686	315649
政府性基金收入	**13120182**	**9980993**	**8938788**	**0**	**0**	**0**	**0**	**178213**	**863992**

注:马尾区统计口径包含琅岐经济区及保税区,上划中央消费税包含成品油消费税。

12-4 续表 (2020 年) 单位:万元

项目	福清市	闽侯县	连江县	罗源县	闽清县	永泰县	平潭
一般公共预算总收入	**1552560**	**1260547**	**568652**	**153993**	**290059**	**204232**	**908038**
一般公共预算收入	912635	781411	347596	96769	160106	124619	546036
税收收入	668443	499821	241182	83064	134378	90693	344081
增值税	252898	236258	112871	23743	93413	45253	116505
营业税							
企业所得税	93666	76294	31783	17514	14051	19463	57124
个人所得税	149648	27534	37287	3968	9492	2605	99640
资源税	139	863	561	8	38	225	60
城市维护建设税	33049	24922	7278	2766	6694	3664	18749
房产税	19200	19864	4976	6477	1654	1128	2854
印花税	14912	9320	4422	2901	1747	1872	7047
城镇土地使用税	6644	4291	1901	1138	897	247	4927
土地增值税	54244	48250	16229	15646	659	8494	25122
车船税	7480	2718	3795	623	2405	536	2900
耕地占用税	7679	4001	2095	142	690	3515	0
契税	28531	45528	17577	7145	2287	3655	9135
环境保护税	401	78	468	1018	351	36	24
其他税收收入	-48	-100	-61	25	0	0	-6
非税收入	244192	281590	106414	13705	25728	33926	201955
专项收入	43252	103632	39676	3924	14287	12962	86269
行政事业性收费收入	9577	11634	5034	2291	1971	1023	5612
罚没收入	23368	9084	34778	3285	2540	1572	60257
国有资本经营收入	933	5257	7105	274	0	100	0
国有资源(资产)有偿使用收入	160111	150735	17420	3367	3296	13927	48671
捐赠收入	180	304	0	28	0	0	0
政府住房基金收入	1125	907	145	120	2706	53	798
其他收入	5646	37	2256	416	928	4289	348
上划中央收入	639925	479136	221056	57224	129953	79613	362002
政府性基金收入	**1061762**	**1419812**	**244770**	**19415**	**181889**	**90917**	**120624**

12-5 按县(市)区分财政支出主要指标

(2020年) 单位:万元

项 目	福州市	市 区	市本级	鼓楼区	台江区	仓山区	晋安区	马尾区	长乐区
一般公共预算支出	**9514035**	**4611924**	**2139816**	**354892**	**224692**	**361315**	**346721**	**401156**	**783332**
一般公共服务支出	841006	436978	162793	45834	32542	53462	32925	48490	60932
外交支出	0	0	0	0	0	0	0	0	0
国防支出	11663	5422	2106	429	516	536	596	517	722
公共安全支出	504380	309018	208844	6148	12111	6474	11339	21847	42255
教育支出	1851895	957072	398099	101475	63206	100875	71193	73797	148427
科学技术支出	432935	149823	68830	14278	5773	10162	8881	17105	24794
文化旅游体育与传媒支出	213570	148291	93718	5592	3305	4399	5169	9588	26520
社会保障和就业支出	1192794	640834	312583	64478	34340	44926	52331	30931	101245
卫生健康支出	940707	528171	296209	27110	22044	38201	41555	23976	79076
节能环保支出	286670	181667	138068	2025	2061	2068	6860	4151	26434
城乡社区支出	1026582	388422	116307	28327	27650	52850	49933	49562	63793
农林水支出	618302	176039	52315	6475	5600	11497	22278	13774	64100
交通运输支出	332292	130296	92009	16	209	92	3442	10424	24104
资源勘探信息等支出	270481	113963	13868	13407	3143	11176	7672	39397	25300
商业服务业等支出	190412	65597	9445	11684	5514	7129	5919	14793	11113
金融支出	17718	10640	2954	2464	82	378	107	2343	2312
援助其他地区支出	15109	8373	7272	0	0	0	0	857	244
自然资源海洋气象等支出	87925	40216	10239	660	965	1255	1642	2820	22635
住房保障支出	214820	107249	54188	20018	3292	8730	13512	4661	2848
粮油物资储备支出	30390	17148	14725	0	0	0	0	853	1570
灾害防治及应急管理支出	56297	30183	18722	1200	1308	2201	2061	3195	1496
其他支出	193654	78239	3340	82	0	829	6829	21519	45640
债务付息支出	183346	87860	62924	3166	1020	4049	2463	6522	7716
债务发行费用支出	1087	423	258	24	11	26	14	34	56
政府性基金支出	**14785133**	**10772576**	**9320305**	**218013**	**34557**	**83173**	**75102**	**240438**	**800988**

注:马尾区统计口径包含琅歧经济区及保税区。

12-5 续表 (2020年) 单位:万元

项目	福清市	闽侯县	连江县	罗源县	闽清县	永泰县	平潭
一般公共预算支出	**1190642**	**987956**	**787115**	**281661**	**351683**	**342520**	**960534**
一般公共服务支出	81266	79434	57956	31969	28100	36663	88640
外交支出	0	0	0	0	0	0	0
国防支出	881	937	1147	1150	290	385	1451
公共安全支出	46183	41787	31053	13986	16887	12021	33445
教育支出	269253	194008	164616	51017	65668	60680	89581
科学技术支出	19001	37742	7446	2196	1208	1273	214246
文化旅游体育与传媒支出	13319	10297	8311	4051	4090	7668	17543
社会保障和就业支出	136119	90514	83939	41691	53261	58941	87495
卫生健康支出	130758	82985	50624	21228	27573	25386	73982
节能环保支出	15471	27695	16265	7663	8034	6555	23320
城乡社区支出	104909	202070	33610	19273	46322	36361	195615
农林水支出	87086	69182	92069	57038	45203	59391	32294
交通运输支出	22772	12007	112425	7541	16743	9351	21157
资源勘探信息等支出	31022	20800	75255	7915	7316	1569	12641
商业服务业等支出	86411	30658	2358	651	704	609	3424
金融支出	2293	3710	14	290	12	52	707
援助其他地区支出	244	520	5972	0	0	0	0
自然资源海洋气象等支出	4711	11978	9457	3004	7814	4047	6698
住房保障支出	40531	32836	1210	3627	898	5505	22964
粮油物资储备支出	4756	2385	1198	1874	853	176	2000
灾害防治及应急管理支出	4266	4810	3012	1287	5666	4751	2322
其他支出	63052	22500	15710	444	7344	3182	3183
债务付息支出	26232	9039	13411	3733	7660	7860	27551
债务发行费用支出	106	62	57	33	37	94	275
政府性基金支出	**1197062**	**1572248**	**344773**	**42643**	**218321**	**161387**	**476123**

12-6 主要年份金融机构存贷款与现金收支

（1978-2020年）

单位:万元

年　份	存款余额	#居民储蓄	贷款余额	现金收入	现金支出	现金投放(+)回笼(-)
1978	77601	18146	91467			
1979	87455	21716	110420			
1980	151201	29903	138097			
1981	192536	41758	162162			
1982	235293	54044	187095			
1983	265148	70007	204568			
1984	440563	92956	291742	144450	137737	-6713
1985	289820	123555	302934	383319	375659	-7660
1986	378241	166508	366741	462191	456342	-5849
1987	452925	215917	418577	646827	633915	-12912
1988	484704	235407	469953	978225	971666	-6559
1989	618937	350188	559900	1247421	1159087	-88334
1990	854105	518540	677153	1465438	1334921	-130517
1991	1133491	688703	788927	1800124	1684068	-116056
1992	1568301	906030	995055	2605957	2493969	-111988
1993	1817095	1055894	1346071	4282713	4232547	-50166
1994	2566545	1593746	1562959	6604709	6357429	-247280
1995	3971395	2319383	2360780	9698914	9474265	-224649
1996	5184852	3195935	2956459	14524717	14421509	-103208
1997	6078105	3783654	3777974	26480153	26556120	75967
1998	6875763	4355716	4196271	32797002	33003793	206791
1999	9906340	5030220	7970215	37992443	38200333	207890
2000	10338457	4844713	8830450	48839192	48872901	33709
2001	12510171	5590916	11571483	65356687	65345969	-10718
2002	13905993	7106162	11577911	52134542	52131880	-2662
2003	16964051	8762245	13672072	56542003	56509394	-32609
2004	20188730	9962729	15559772	67938302	67730873	-207428
2005	23757542	11550362	17727789	64996351	64815137	-181213
2006	28962492	13113823	21795935	70321239	70074039	-247199
2007	32901090	13753667	26404521	76664702	76248330	-416372
2008	38587590	17098954	30782212	63226947	62801264	-425683
2009	47405776	20475958	40543634	59722733	59318140	-404594
2010	59094203	23269619	49539105	62866429	62558717	-307712
2011	67069357	25422699	58354307			-406530
2012	76357112	29299210	66445336			-233064
2013	87202642	32123554	77387392			61399
2014	94132422	33910117	92877646			-18621
2015	108314943	35200244	105837116			132162
2016	120243795	38699364	120637956			321895
2017	130558969	40639581	132527287			130218
2018	137518581	43851887	148437980			238778
2019	152935811	60255752	170359469			261550
2020	172956197	69503167	192063279			711147

注:1.本表为中资金融机构的人民币数据,下同。
2.2011年起取消现金收支情况表。
3.2019年起不再提供储蓄存款口径的数据,改用住户存款。

12-7 金融机构信贷资金来源与资金运用

单位：万元

项目	2015 年	2016 年	2017 年	2018 年	2019 年	2020 年
资金来源总计	**126255365**	**140187965**	**149680481**	**161964056**	**184564406**	**207492642**
一、各项存款	108314943	120243795	130558969	137518581	152935811	172956197
境内存款	107099650	118924430	129136796	136031375	151156373	170907564
住户存款	36832649	40850393	43828108	50511385	60255752	69503167
非金融企业存款	40310099	45673794	46839972	45292259	46868506	53900588
广义政府存款	20876460	23700509	27226921	28687944	31456961	31007916
非银行业金融机构存款	9080442	8699735	11241795	11539788	12575154	16495893
境外存款	1215293	1319365	1422174	1487206	1779438	2048633
二、金融债券	540738	440549	461155	630834	980737	1269363
三、卖出回购资产	80000	49130	20000	121404	383531	171295
四、借款及非银行业金融机构拆入	5749		2004	89300	249000	
五、联行往来(净)	10645818	7718880	8581113	13341800	21075756	26666650
六、应付及暂收款	2471486	2287838	2260829	2277924	2445162	2835556
七、各项准备	2675884	3123257	3527434	3766747	3755379	3867728
八、所有者权益	1945779	2424481	3512659	4826811	5427831	6168647
# 实收资本	1389807	1474541	1931888	2007627	2757477	2836308
九、其　他	-425032	3900037	756318	-609345	-2688802	-6442794

注：本表机构包括中国人民银行、银行业存款类金融机构、银行业非存款类金融机构。

12-7 续表 单位:万元

项 目	2015 年	2016 年	2017 年	2018 年	2019 年	2020 年
资金运用总计	**126255365**	**140187965**	**149680481**	**161964056**	**184564406**	**207492642**
一、各项贷款	105837116	120637956	132527287	148437980	170359469	192063279
境内贷款	105698304	120464413	132188626	148089349	169816688	191709353
住户贷款	37772883	43962293	49402117	55174910	65620265	77318902
非金融企业及机关团体贷款	67823498	76499635	82780497	92853318	104117521	114350549
非银行业金融机构贷款	101923	2485	6012	61120	78902	39902
境外贷款	138811	173543	338661	348631	542781	353926
二、债券投资	7503645	6775036	5737314	5572782	6803612	7973780
三、股权及其他投资	9700377	10317986	8690179	5178231	4622668	4841280
四、买入返售资产	826117	163594	134496	593807	374127	9897
五、存放非银行业金融机构款项	50330	1790	1141	4529	3078	3320
六、联行往来(净)						
七、金银占款						
八、外汇买卖	62496					
九、应收及预付款	1196036	1133458	1420595	1004685	1198003	1367839
十、投资性房地产			1240	8690	11840	11840
十一、固定资产	1079249	1158144	1168230	1163353	1191609	1221407

12-8 按县(市)区分金融机构信贷资金主要指标

(2020年) 单位:万元

项目	福州市	市区	福清市	闽侯县	连江县
金融机构各项存款余额	**172956197**	**133731448**	**15632978**	**7088533**	**5104967**
境内存款	170907564	132295011	15271474	7037017	4948773
住户存款	69503167	44313801	10625492	3939977	3592464
非金融企业存款	53900588	46561599	2760589	1395266	654561
广义政府存款	31007916	25191616	1885094	1500768	701707
非银行业金融机构存款	16495893	16227995	299	201006	41
境外存款	2048633	1436438	361504	51516	156194
金融机构各项贷款余额	**192063279**	**156875604**	**11921820**	**5953523**	**5553244**
境内贷款	191709353	156587965	11883101	5945617	5547877
住户贷款	77318902	52775604	7214757	4432780	3887553
非金融企业及机关团体贷款	114350549	103772459	4668344	1512837	1660324
非银行业金融机构贷款	39902	39902			
境外贷款	353926	287639	38719	7906	5367

注:2017年起市区含长乐。

12-8 续表 (2020年) 单位:万元

项目	罗源县	闽清县	永泰县	平潭
金融机构各项存款余额	**1665140**	**2006633**	**1981689**	**5744808**
境内存款	1661038	1998720	1979382	5716149
住户存款	1103810	1522946	1226253	3178424
非金融企业存款	267631	270074	387250	1603618
广义政府存款	289597	205700	365879	867555
非银行业金融机构存款				66552
境外存款	4102	7913	2307	28659
金融机构各项贷款余额	**2131477**	**1145032**	**1689087**	**6793492**
境内贷款	2130998	1144753	1688748	6780294
住户贷款	1660432	933306	1392172	5022298
非金融企业及机关团体贷款	470566	211447	296576	1757996
非银行业金融机构贷款				
境外贷款	479	279	339	13198

主要统计指标解释

一般公共预算收入 属于地方财政的收入包括营业税,地方企业所得税,个人所得税,城镇土地使用税,固定资产投资方向调节税,城镇维护建设税,房产税,车船使用税,印花税,屠宰税,牧业税,耕地占用税,契税,增值税25%部分,证券交易税(印花税)50%部分和除海洋石油资源税以外的其他资源税。

一般公共预算支出 包括地方行政管理和各项事业费,地方统筹的基本建设、技术改造支出,支援农村生产支出,城市维护和建设经费,价格补贴支出等。

存款 指机构和个人在保留资金或货币所有权条件下,以不可流通的存款凭证为依据,暂时让渡或接受资金使用权所形成的债权或债务。

贷款 指机构或个人在保留资金或货币所有权的条件,以不可流通的贷款凭证或类似凭证为依据,暂时让渡或接受资金使用权所形成的债权或债务。

13 人民生活

13-1　人民生活基本情况

项　　目	单位	2014年	2015年	2016年	2017年	2018年	2019年	2020年
就　业								
城镇居民家庭每户平均人口	人	2.97	3.07	3.18	3.16	3.18	3.21	3.2
城镇居民家庭每户平均就业人口	人	1.45	1.47	1.50	1.47	1.33	1.35	1.32
城镇居民家庭每户平均就业面	%	48.82	47.88	47.17	46.5	41.8	41.9	41.1
城镇居民家庭每一就业者平均负担人数	人	2.05	2.09	2.12	2.15	2.39	2.39	2.43
农村居民家庭每户平均常住人口	人	2.96	2.99	3.23	3.23	2.98	2.96	2.94
农村居民家庭每户整半劳动力	人	1.00	2.17	2.32	2.33	2.07	2.03	2.09
农村居民家庭每一劳动力平均负担人数	人	1.47	1.38	1.39	1.39	1.44	1.46	1.41
城镇登记失业率	%	2.42	2.44	2.43	2.40			
收入与支出								
城镇居民人均可支配收入	元	32451	34982	37833	40973	44457	47920	49300
城镇居民人均消费支出	元	23330	24825	26392	27427	29849	32662	32019
农村居民人均可支配(纯)收入	元	14012	15203	16346	17865	19419	21320	22669
农村居民人均消费支出	元	12166	13152	14033	15283	16250	17711	17713
生活质量								
居住条件								
城镇居民人均现住房建筑面积	平方米	41.36	42.54	41.68	42.28	51.56	51.53	51.45
农村居民人均现住房建筑面积	平方米	65.56	67.30	65.73	66.51	91.07	92.56	93.11
城市公用设施								
人均公园绿地面积	平方米	12.90	13.50	14.10	14.74	15.05		

注:根据国家统计局制定的城乡住户调查一体化改革方案,福州市从2014年起发布住户收支与生活状况调查新口径数据。此调查方案,在调查范围、指标口径、指标名称上与原城乡住户调查制度有所不同。其中,农民收入2013年及以前为纯收入,2014年起为可支配收入,后同。

13-2 城乡居民家庭人均收入

(1978-2020年)

年份	城镇居民人均可支配收入		农村居民人均可支配(纯)收入	
	数值(元)	比上年增长(%)	数值(元)	比上年增长(%)
1978	295	3.15	129	21.70
1979	304	3.05	131	1.55
1980	314	3.29	135	3.05
1981	346	10.19	187	38.52
1982	415	19.94	221	18.18
1983	450	8.43	287	29.86
1984	506	12.44	349	21.60
1985	678	33.99	423	21.20
1986	829	22.27	463	9.46
1987	888	7.12	535	15.55
1988	1079	21.51	689	28.79
1989	1332	23.45	795	15.38
1990	1537	15.39	864	8.68
1991	1639	6.64	969	12.15
1992	2273	38.67	1109	14.45
1993	2769	21.85	1387	25.07
1994	4108	48.34	1801	29.85
1995	4896	19.18	2303	27.87
1996	5545	13.25	2847	23.62
1997	6417	15.73	3223	13.21
1998	6857	6.85	3490	8.28
1999	7098	3.52	3677	5.36
2000	7944	11.92	3860	4.98
2001	8675	9.20	4020	4.15
2002	9147	5.44	4192	4.28
2003	10123	10.66	4402	5.01
2004	11436	12.98	4815	9.38
2005	12661	10.71	5197	7.93
2006	14206	12.21	5592	7.60
2007	16642	17.14	6286	12.41
2008	19009	16.00	7142	13.62
2009	20289	9.10	7669	7.38
2010	22723	11.99	8543	11.40
2011	26050	14.64	10107	18.30
2012	29399	12.85	11492	13.70
2013	32265	9.75	12910	12.34
2014	32451	9.41	14012	11.20
2015	34982	7.80	15203	8.50
2016	37833	8.20	16346	7.50
2017	40973	8.30	17865	9.30
2018	44457	8.50	19419	8.70
2019	47920	7.80	21320	9.80
2020	49300	2.90	22669	6.30

13-3 主要年份城镇居民家庭基本情况

年　份	户　均 家庭人口 （人）	户　均 就业人数 （人）	户　均 就业面 （%）	平均每一就业 者负担人数 （人）	人　均 可支配收入 （元）	人　均 消费支出 （元）	人均现住房 建筑面积 （平方米）
1952	5.62	1.87	33.3	3.01	104	98	5.7
1957	5.37	2.22	41.3	2.42	152	141	6.1
1959	5.29	2.22	42.0	2.38	177	164	6.5
1962	4.94	2.26	45.7	2.19	168	158	6.8
1963	4.94	2.27	46.0	2.18	199	155	6.8
1964	4.93	2.28	46.2	2.16	177	167	6.9
1965	4.91	2.29	46.6	2.14	197	185	7.0
1966	4.89	2.29	46.8	2.14	203	191	7.2
1975	4.01	2.02	50.4	1.99	268	260	8.0
1978	3.90	2.02	51.8	1.93	295	288	8.2
1980	3.81	2.00	52.5	1.91	314	308	8.5
1981	3.75	2.00	53.3	1.88	346	316	8.6
1982	3.72	2.01	54.0	1.85	415	379	8.7
1983	3.68	2.00	54.3	1.84	450	402	8.7
1984	3.65	2.01	55.1	1.82	506	453	8.8
1985	3.62	2.00	55.2	1.81	678	638	8.8
1986	3.60	2.00	55.6	1.80	829	771	8.9
1987	3.56	2.02	56.7	1.76	888	845	9.0
1988	3.52	2.02	57.4	1.74	1079	1023	9.0
1989	3.50	2.01	57.4	1.74	1332	1242	9.2
1990	3.44	2.02	58.7	1.70	1537	1381	9.3
1991	3.47	2.00	57.6	1.74	1639	1522	9.3
1992	3.45	2.02	58.6	1.71	2273	1820	9.4
1993	3.39	2.00	59.0	1.70	2769	2281	11.6
1994	3.19	1.90	59.6	1.68	4108	3338	11.6
1995	3.17	1.84	58.0	1.72	4896	4021	11.6
1996	3.21	1.88	58.6	1.71	5545	4307	12.1
1997	3.21	1.88	58.6	1.71	6417	5150	12.4
1998	3.19	1.88	58.9	1.70	6857	5459	12.4
1999	3.23	1.86	57.6	1.74	7098	5364	12.5
2000	3.20	1.80	56.3	1.78	7944	6009	12.6
2001	3.23	1.82	56.3	1.77	8675	6213	14.9
2002	3.11	1.66	53.4	1.87	9147	6635	23.1
2003	3.12	1.69	54.2	1.85	10123	7347	24.8
2004	3.11	1.55	49.8	2.01	11436	8042	25.5
2005	3.11	1.58	50.8	1.97	12661	8382	25.7
2006	3.14	1.68	53.5	1.87	14206	9595	25.9
2007	3.10	1.68	54.2	1.85	16642	11790	26.8
2008	3.10	1.63	52.6	1.90	19009	13541	28.1
2009	3.14	1.66	52.9	1.89	20289	14105	30.4
2010	3.08	1.69	54.9	1.82	22723	15778	31.2
2011	3.11	1.62	52.1	1.92	26050	17847	33.2
2012	3.15	1.69	53.7	1.86	29399	20040	32.4
2013	2.90	1.45	50.0	2.00	32265	21695	37.0
2014	2.97	1.45	48.8	2.05	32451	23330	41.4
2015	3.07	1.47	47.9	2.09	34982	24825	42.5
2016	3.18	1.50	47.2	2.12	37833	26392	41.7
2017	3.16	1.47	46.5	2.15	40973	27427	42.3
2018	3.18	1.33	41.8	2.39	44457	29849	51.6
2019	3.21	1.35	41.9	2.39	47920	32662	51.5
2020	3.20	1.32	41.1	2.43	49300	32019	51.5

13-4 城镇居民人均收支情况

单位:元

项目	2014年	2015年	2016年	2017年	2018年	2019年	2020年
一、可支配收入	**32451**	**34982**	**37833**	**40973**	**44457**	**47920**	**49300**
工资性收入	20516	21956	23619	25356	28054	30288	31101
经营净收入	2861	3128	3408	3654	3912	4123	4238
财产净收入	4015	4355	4738	5468	5769	6436	6662
转移净收入	5059	5543	6067	6495	6722	7073	7299
二、消费支出	**23330**	**24825**	**26392**	**27427**	**29849**	**32662**	**32019**
食品烟酒	7595	8081	8704	9017	9530	10253	10018
衣　着	1791	1812	1474	1430	1535	1634	1586
居　住	5944	6320	7360	8031	9129	10216	11468
生活用品及服务	1504	1647	1363	1333	1398	1442	1355
交通与通信	2699	2891	3022	3264	3660	3773	3125
教育文化娱乐	2403	2570	2866	2806	3026	3439	2582
医疗保健	848	936	1084	962	1110	1310	1129
其他用品及服务	545	568	518	584	461	594	756

13-5　按县(市)区分城镇居民人均收支情况

(2020年)

县(市)区	人均可支配收入(元)	比上年增长(%)	人均消费支出(元)	比上年增长(%)
福州市	**49300**	**2.9**	**32019**	**-2.0**
鼓楼区	58160	3.0	38167	-1.9
台江区	53912	2.9	34996	-2.0
仓山区	45916	3.2	30233	-1.7
晋安区	49670	2.8	32160	-2.1
马尾区	54653	2.9	35994	-2.0
长乐区	50670	2.9	31752	-2.0
福清市	49967	2.9	32613	-2.0
闽侯县	46538	3.0	28649	-1.9
连江县	40563	3.5	25403	-1.4
罗源县	36790	2.9	22940	-2.0
闽清县	35151	2.7	22427	-2.2
永泰县	34285	2.4	21628	-2.5
平　潭	43278	3.9	27645	-1.0

13-6 农村居民家庭基本情况

(1989-2020年)

年份	户均常住人口(人)	户均整半劳动力(人)	平均每个劳力负担人口(人)	人均可支配(纯)收入(元)	人均消费支出(元)	人均现住房建筑面积(平方米)
1989	5.26	2.65	1.99	795	699	
1990	5.13	2.54	2.02	864	765	
1991	5.10	2.53	2.01	969	808	
1992	5.04	2.57	1.96	1109	891	
1993	4.88	2.98	1.63	1387	1141	
1994	4.83	3.02	1.59	1801	1434	21.3
1995	4.77	2.97	1.60	2303	1818	23.2
1996	4.72	3.01	1.57	2847	2063	24.6
1997	4.57	2.99	1.53	3223	2329	25.5
1998	4.51	3.02	1.49	3490	2247	26.3
1999	4.46	2.94	1.52	3677	2420	28.3
2000	4.01	2.70	1.48	3860	2921	34.3
2001	3.98	2.42	1.65	4020	2746	34.3
2002	3.90	2.61	1.49	4192	2811	38.0
2003	3.90	2.60	1.95	4402	2968	40.4
2004	3.90	2.60	1.90	4815	3217	41.8
2005	3.80	2.61	1.92	5197	3503	41.5
2006	3.81	2.67	1.53	5592	3904	45.5
2007	3.79	2.67	1.42	6286	4388	46.1
2008	3.78	2.66	1.42	7142	5080	46.9
2009	3.80	2.66	1.43	7669	5502	47.0
2010	3.80	2.71	1.40	8543	6071	45.4
2011	3.80	2.67	1.43	10107	7353	47.9
2012	3.80	2.64	1.44	11492	8336	48.4
2013	3.70	2.39	1.55	12910	9311	49.6
2014	2.96	2.02	1.47	14012	12166	65.6
2015	2.99	2.17	1.38	15203	13152	67.3
2016	3.23	2.32	1.39	16346	14033	65.7
2017	3.23	2.33	1.39	17865	15283	66.5
2018	2.98	2.07	1.44	19419	16250	91.1
2019	2.96	2.03	1.46	21320	17711	92.6
2020	2.94	2.09	1.41	22669	17713	93.1

13-7　农村居民人均收支情况

项　　目	2019年		2020年	
	数　值（元）	比上年增长（%）	数　值（元）	比上年增长（%）
可支配收入	**21320**	**9.8**	**22669**	**6.3**
工资性收入	11259	9.3	11992	6.5
经营净收入	5319	7.9	5525	3.9
财产净收入	1120	13.8	1197	6.8
转移净收入	3622	13.2	3955	9.2
消费支出	**17711**	**9.0**	**17713**	**0.0**
食品烟酒	6525	7.3	6524	0.0
衣着	1078	9.5	1118	3.7
居住	4198	8.7	4313	2.7
生活用品及服务	1333	4.2	1240	-7.0
交通通信	1544	3.0	1416	-8.3
教育文化娱乐	1455	13.5	1545	6.2
医疗保健	1050	26.2	1087	3.5
其他用品及服务	528	22.8	471	-10.8

注：比上年增长使用同口径对比。

13-8 按县(市)区分农村居民人均收支情况

(2020年)

县(市)	人均可支配收入(元)	比上年增长(%)	人均消费支出(元)	比上年增长(%)
福州市	**22669**	**6.3**	**17713**	**0.0**
晋安区	23184	6.4	14953	0.1
马尾区	29323	6.2	23276	-0.1
长乐区	25888	6.5	20101	0.2
福清市	26779	6.2	20260	-0.1
闽侯县	21693	6.2	17323	-0.1
连江县	20779	6.4	16448	0.1
罗源县	17329	5.4	13846	-0.9
闽清县	17204	6.9	13932	0.6
永泰县	16808	6.0	13099	-0.3
平　潭	18742	6.6	15054	0.3

主要统计指标解释

可支配收入 指调查户在调查期内获得的、可用于最终消费支出和储蓄的总和,即调查户可以用来自由支配的收入。可支配收入既包括现金收入,也包括实物收入。按照收入的来源,可支配收入包含四项,分别为:工资性收入、经营净收入、财产净收入和转移净收入。

工资性收入 指就业人员通过各种途径得到的全部劳动报酬和各种福利,包括受雇于单位或个人、从事各种自由职业、兼职和零星劳动得到的全部劳动报酬和福利。

经营净收入 指住户或住户成员从事生产经营活动所获得的净收入,是全部经营收入中扣除经营费用、生产性固定资产折旧和生产税之后得到的净收入。计算方法:

经营净收入=经营收入-经营费用-生产性固定资产折旧-生产税

财产净收入 指住户或住户成员将其所拥有的金融资产、住房等非金融资产和自然资源交由其他机构单位、住户或个人支配而获得的回报并扣除相关的费用之后得到的净收入。财产净收入包括利息净收入、红利收入、储蓄性保险净收益、转让承包土地经营权租金净收入、出租房屋净收入、出租其他资产净收入和自有住房折算净租金等。计算方法:

财产净收入=财产性收入-财产性支出

转移净收入计算方法:

转移净收入=转移性收入-转移性支出

转移性收入 指国家、单位、社会团体对住户的各种经常性转移支付和住户之间的经常性收入转移。包括政府、非行政事业单位、社会团体对居民转移的养老金或退休金、社会救济和补助、惠农补贴、政策性生活补贴、救灾款、经常性捐赠和赔偿以及报销医疗费等;住户之间的赡养收入、经常性捐赠和赔偿以及农村地区(村委会)在外(含国外)工作的本住户非常住成员寄回带回的收入等。

转移性支出 指调查户对国家、单位、住户或个人的经常性或义务性转移支付。包括缴纳的税款、各项社会保障支出、赡养支出、经常性捐赠和赔偿支出以及其他经常转移支出等。

消费支出 指住户用于满足家庭日常生活消费需要的全部支出,既包括现金消费支出,也包括实物消费支出(含自产自用、来自单位、来自政府和其他社会组织)。根据用途不同,消费支出可划分为食品烟酒、衣着、居住、生活用品及服务、交通通信、教育文化娱乐、医疗保健、其他用品及服务八大类。

恩格尔系数 指食物支出占生活消费总支出的比重。计算公式为:恩格尔系数=食物支出/生活消费总支出×100%。恩格尔系数越大,表示生活越贫困;反之,表示生活越富裕。根据国际经验,恩格尔系数60%以上为贫困,50%-60%为温饱,40%-50%为小康,30%-40%为富裕,30%以下为最富裕。

14 科技、教育与文化

14-1 地方国有企事业单位专业技术人员

（1988-2020 年） 单位：人

年 份	合 计	#工程技术人员	农业技术人员	卫生技术人员	科学研究人员	教学人员
1988	69257	13649	1935	6336	189	33106
1989	74889	14112	1799	6597	186	37403
1990	76161	13057	1760	6788	182	40065
1991	74915	11725	1536	7185	180	41862
1992	78382	12433	1496	7349	176	42855
1993	75214	11905	1376	7108	175	43574
1994	73403	11941	1241	6740	176	43046
1995	75137	12215	1377	6712	202	44256
1996	81731	12322	1682	8899	220	47899
1997	82992	12378	1987	9664	225	48041
1998	82802	11720	1504	8691	192	50619
1999	86069	11227	1624	9373	198	53388
2000	86722	10401	1560	8533	177	54970
2001	85130	10289	1821	8538	189	55040
2002	84521	9194	1645	9048	217	55646
2003	81703	8052	1588	8765	203	55440
2004	85046	8292	1890	10577	157	56632
2005	83275	7207	1854	10402	272	56481
2006	81323	6069	2010	9622	163	57264
2007	81378	6168	1743	8881	169	56276
2008	79901	5387	1656	11102	179	55714
2009	80755	5912	1515	11068	196	56593
2010	73827	5107	1406	10558	106	51872
2011	76688	5304	1312	11354	157	53229
2012	78406	5143	1327	12161	429	53475
2013	80297	5266	1359	12452	439	54758
2014	82884	6145	1503	13911	468	55508
2015	79409	6548	1483	14546	505	56327
2016	79979	6883	1459	14740	507	56390
2017	80835	7172	1509	14904	525	56725
2018	79586	7221	1462	15248	433	55222
2019	80621	7576	1307	15700	417	55621
2020	83580	9823	1325	15911	510	56011

注：本表为不含省属的市属国有企事业单位专业技术人员数；2010 年起数据不含平潭县。

14-2 按行业分地方国有企事业单位各行业技术人员

行业	单位	2004年	2005年	2006年	2007年	2008年	2009年	2010年	2011年
合计	人	**85046**	**83275**	**81323**	**81378**	**79901**	**80755**	**73827**	**76688**
农、林、牧、渔业	人	3007	2809	2650	2427	2114	2062	1911	1707
采矿业	人	3	3	18	12	10			
制造业	人	1515	1017	584	490	303	402	294	229
电力、煤气及水的生产和供应业	人	1044	1030	553	617	580	518	497	595
建筑业	人	3552	3102	2590	2239	893	1219	1038	1830
交通运输、仓储及邮政业	人	905	811	786	788	780	841	788	624
信息传输、计算机服务和软件业	人	54	39	86	57	69	41	29	21
批发和零售业	人	957	717	658	590	390	444	482	422
住宿和餐饮业	人	133	89	81	82	69	60	66	59
金融业	人	71	123	349	409	195	245	217	445
房地产业	人	622	630	544	602	214	173	200	421
租赁和商务服务业	人	201	272	279	232	113	110	127	82
科学研究、技术服务和地质勘查业	人	727	639	598	599	688	654	599	619
水利、环境和公共设施管理业	人	1054	1095	1125	1287	1225	1325	1135	1105
居民服务和其他服务业	人	257	240	213	221	197	158	90	166
教育	人	57021	57200	57785	56970	56456	56911	52385	53907
卫生、社会保障和社会福利业	人	10620	10539	9914	11037	11515	11748	10920	11823
文化、体育和娱乐业	人	1788	1528	1289	1365	1403	1483	1254	1311
公共管理和社会组织	人	1515	1392	1221	1354	2687	2361	1795	1322

注：本表2010年起数据不含平潭县。

14-2 续表

行　　业	单位	2012 年	2013 年	2014 年	2015 年	2016 年	2017 年	2018 年	2019 年	2020 年
合　　计	人	**78406**	**80297**	**82884**	**90075**	**91827**	**93724**	**86531**	**87854**	**91282**
农、林、牧、渔业	人	1557	1594	1936	1942	1978	1865	1817	1750	1716
采矿业	人							0	0	0
制造业	人	189	193	171	160	107	86	283	263	263
电力、煤气及水的生产和供应业	人	624	638	703	689	712	871	803	857	876
建筑业	人	1787	1829	1806	1939	1786	1861	1747	1757	2125
交通运输、仓储及邮政业	人	681	697	921	989	1177	1270	1496	1451	1745
信息传输、计算机服务和软件业	人	79	81	55	48	59	70	93	237	199
批发和零售业	人	423	433	378	346	341	276	2	252	251
住宿和餐饮业	人	96	98	77	88	69	74	73	82	95
金融业	人	472	483	500	480	475	472	465	437	447
房地产业	人	472	483	501	586	619	656	669	693	795
租赁和商务服务业	人	122	125	159	158	138	93	144	141	170
科学研究、技术服务和地质勘查业	人	944	967	1003	1298	1331	1128	1006	1230	2548
水利、环境和公共设施管理业	人	1151	1178	1444	1250	1433	1651	1634	1669	1772
居民服务和其他服务业	人	108	110	50	69	99	104	95	255	176
教　育	人	54010	55306	56132	57506	58004	59107	56306	56767	56993
卫生、社会保障和社会福利业	人	12334	12630	16322	18674	19612	20362	15464	15961	16231
文化、体育和娱乐业	人	2027	2075	1423	1802	1797	1654	1357	1245	1339
公共管理和社会组织	人	1330	1362	1734	2051	2090	2124	3077	2807	3541

14-3 各类型专利申请公告情况

(1985-2020年)

单位:项

年份	专利申请公告量	发明	实用新型	外观设计
1985	76	39	37	
1986	76	32	43	1
1987	121	30	83	8
1988	131	31	99	1
1989	150	32	100	18
1990	142	38	94	10
1991	180	36	101	43
1992	243	35	182	26
1993	211	56	125	30
1994	300	76	175	49
1995	379	61	163	155
1996	423	66	174	183
1997	451	65	177	199
1998	682	78	271	333
1999	737	59	308	370
2000	823	95	331	397
2001	791	96	315	380
2002	946	102	423	421
2003	1294	203	464	627
2004	1241	205	464	572
2005	1354	365	432	557
2006	2468	560	857	1051
2007	3255	994	973	1288
2008	3794	1138	1291	1365
2009	4708	1530	1954	1224
2010	6134	2216	2781	1137
2011	7402	2673	3576	1153
2012	8998	3091	4097	1810
2013	9262	3258	4227	1777
2014	10844	4021	4849	1974
2015	15443	5433	7850	2160
2016	23455	9335	11453	2667
2017	25580	10038	13034	2508
2018	34558	12532	18127	3899
2019	29035	8783	16679	3573
2020	36083	10944	21602	3537

注:2007年前的数字为专利申请公告量,2009年以后的数字为专利申请量。

14-4 主要年份技术市场基本情况

（1991-2020 年）

年 份	合同数（项）	合同金额（万元）	年 份	合同数（项）	合同金额（万元）
1991	1212	2034.24	2006	2790	67424.95
1992	4124	5448.40	2007	3457	96082.04
1993	2851	9171.42	2008	3303	84513.00
1994	1936	12387.89	2009	2511	111411.36
1995	2021	15106.43	2010	2267	105183.66
1996	1782	18184.87	2011	1967	143780.77
1997	1976	23788.15	2012	2123	126516.02
1998	2310	28656.56	2013	2522	153378.62
1999	2625	31550.87	2014	1876	189881.19
2000	2859	39528.03	2015	1483	185266.79
2001	3159	43240.92	2016	1354	127198.95
2002	3229	37707.33	2017	1465	267140.79
2003	3158	47075.32	2018	2926	366200.00
2004	3892	40905.92	2019	3528	501087.65
2005	3725	43932.42	2020	4449.00	593645.14

14-5 技术市场基本情况

项目	2013年		2014年		2015年		2016年	
	合同数（项）	合同金额（万元）	合同数（项）	合同金额（万元）	合同数（项）	合同金额（万元）	合同数（项）	合同金额（万元）
合计	**2522**	**153378.82**	**1876**	**189881.19**	**1483**	**185266.79**	**1354**	**127198.25**
按合同类别分								
技术开发合同	992	89627.66	875	93257.06	836	100458.50	806	91608.72
技术转让合同	115	33415.47	136	75078.85	167	72291.21	178	32408.01
技术咨询合同	1122	10784.83	692	8142.25	318	2431.13	275	2154.22
技术服务合同	293	19550.64	173	13403.03	162	10085.94	95	1028.00
按服务目标分								
环境保护、生态建设及污染防治	303	4668.82	251	4261.46	245	12638.09	204	6344.56
能源生产、分配和合理利用	34	2444.13	15	1635.74	14	3844.88	13	2876.95
卫生事业发展	91	1597.71	83	2230.72	60	2819.77	71	2341.02
教育事业发展	17	1126.51	29	1080.98	23	575.86	24	1057.40
基础设施以及城市和农村规划	198	4832.57	166	6849.13	106	4174.67	133	5064.84
社会发展和社会服务	1212	89896.59	781	75597.33	491	56764.75	453	60684.21
地球和大气层的探索与利用	1	35.30	2	78.68	3	16.30	3	177.60
民用空间探测及开发	6	52.68						
农林牧渔业发展	344	7849.24	212	4542.89	110	5610.34	97	3502.84
工商业发展	104	25125.79	202	47352.85	359	91817.23	189	32689.95
非定向研究	1	12.00	7	82.16			38	415.40
其他民用目标	209	15555.27	124	45921.25	72	7004.91	124	11829.28
国防	2	182.00	4	248.00			5	196.90

14-5 续表

项目	2017年		2018年		2019年		2020年	
	合同数（项）	合同金额（万元）	合同数（项）	合同金额（万元）	合同数（项）	合同金额（万元）	合同数（项）	合同金额（万元）
合计	**1465**	**267140.79**	**2926**	**366163.30**	**3528**	**501087.65**	**4449**	**593645.1**
按合同类别分								
技术开发合同	999	161810.81	1359	175131.80	1630	232962.53	1583	198690.1
技术转让合同	182	92312.37	213	117961.10	243	162035.34	254	322076.5
技术咨询合同	173	1580.04	112	1673.64	145	2112.55	511	6132.54
技术服务合同	111	11437.57	1242	71396.79	1510	103977.21	2101	66746.06
按服务目标分								
环境保护、生态建设及污染防治	97	9515.99	92	3477.88	124	3659.61	198	6683.8
能源生产、分配和合理利用	36	7480.45	46	2724.52	79	3736.65	75	416.96
卫生事业发展	44	5814.01	99	5701.46	81	5715.06	127	18106.51
教育事业发展	43	2616.26	103	2755.94	63	5510.79	62	2475.25
基础设施以及城市和农村规划	98	4704.96	62	5040.17	127	5443.29	191	8625.4
社会发展和社会服务	576	80697.99	992	135926.30	1368	231542.32	1827	180527.2
地球和大气层的探索与利用	1	29.60	2	12.89	1	65.00	1	200
民用空间探测及开发			2	41.98	6	289.80	8	210.21
农林牧渔业发展	107	5510.88	751	11658.28	774	9655.58	1141	10906.5
工商业发展	212	50709.83	276	73054.86	389	58576.29	295	56021.64
非定向研究	55	3883.23	100	1893.79	44	1480.71	34	884.48
其他民用目标	191	82847.59	390	120306.30	462	173024.56	486	304325.6
国防	5	3330.00	11	3569.00	10	2388.00	4	517.55

14-6 各单位技术买卖情况

项目	2013年			2014年		
	登记合同数（份）	合同成交总金额（万元）	#技术交易额（万元）	登记合同数（份）	合同成交总金额（万元）	#技术交易额（万元）
合计	**2522**	**153378.62**	**144075.85**	**1876**	**189881.19**	**186980.95**
按社会经济目标分						
环境保护、生态建设及污染防治	303	4668.82	4602.20	251	4261.46	4188.63
能源生产、分配和合理利用	34	2444.13	2410.70	15	1635.74	1635.74
卫生事业发展	91	1597.71	1458.70	83	2230.72	2220.72
教育事业发展	17	1126.51	1126.50	29	1080.98	1080.98
基础设施以及城市和农村规划	198	4832.57	4437.80	166	6849.13	6314.96
社会发展和社会服务	1212	89896.59	88139.00	781	75597.33	73361.43
地球和大气层的探索与利用	1	35.30	35.30	2	78.68	78.68
民用空间探测及开发	6	52.68	51.97			
农林牧渔业发展	344	7849.24	7831.30	212	4542.89	4505.85
工商业发展	104	25125.79	18448.00	202	47352.85	47345.55
非定向研究	1	12.00	12.00	7	82.16	82.16
其他民用目标	209	15555.27	15340.00	124	45921.25	45918.25
国　防	2	182.00	182.00	4	248.00	248.00
按卖方类别分						
机关法人				249	16266.36	14319.48
事业法人	727	15642.25	15362.35	396	8755.96	8248.16
社团法人				4	162.10	161.40
企业法人	1021	129960.82	120986.48	1194	164302.83	163868.31
自然人	771	7695.54	7647.02	4	13.00	13.00
其他组织	3	80.00	80.00	29	380.94	370.60

续表 1

项　　目	2015 年			2016 年		
	登记合同数（份）	合同成交总金额（万元）	# 技术交易额（万元）	登记合同数（份）	合同成交总金额（万元）	# 技术交易额（万元）
合　　计	**1483**	**185266.79**	**177356.72**	**1354**	**127198.95**	**116466.18**
按社会经济目标分						
环境保护、生态建设及污染防治	245	12638.09	9683.97	204	6344.56	5612.78
能源生产、分配和合理利用	14	3844.88	3844.88	13	2876.95	1738.59
卫生事业发展	60	2819.77	2819.77	71	2341.02	2332.71
教育事业发展	23	575.86	575.86	24	1057.40	1009.40
基础设施以及城市和农村规划	106	4174.67	4145.67	133	5064.84	5060.44
社会发展和社会服务	491	56764.75	54520.64	453	60684.21	54234.66
地球和大气层的探索与利用	3	16.30	16.30	3	177.60	177.60
民用空间探测及开发						
农林牧渔业发展	110	5610.34	5514.96	97	3520.84	3512.11
工商业发展	359	91817.23	89283.78	189	32689.95	30581.03
非定向研究				38	415.40	412.80
其他民用目标	72	7004.91	89283.78	124	11829.28	11598.71
国　防				5	196.90	186.35
按卖方类别分						
机关法人	211	18412.91	14807.73			
事业法人	269	8396.93	8225.21	156	5859.84	5841.72
社团法人	6	333.00	276.60	1	13.00	13.00
企业法人	971	157199.05	153122.28	893	118618.28	107903.63
自然人	12	262.50	262.50	304	2707.83	2707.83
其他组织	14	662.40	662.40			

续表 2

项　　目	2017 年			2018 年		
	登记合同数（份）	合同成交总金额（万元）	#技术交易额（万元）	登记合同数（份）	合同成交总金额（万元）	#技术交易额（万元）
合　　计	**1465**	**267140.79**	**252541.92**	**2926**	**366163.32**	**358342.42**
按社会经济目标分						
环境保护、生态建设及污染防治	97	9515.99	7836.76	92	3477.88	3121.61
能源生产、分配和合理利用	36	7480.45	7306.02	46	2724.52	2667.05
卫生事业发展	44	5814.01	5648.34	99	5701.46	5701.46
教育事业发展	43	2616.26	2522.76	103	2755.94	2755.94
基础设施以及城市和农村规划	98	4704.96	3614.59	62	5040.17	5040.17
社会发展和社会服务	576	80697.99	72889.30	992	135926.3	131249.85
地球和大气层的探索与利用	1	29.60	29.60	2	12.89	12.89
民用空间探测及开发				2	41.98	41.98
农林牧渔业发展	107	5510.88	5122.78	751	11658.28	11278.75
工商业发展	212	50709.83	50404.06	276	73054.86	73036.26
非定向研究	55	3883.23	3872.43	100	1893.79	1893.79
其他民用目标	191	82847.59	81391.07	390	120306.25	117973.68
国　防	5	3330.00	1904.21	11	3569	3569
按卖方类别分						
机关法人						
事业法人	262	13777.79	13489.28	1169	34087.92	33705.36
社团法人	1	36.00	36.00			
企业法人	1049	242056.31	227745.95	1697	331671.75	324233.42
自然人	153	1270.69	1270.69	60	403.65	403.65
其他组织						

续表 3

项　　目	2019 年			2020 年		
	登记合同数（份）	合同成交总金额（万元）	# 技术交易额（万元）	登记合同数（份）	合同成交总金额（万元）	# 技术交易额（万元）
合　　计	**3528**	**501087.65**	**479619.74**	**4449**	**593645.14**	**548997.47**
按社会经济目标分						
环境保护、生态建设及污染防治	124	3659.61	3649.21	198	6683.8	6378.42
能源生产、分配和合理利用	79	3736.65	3708.85	75	4160.96	4098.28
卫生事业发展	81	5715.06	5612.83	127	18106.51	18059.51
教育事业发展	63	5510.79	5500.79	62	2475.25	2453.53
基础设施以及城市和农村规划	127	5443.29	5424.45	191	8625.4	6237.9
社会发展和社会服务	1368	231542.32	221714.96	1827	180527.23	155734.23
地球和大气层的探索与利用	1	65.00	65.00	1	200	200
民用空间探测及开发	6	289.80	234.80	8	210.21	210.21
农林牧渔业发展	774	9655.58	9249.75	1141	10906.5	10511.76
工商业发展	389	58576.29	58049.23	295	56021.64	46242.85
非定向研究	44	1480.71	1480.71	34	884.48	884.48
其他民用目标	462	173024.56	162541.16	486	304325.59	297468.74
国　防	10	2388.00	2388.00	4	517.55	517.55
按卖方类别分						
机关法人						
事业法人	1669	35931.64	35431.96	2750	45656.49	44461.19
社团法人				3	57	54.18
企业法人	1844	465069.81	444101.58	1651	545263.22	501857.47
自然人	14	59.20	59.20	43	2611.43	2567.63
其他组织	1	27.00	27.00	2	57	57

14-7 主要年份各类学校数

单位:所

年份	普通高等学校	中等专业学校	职业中学	普通中学	#高中	小学	幼儿园
1952	3	11		30	13	1468	80
1957	3	8		49	26	2044	513
1962	7	11	25	101	37	2597	634
1965	5	7	104	120	40	3600	700
1970	2			111	31	3265	148
1975	2	17	2	156	115	3977	523
1980	5	22	2	178	122	3441	746
1985	8	29	42	199	81	3323	695
1990	12	42	75	247	81	3280	1521
1995	12	44	68	327	82	3047	2503
2000	13	45	53	364	97	2455	2294
2001	14	46	77	374	109	2272	1809
2002	13	41	74	375	103	2250	1753
2003	31	115		377	102	2081	1681
2004	29	104		273	109	1982	1612
2005	36	95		467	124	1842	1765
2006	37	113		374	132	1729	1737
2007	35	91		377	125	1633	1694
2008	34	84		373	124	1497	1719
2009	34	71		367	124	1350	1649
2010	31	69		326	105	1173	1015
2011	31	61		316	104	1013	1136
2012	32	61		317	102	927	1183
2013	32	56		322	104	905	1204
2014	32	53		321	104	905	1203
2015	32	53		322	103	893	1196
2016	32	52		319	101	900	1186
2017	35	49		315	101	897	1206
2018	34	47		320	102	895	1217
2019	35	45		326	102	893	1243
2020	34	40		328	104	890	1247

注:2003年起"普通高等学校"统计口径包括各类学院;"中等专业学校"改为"中等职业学校",统计口径包括各类职业中学;2010年起教育部门数据不含平潭县,下同。

14-8 主要年份各类学校专任教师数

单位：人

年份	普通高等学校	中等专业学校	职业中学	普通中学	#高中	小学	幼儿园
1952	307	529		1002		4888	139
1957	767	347		1772		7410	876
1962	1987	527	97	3322		11794	1242
1965	1672	355	401	4008		14258	1362
1970	320			2216		15513	360
1975	1288	295	12	6265		23239	940
1980	2537	928	15	9906		23166	2115
1985	3890	1432	589	10787		23456	3563
1990	4329	2303	1301	13140	2430	22702	26829
1995	4047	2610	1862	16461	2328	26483	6370
2000	4754	2572	2114	20305	3946	29189	7047
2001	5267	2379	2186	21204	4780	28540	28540
2002	7031	2130	2081	22181	6678	29062	5719
2003	9027	5492		23228	6373	28244	5774
2004	9979	5588		24011	6909	27635	6629
2005	12698	5045		25158	7798	27031	2350
2006	12793	5271		26226	8645	27094	8078
2007	13924	4793		26638	9106	26742	8508
2008	14786	4648		26574	9197	26524	9373
2009	15763	4641		26406	9124	26093	10008
2010	17209	4603		24390	8431	24541	9356
2011	17910	4817		23897	8384	24474	10809
2012	18470	4967		23932	8408	24553	11980
2013	19248	4697		24276	8378	25394	12866
2014	19639	4690		24177	8095	26303	13260
2015	19982	4703		24091	8027	27251	13831
2016	19822	4573		24243	8016	26421	14214
2017	20191	4343		24466	8099	27990	14787
2018	20523	4354		24737	8048	29337	15279
2019	21334	4357		25216	8146	30484	15371
2020	22133	4340		27806	8268	30971	15846

14-9 主要年份各类学校在校生数

单位:人

年　份	普通高等学校	中等专业学校	职业中学	普通中学	#高　中	小　学	幼儿园
1952	2135	6158		22825	3525	200313	6612
1957	5058	3472		44051	11038	294147	31306
1962	12158	2728	1782	125392	15341	372757	39004
1965	8256	3509	8769	79803	17142	507762	40912
1970	245			52444	7209	457894	10541
1975	4276	1925	364	159131	45872	609622	29207
1978	8157	4694	614	210678	74057	572849	41704
1979	11418	6951	382	182015	66906	602954	63736
1980	14410	7368	502	193919	44796	617674	75114
1985	22018	9360	10033	190026	37529	675345	105909
1990	28188	21551	18144	213767	27269	605452	141959
1995	34162	36973	36532	285031	30045	650417	163579
2000	65737	53916	40179	378207	60473	602680	136026
2001	88714	55579	41304	380100	74894	587371	133418
2002	97140	53717	37860	383009	85572	572809	122580
2003	129942	120403		399185	95719	538609	122889
2004	148217	122280		412417	106711	514274	123917
2005	194073	122728		417772	119653	488897	159548
2006	216288	129629		412757	130235	493134	170465
2007	233133	127565		404841	131725	480127	183520
2008	250281	129107		396730	130044	462635	200488
2009	265682	148631		379903	124938	446285	213075
2010	281680	136177		327105	111881	417019	216173
2011	292678	170184		308200	109504	432486	230612
2012	305386	195095		301951	108488	451238	246667
2013	318343	166265		298123	105037	469174	253933
2014	320844	122777		298133	101435	499302	256812
2015	320965	101619		300024	100157	522914	262638
2016	317477	92392		307509	101237	537312	269879
2017	313857	84331		321763	102304	547999	276605
2018	319943	86149		321625	103166	564595	281118
2019	340330	89490		349443	105660	589118	277908
2020	363738	96992		367626	110894	597211	287075

14-10 主要年份各类学校招生数

单位:人

年份	普通高等学校	中等专业学校	职业中学	普通中学	#高中	小学	幼儿园
1952				11958	1974	85024	80
1957				15574	3833	74435	272
1962	1037	97	1053	24051	5721	90163	232
1965	1847	1337	4289	29527	5961	116443	320
1970	245			31214	4402	116488	2446
1975	1251	1015	259	93793	23723	125394	15739
1978	3359	2332	341	93333	34344	126165	28087
1979	3612	2816	158	83450	31463	134173	41892
1980	3027	2937	147	52753	2050	118921	44667
1985	7365	4350	6091	69845	12606	113646	82804
1990	7903	6811	7313	82682	10033	105420	101440
1995	10232	13001	14568	113713	11140	108007	102065
2000	26070	15272	15206	131173	25713	85902	74072
2001	31800	13499	15303	129122	99045	85763	74637
2002	26052	16825	13121	130734	30984	85922	64644
2003	51137	43637		150026	35116	77138	63786
2004	58978	41789		141191	41197	72233	63363
2005	67095	42997		137202	44455	67978	79407
2006	69305	52167		135094	45390	76430	81277
2007	75247	46881		135487	44371	78082	87272
2008	82954	46842		134206	44058	76384	90968
2009	83444	69300		119601	39897	77747	94499
2010	87328	46045		103683	37969	76917	98420
2011	89735	90810		99076	37178	81294	95458
2012	92999	92080		100277	35515	84486	103226
2013	96502	39886		99247	33428	88700	104504
2014	90196	38029		98709	33409	95993	103152
2015	87396	37960		103275	34652	96586	119211
2016	85829	33943		107945	34509	92589	109957
2017	87175	28879		113173	34348	95048	110509
2018	95023	33987		116096	35242	108207	100361
2019	107017	35328		121916	36976	108094	105733
2020	111566	33918		131005	39417	103436	121072

14-11 主要年份各类学校毕业生数

单位:人

年份	普通高等学校	中等专业学校	职业中学	普通中学	#高中	小学	幼儿园
1952	580	1022		4698	803	15422	
1957	442	804		10694	2933	32248	172
1962	2421	1464	103	14798	4196	41178	289
1965	3325	247	288	17572	4417	50536	330
1970				16520	3780	62902	1373
1975	1033	283	54	49474	19460	80697	16121
1978	1652	103	127	86993	23935	75245	21025
1979	186	1018	191	100215	37143	68249	27621
1980	2027	2510	46	25020	21381	72388	23917
1985	3714	3224	1276	43577	9905	86842	81668
1990	8420	5342	5401	49717	10046	100434	88357
1995	9542	8984	9116	73218	10434	110461	94609
2000	10251	12849	12005	115002	13345	108329	71663
2001	14051	10911	12014	114127	14319	101556	71630
2002	15362	14788	10114	113176	18894	112876	71291
2003	26200	36328		124464	25571	111327	59769
2004	28878	35584		119166	28163	101769	63363
2005	32886	33786		121847	29575	95042	63246
2006	46596	37965		138806	33323	92877	67097
2007	55672	32156		133883	38943	92705	71514
2008	62966	31287		130122	41469	92142	72230
2009	64307	38157		121895	41439	82921	75507
2010	66861	38594		109210	37140	68594	70428
2011	75360	41317		111256	37081	63855	75253
2012	76365	50038		102303	33935	66855	83049
2013	78972	36729		100822	35837	68110	87783
2014	82108	36402		95829	35661	66673	92949
2015	81694	33909		96733	33964	70194	93012
2016	83321	39359		95994	31719	75062	93244
2017	84912	33402		94657	31652	80135	91477
2018	83241	26385		99604	33423	82604	84294
2019	80965	25351		103675	32641	86167	98945
2020	85717	21522		109999	33232	87533	98798

14-12 每万人口拥有在校学生数

年　份	每万人口拥有在校生(人)				初中毕业生升学率(%)	小学毕业生升学率(%)	学龄儿童入学率(%)
	普通高等学校	中等专业学校	普通中学	小　学			
1952	10.11	33.11	96.44	838.92			
1957	16.69	19.54	162.80	1087.64			
1962	39.79	15.29	206.47	1219.85			
1965	27.46	14.05	245.30	1629.80			
1970	0.68	1.30	284.76	1352.97			
1975	10.46	5.86	386.28	1548.30			
1978	18.65	12.77	481.79	1353.35			
1980	25.49	18.25	431.91	1400.96			
1985	44.42	20.42	390.94	1381.47			
1990	52.66	40.26	399.34	1131.05		99.51	99.21
1995	60.76	65.76	506.93	1138.96	61.63	93.00	99.88
2000	111.56	91.50	641.87	988.61	55.20	97.41	99.97
2001	149.31	93.54	639.75	988.61	55.20	97.63	99.63
2002	162.57	89.90	640.98	958.61	60.70	97.01	99.83
2003	214.83	199.06	659.96	890.47	69.00	99.01	99.84
2004	243.22	200.65	676.77	843.92	76.00	100.50	99.85
2005	318.47	201.40	685.56	802.28	82.10	107.61	99.67
2006	347.32	208.16	662.82	791.89	83.85	98.74	91.23
2007	369.87	202.38	642.29	761.73	84.64	98.29	91.53
2008	393.55	203.01	623.84	727.47	88.75	97.84	92.28
2009	417.77	233.71	597.38	701.76	92.50	96.12	92.74
2010	470.01	227.23	545.81	695.84	92.15	95.80	92.12
2011	433.11	251.84	456.08	640.00	95.08	96.94	93.70
2012	443.88	283.57	438.89	655.87	96.10	96.87	97.37
2013	458.71	239.57	429.57	676.04	97.80	97.09	98.08
2014	457.69	175.15	425.30	712.27	97.90	97.94	98.35
2015	453.98	143.73	424.36	739.62	98.10	97.80	98.43
2016	445.27	129.58	431.29	753.59	98.10	97.83	98.53
2017	409.73	110.09	420.06	715.40	98.10	98.36	98.56
2018	439.28	118.33	441.79	775.54	98.10	97.88	98.58
2019	463.66	121.92	476.08	802.61	98.20	100.00	98.72
2020	508.43	135.57	513.86	834.78	98.50	100.00	99.36

14-13 平均每一专任教师负担学生数

单位:人

年 份	普通高等学校	中等专业学校	职业中学	普通中学	#高 中	小 学	幼儿园
1952	7.59	11.98		22.40		40.98	47.57
1957	6.59	12.07		25.23		40.32	35.74
1962	5.76	7.36	18.37	17.89		30.63	31.40
1965	5.34	10.46	21.87	20.29		34.64	30.04
1970	0.77	4.71		19.91		27.89	29.28
1975	3.48	5.08	30.33	13.74		28.26	31.07
1978	4.12	9.65		20.00		25.23	19.72
1980	4.93	8.07	33.47	19.33		27.56	35.51
1985	5.58	6.97	17.03	17.18		28.03	29.72
1990	6.07	9.36	13.92	16.27	11.22	26.57	13.25
1995	8.44	14.17	15.69	17.31	12.91	24.56	39.64
2000	13.83	20.96	19.04	18.63	15.33	20.65	19.30
2001	16.84	23.36	18.89	17.93	15.67	20.56	25.36
2002	13.82	25.22	18.19	17.27	12.81	17.71	21.43
2003	14.39	21.92		17.19	15.04	19.07	21.28
2004	14.85	21.88		17.17	15.45	18.61	18.69
2005	15.28	24.33		16.61	15.34	18.09	21.71
2006	16.91	24.59		15.74	15.06	18.20	21.10
2007	16.74	26.61		15.20	14.47	17.95	21.57
2008	16.93	27.78		14.93	14.14	17.44	21.39
2009	16.85	32.03		14.39	13.69	17.10	21.29
2010	16.37	29.58		13.41	13.27	16.99	23.11
2011	16.34	35.33		12.90	13.06	17.67	21.34
2012	16.53	39.28		12.62	12.90	18.38	20.59
2013	16.53	35.40		12.28	12.50	18.48	19.74
2014	16.34	26.18		12.33	12.53	18.98	19.37
2015	16.06	21.60		12.45	12.48	19.19	19.00
2016	16.02	20.20		12.68	12.63	20.34	18.99
2017	15.54	19.42		13.15	12.63	19.58	18.71
2018	15.59	19.79		13.00	12.82	19.25	18.40
2019	15.95	20.53		13.85	12.97	19.32	18.08
2020	16.43	22.35		13.22	13.41	19.28	18.12

14-14　各类文化事业机构数

（1987-2020年）　　　　　　　　　　　　　　　　单位：个

年　份	艺术事业		公共图书馆	博物馆	群众文化事业		
	表演团体	表演场所			艺术馆	文化馆	文化站
1987	12	7	13	1	1	13	11
1988	18	16	15	4	2	13	11
1989	18	9	15	6	2	13	11
1990	18	16	15	6	2	13	11
1991	12	7	15	6	1	13	11
1992	12	7	15	6	1	13	26
1993	12	7	15	6	1	13	7
1994	12	7	15	6	1	13	26
1995	12	7	15	6	1	13	37
1996	12	7	15	11	1	13	173
1997	12	6	14	16	1	13	188
1998	13	6	14	16	1	13	167
1999	14	6	14	17	1	13	165
2000	12	5	14	17	1	13	153
2001	12	7	15	14	1	12	181
2002	12	6	14	14	1	12	167
2003	13	6	14	14	1	12	194
2004	13	6	14	14	1	12	194
2005	13	3	14	15	1	13	191
2006	13	2	14	15	1	13	191
2007	13	2	14	15	1	13	188
2008	13	2	14	15	1	13	188
2009	13	2	14	15	1	13	188
2010	12	2	13	15	1	12	173
2011	12	2	13	15	1	12	173
2012	12	2	13	15	1	12	173
2013	12	2	13	15	1	12	173
2014	12	2	13	15	1	12	173
2015	9	1	13	16	1	12	173
2016	9	1	13	16	1	12	173
2017	10	1	13	16	1	12	173
2018	10	1	13	16	1	12	173
2019	10	1	14	16	1	12	173
2020	10	1	14	16	1	12	173

注：表中2010年起数据不含平潭县。

14-15 规模以上工业企业科技活动情况

（2020年）　　单位：万元

项　　目	企业数（个）	#有R&D活动	#有研发机构	R&D人员合计（人）	R&D经费内部支出	R&D经费外部支出
总　　计	**2662**	**965**	**275**	**38828**	**1430241**	**28893**
一、按企业规模分						
大中型企业	502	285	110	27361	1087065	17127
大型企业	103	71	42	15921	686845	11752
中型企业	399	214	68	11440	400221	5375
小型企业	1959	672	163	11387	340831	11669
微型企业	201	8	2	80	2345	96
二、按隶属关系分						
中　央	23	14	3	2789	134982	9960
地　方	53	23	11	2812	72571	3140
其　他	2586	928	261	33227	1222689	15793
三、按登记注册类型分						
内资企业	2167	757	209	28745	1061469	25080
国有企业	7					
集体企业	12	1		38	567	
股份合作企业	2	1		9	298	
联营企业	2					
国有联营企业						
集体联营企业	1					
国有与集体联营企业						
其他联营企业	1					
有限责任公司	116	50	12	4377	225019	11738
国有独资公司	13	7	2	1522	18788	6647
其他有限责任公司	103	43	10	2855	206231	5091
股份有限公司	14	12	6	4125	148509	1710
私营企业	2014	693	191	20196	687076	11632
私营独资企业	10	2		22	389	
私营合伙企业	5					
私营有限责任公司	1926	638	170	16822	561467	8743
私营股份有限公司	73	53	21	3352	125220	2889
其他企业						
港、澳、台商投资企业	250	110	40	6077	229696	2316
合资经营企业（港或澳、台资）	75	43	14	2635	77677	703
合作经营企业（港或澳、台资）	1					
港、澳、台商独资经营企业	161	56	21	3108	133605	1354
港、澳、台商投资股份有限公司	12	10	4	321	18235	259
其他港澳台投资企业	1	1	1	13	178	
外商投资企业	245	98	26	4006	139077	1498
中外合资经营企业	67	32	4	1141	44122	239
中外合作经营企业	4	1		30	1226	
外资企业	169	62	21	2434	85984	1259
外商投资股份有限公司	5	3	1	401	7745	
其他外商投资企业						

14-15 续表1 （2020年） 单位：万元

项目	企业数（个）	#有R&D活动	#有研发机构	R&D人员合计（人）	R&D经费内部支出	R&D经费外部支出
四、按国民经济行业大类分						
采矿业	6					
有色金属矿采选业						
非金属矿采选业	6					
制造业	2592	948	271	36650	1368575	19776
农副食品加工业	219	76	25	1654	74420	899
食品制造业	65	26	8	374	10063	37
酒、饮料和精制茶制造业	40	11	5	375	11491	88
烟草制品业	1	1	1	41	961	
纺织业	309	57	25	2347	66291	167
纺织服装、服饰业	84	10	1	309	23276	20
皮革、毛皮、羽毛及其制品和制鞋业	147	29	6	1042	25612	169
木材加工及木、竹、藤、棕、草制品业	28	9	2	174	4466	
家具制造业	98	21	6	301	9481	10
造纸及纸制品业	56	12	4	274	6709	
印刷业和记录媒介的复制	46	12	3	220	5854	8
文教、工美、体育和娱乐用品制造业	158	37	11	983	30240	39
石油加工、煤炭及其他燃料加工业	7	2		38	2878	
化学原料及化学制品制造业	82	30	9	1023	50066	
医药制造业	32	25	7	608	24201	3531
化学纤维制造业	28	13	7	1247	61303	
橡胶和塑料制品业	132	43	17	917	28323	152
非金属矿物制品业	217	83	15	2923	65500	464
黑色金属冶炼和压延加工业	27	12	3	929	102593	828
有色金属冶炼和压延加工业	18	12	3	470	38684	467
金属制品业	115	42	12	668	21082	483
通用设备制造业	111	59	13	2186	68614	2201
专用设备制造业	89	42	13	800	24959	134
汽车制造业	94	45	13	1935	69899	1108
铁路、船舶、航空航天和其他运输设备制造业	16	4	2	397	13229	
电气机械和器材制造业	139	80	15	2255	84137	2213
计算机、通信和其他电子设备制造业	128	94	31	10224	396828	4200
仪器仪表制造业	62	46	9	1562	39435	2474
其他制造业	9	5	1	220	3557	
废弃资源综合利用业	20	4	1	55	1374	
金属制品、机械和设备修理业	15	6	3	99	3051	87
电力、热力、燃气及水生产和供应业	64	17	4	2178	61666	9117
电力、热力生产和供应业	34	12	3	2095	60158	9014
燃气生产和供应业	12	1	1	11	538	
水的生产和供应业	18	4		72	970	103

14-15 续表2 (2020年) 单位:万元

项目	专利申请数(件)	#发明专利(件)	新产品开发项目数(项)	新产品销售收入	引进境外技术经费支出	技术改造经费支出
总计	**8900**	**2733**	**4464**	**11648021**	**11825**	**395907**
一、按企业规模分						
大中型企业	4741	1876	2302	9643469	8995	352189
大型企业	2831	1274	1078	6358127	386	277770
中型企业	1910	602	1224	3285342	8609	74419
小型企业	4094	839	2128	1992524	2830	43633
微型企业	65	18	34	12027		86
二、按隶属关系分						
中央	1290	577	321	754313		241190
地方	429	159	161	373515	386	15237
其他	7181	1997	3982	10520193	11440	139479
三、按登记注册类型分						
内资企业	7127	2241	3480	7633268	10699	359348
国有企业						
集体企业			3	1404		
股份合作企业			1			
联营企业						
国有联营企业						
集体联营企业						
国有与集体联营企业						
其他联营企业						
有限责任公司	1563	712	608	1021476		246530
国有独资公司	836	476	196	25929		911
其他有限责任公司	727	236	412	995547		245619
股份有限公司	386	229	162	1000510	386	20921
私营企业	5178	1300	2706	5609879	10314	91897
私营独资企业			2	74		
私营合伙企业						
私营有限责任公司	4223	852	2167	4063130	39	70591
私营股份有限公司	955	448	537	1546676	10275	21306
其他企业						
港、澳、台商投资企业	1018	285	610	3159276	434	27506
合资经营企业(港或澳、台资)	272	98	227	1108426	391	17190
合作经营企业(港或澳、台资)						
港、澳、台商独资经营企业	660	165	308	1802132		9048
港、澳、台商投资股份有限公司	82	22	72	248407	42	1269
其他港澳台投资企业	4		3	311		
外商投资企业	755	207	374	855477	693	9052
中外合资经营企业	203	47	121	127021		1985
中外合作经营企业	2	2	8	1204		
外资企业	382	64	218	625413	693	6539
外商投资股份有限公司	168	94	27	101838		529
其他外商投资企业						

14-15 续表3 (2020年) 单位:万元

项目	专利申请数(件)	#发明专利(件)	新产品开发项目数(项)	新产品销售收入	引进境外技术经费支出	技术改造经费支出
四、按国民经济行业大类分						
采矿业						
有色金属矿采选业						
非金属矿采选业						
制造业	7785	2194	4198	11587365	11825	366951
农副食品加工业	405	83	331	568374		5795
食品制造业	104	11	71	104911		1112
酒、饮料和精制茶制造业	46	9	27	98686		557
烟草制品业	7	5	1	734		790
纺织业	496	149	248	405205		9356
纺织服装、服饰业	49	2	31	48925		952
皮革、毛皮、羽毛及其制品和制鞋业	110	16	38	114002		719
木材加工及木、竹、藤、棕、草制品业	43	16	19	28223		1067
家具制造业	71	12	31	42520		1812
造纸及纸制品业	53	1	25	45624		448
印刷业和记录媒介的复制	72	42	24	15949		727
文教、工美、体育和娱乐用品制造业	175	48	122	106616	43	1264
石油加工、煤炭及其他燃料加工业	4	4	8	20116		22
化学原料及化学制品制造业	150	23	138	454913		3717
医药制造业	134	46	159	267839		6356
化学纤维制造业	223	43	102	1414699		22731
橡胶和塑料制品业	365	114	161	284345	178	5630
非金属矿物制品业	460	154	213	373196		9673
黑色金属冶炼和压延加工业	37	8	55	706598		213105
有色金属冶炼和压延加工业	281	98	95	422579		3965
金属制品业	228	27	132	93047		2679
通用设备制造业	428	95	235	229007	2380	1836
专用设备制造业	319	83	196	201709	42	761
汽车制造业	343	59	223	715762	739	15716
铁路、船舶、航空航天和其他运输设备制造业	31	6	29	65307	386	3251
电气机械和器材制造业	1087	137	330	943901		7070
计算机、通信和其他电子设备制造业	1453	733	839	3556807	8057	42127
仪器仪表制造业	521	165	263	225165		1325
其他制造业	45	5	28	9315		
废弃资源综合利用业	23		11	16252		319
金属制品、机械和设备修理业	22		13	7040		2071
电力、热力、燃气及水生产和供应业	1115	539	266	60656		28956
电力、热力生产和供应业	1090	537	259	21902		25683
燃气生产和供应业						136
水的生产和供应业	25	2	7	38754		3137

14-16 规模以上非工业企业科技活动情况

（2020 年）　　　　单位：万元

项　　目	企业数（个）	# 有 R&D 活动	# 有研发机构	R&D 人员合计（人）	R&D 经费内部支出	R&D 经费外部支出	专利申请数（件）	# 发明专利（件）
总　　计	**2227**	**265**	**116**	**11196**	**334819**	**41222**	**2589**	**1015**
一、按企业规模分								
大型企业	121	52	32	5316	189996	17011	806	351
中型企业	342	88	34	2748	77511	4114	765	428
小型企业	1350	115	46	1935	34397	4340	655	183
微型企业	414	10	4	1197	32916	15758	363	53
二、按隶属关系分								
中　央	41	12	5	1919	42169	476	500	103
地　方	52	10	5	432	18126	468	71	29
其　他	2134	243	106	8845	274524	40277	2018	883
三、按登记注册类型分								
内资企业	2164	254	113	10174	264465	39653	2248	772
国有企业	32	9	2	484	18061	367	75	32
集体企业	6	1	1	27	644		1	1
股份合作企业	1						24	24
联营企业	1							
国有联营企业	1							
集体联营企业								
国有与集体联营企业								
其他联营企业								
有限责任公司	305	47	20	3684	115220	9297	729	196
国有独资公司	88	19	7	1068	27309	1253	166	57
其他有限责任公司	217	28	13	2616	87911	8045	563	139
股份有限公司	17	3	1	91	810		1	
私营企业	1802	194	89	5888	129730	29988	1418	519
私营独资企业	26							
私营合伙企业	14							
私营有限责任公司	1702	171	75	4845	98664	27151	1173	375
私营股份有限公司	60	23	14	1043	31067	2838	245	144
其他企业								
港、澳、台商投资企业	38	5	2	440	40883	742	282	199
合资经营企业（港或澳、台资）	18		1					
合作经营企业（港或澳、台资）								
港、澳、台商独资经营企业	19	5	1	440	40883	742	282	199
港、澳、台商投资股份有限公司	1							
其他港澳台投资企业								
外商投资企业	25	6	1	582	29471	827	59	44
中外合资经营企业	11	4		184	3281	4	21	6
中外合作经营企业	1							
外资企业	13	2	1	398	26190	823	38	38
外商投资股份有限公司								
其他外商投资企业								

14-16 续表 (2020年) 单位:万元

项目	企业数(个)	#有R&D活动	#有研发机构	R&D人员合计(人)	R&D经费内部支出	R&D经费外部支出	专利申请数(件)	#发明专利(件)
四、按国民经济行业大类分								
建筑业	231	34	25	2358	64188	1534	675	143
房屋建筑业	114	21	17	1675	36501	916	481	110
土木工程建筑业	36	7	4	456	13373	229	157	27
建筑安装业	23	5	3	215	14219	389	21	3
建筑装饰、装修和其他建筑业	58	1	1	12	95		16	3
服务业	3992	462	182	17676	541263	79375	3828	1744
交通运输、仓储和邮政业	352	6	2	120	5745	1165	30	15
铁路运输业	3							
道路运输业	189	3	1	31	2152	411	18	13
水上运输业	54	1		24	913			
航空运输业	3							
管道运输业	1							
多式联运和运输代理业	59	2		65	2681	755	12	2
装卸搬运和仓储业	30							
邮政业	13		1					
信息传输、软件和信息技术服务业	477	122	49	6138	193778	19163	1091	652
电信、广播电视和卫星传输服务	23	4		368	1033	285	36	26
互联网和相关服务	85	13	8	183	3820	461	110	46
软件和信息技术服务业	369	105	41	5587	188926	18417	945	580
租赁和商务服务业	576	17	5	259	3569	556	92	34
租赁业	42	2	1	26	436	1	6	6
商务服务业	534	15	4	233	3133	555	86	28
科学研究和技术服务业	280	77	30	2034	58771	3614	590	130
研究和试验发展	6	6	3	111	3552	1905	56	21
专业技术服务业	233	66	26	1897	54590	1710	470	107
科技推广和应用服务业	41	5	1	26	629		64	2
水利、环境和公共设施管理业	60	5	3	105	2203	74	71	29
水利管理业								
生态保护和环境治理业	11	5	3	105	2203	74	71	29
公共设施管理业	48							
土地管理业	1							
卫生和社会工作	47	4	1	182	6565	15116	35	11
卫　生	44	4	1	182	6565	15116	35	11
社会工作	3							
文化、体育和娱乐业	204		1				5	1
新闻和出版业	13							
广播、电视、电影和录音制作业	41							
文化艺术业	19						5	1
体　育	23		1					
娱乐业	108							

主要统计指标解释

科技活动 指在自然科学、农业科学、医药科学、工程与技术科学、人文与社会科学领域(简称科学技术领域)中,与科学知识的产生、发展、传播和应用密切相关的有组织的活动。可分为研究与试验发展(R&D)、研究与试验发展成果应用及相关的科技服务三类活动。

专业技术人员 指从事专业技术工作和专业技术管理工作的人员,即企事业单位中已经聘任专业技术职务从事专业技术工作和专业技术管理工作的人员,以及未聘任专业技术职务,现在专业技术岗位上工作的人员。包括工程技术人员,农业技术人员,卫生技术人员,科学研究人员,教学人员,经济人员,会计人员,统计人员,翻译人员,图书资料、档案、文博人员,新闻出版人员,律师、公证人员,广播电视播音人员,工艺美术人员,体育人员,艺术人员及企业政治思想工作人员,共十七个专业技术职务类别,用来反映科技人力资源情况。

科学家与工程师 指科技活动人员中具有高、中级技术职称(职务)的人员和不具有高、中级技术职称(职务)的大学本科以上学历人员。

发明(专利) 指对产品、方法或其改进所提出的新的技术方案。是国际通行的反映拥有自主知识产权技术的核心指标。

实用新型(专利) 指对产品的形状、构造或者其结合所提出的适于实用的新的技术方案。反映具有一定技术含量的技术成果情况。

外观设计(专利) 指对产品的形状、图案、色彩或者其结合所作出的富有美感并适于工业上应用的新设计。反映拥有自主知识产权的外观设计成果情况。

普通高等学校 指按照国家规定的设置标准和审批程序批准举办,通过全国普通高等院校统一招生考试,招收高中毕业生为主要培养对象,实施高等教育的全日制大学、独立设置的学院和高等专科学校、高等职业学校和其他机构。

成人高等学校 指按照国家规定的设置标准和审批程序举办的,通过全国成人高等学校统一招生考试,招收具有高中毕业或同等学历的在职从业人员为主要培养对象,利用函授、业余、脱产等多种形式对其实施高等学历教育的学校。包括广播电视大学、职工高等学校、农民高等学校、管理干部学院、教育学院、独立函授学校、其他机构等。

小学学龄儿童入学率 指调查范围内已入小学学习的学龄儿童占校内外学龄儿童总数(包括弱智儿童,不包括盲聋儿童)的比重。

小学学龄儿童入学率=已入小学学习的学龄儿童数/校内外学龄儿童总数＊100%

文化事业机构 指从事专业文化工作和为专业文化工作服务的独立建制的单位,不包括这些单位另外举办独立核算的其他机构和各部门的业余文化组织。

艺术表演团体 指从事戏曲、音乐、舞蹈、杂技等专业艺术表演,有独立帐户的单位,不包括半工半艺、半农半艺和民间职业剧团。

15 卫生、体育与其他

15-1 主要年份卫生事业基本情况

年份	卫生机构(个)	#医院、卫生院	卫生技术人员(人)	#医生	#护师(士)	医疗床位(张)	#医院
1952	280	41	3178	1484		1820	1800
1957	456	96	6199	2289		4377	4176
1962	979	123	9187	3173		7279	5321
1965	1056	138	10370	3490		8870	6404
1970	565	135	8698	2646		6658	5339
1975	871	153	12967	4164		10745	7685
1978	887	160	13969	4325		11138	8027
1979	855	161	14603	4511		11762	8278
1980	955	200	15622	4214		11757	8711
1985	1091	207	18508	5664		13334	10427
1990	1208	198	23593	9330	6550	16267	13557
1995	1067	199	24180	10275	6959	17137	14760
2000	1633	242	23034	10639	7999	19125	16686
2001	1607	244	23224	9369	7554	19079	13390
2002	1601	243	23164	9349	7544	17675	12635
2003	1265	240	22552	9678	7342	18008	13075
2004	1371	237	23763	10298	8246	18792	13902
2005	1675	240	25203	11056	9308	19425	14667
2006	1875	225	25695	11484	9440	19497	15005
2007	1872	221	27255	11601	10192	20159	15710
2008	1988	207	29496	12619	11056	22178	17303
2009	1899	216	32356	13413	12425	23389	18579
2010	1837	202	34366	13813	13480	24035	19290
2011	1934	204	38640	15004	15693	25886	20689
2012	1950	226	42397	16140	17519	28611	22592
2013	1959	230	46466	16880	18652	31175	24926
2014	1908	230	48830	17847	19903	31632	25495
2015	2020	232	49934	18307	20913	33106	26932
2016	1995	230	51703	18841	22373	33877	27554
2017	1839	232	53412	19803	23373	34878	28887
2018	2065	243	56607	21189	25123	37455	31510
2019	2252	255	60878	23588	26839	38277	32227
2020	2539	264	65608	25459	28735	41102	34495

注:1996年起卫生机构数含个体办诊所;表中2010年起数据不含平潭县,下同。

15-2 每千人拥有卫生机构情况

年份	每千人拥有卫生技术人员数（人/千人）	#医生	护师(士)	每千人拥有医疗床位数（张/千人）	#医院床位数
1952	1.34	0.63		0.77	0.76
1957	2.29	0.85		1.62	1.54
1962	3.01	1.04		2.38	1.74
1965	3.16	1.06		2.70	1.95
1970	2.43	0.74		1.86	1.49
1975	3.17	1.02		2.63	1.88
1978	3.19	1.00		2.55	1.00
1979	3.29	1.02		2.65	1.86
1980	3.47	0.94		2.61	1.94
1985	3.79	1.16		2.73	2.13
1990	4.41	1.77	1.24	3.04	2.53
1995	4.30	1.83	1.24	3.05	2.63
2000	4.23	1.80	1.36	3.08	2.83
2001	4.27	1.85	1.27	3.21	2.25
2002	4.21	1.82	1.26	3.15	2.20
2003	3.75	1.56	1.36	3.01	2.19
2004	3.89	1.69	1.35	3.08	2.28
2005	3.49	1.46	1.31	3.15	2.38
2006	4.15	1.84	1.51	3.13	2.40
2007	4.03	1.71	1.50	2.98	2.32
2008	4.32	1.85	1.62	3.25	2.53
2009	4.71	1.95	1.81	3.40	2.70
2010	5.67	2.28	2.23	3.97	3.18
2011	6.35	2.46	2.58	4.25	3.40
2012	6.91	2.63	2.85	4.66	3.68
2013	6.70	2.43	2.69	4.49	3.59
2014	6.97	2.55	2.84	4.51	3.64
2015	7.07	2.59	2.96	4.69	3.81
2016	7.25	2.64	3.14	4.75	3.86
2017	7.41	2.75	3.24	4.84	4.01
2018	7.86	2.99	3.46	5.14	4.33
2019	8.29	3.21	3.66	5.21	4.39
2020	8.30	3.22	3.64	5.20	4.37

注:2013年前千人均指标按户籍人口计算,2013年改为按常住人口计算。

15-3　按经济类型分卫生事业基本情况

项　目	2015年				
	卫生机构数（个）	卫生技术人员（人）	#医　生	医疗床位（张）	#医　院
总　计	**2020**	**49934**	**18307**	**33106**	**26932**
国有单位	424	34053	11730	26439	24037
集体单位	205	6131	1891	4162	305
私　营	1347	8966	3924	2137	2135
其　他	44	784	762	368	455

项　目	2016年				
	卫生机构数（个）	卫生技术人员（人）	#医　生	医疗床位（张）	#医　院
总　计	**1995**	**51703**	**18841**	**33877**	**27554**
国有单位	361	35085	11984	26623	24132
集体单位	188	6383	2367	4225	395
私　营	1415	9381	4071	2319	2317
其　他	31	854	419	710	710

项　目	2017年				
	卫生机构数（个）	卫生技术人员（人）	#医　生	医疗床位（张）	#医　院
总　计	**1839**	**53412**	**19803**	**34878**	**28887**
国有单位	263	36349	12820	26990	24738
集体单位	184	6051	1999	4054	390
私　营	1321	9554	4184	2977	2977
其　他	71	1458	800	857	782

项　目	2018年				
	卫生机构数（个）	卫生技术人员（人）	#医　生	医疗床位（张）	#医　院
总　计	**2065**	**56607**	**21189**	**37455**	**31510**
国有单位	282	37753	13172	28890	26460
集体单位	191	6088	2076	3904	390
私　营	1494	11058	5226	3683	3641
其　他	98	1708	715	978	1019

项　目	2019年				
	卫生机构数（个）	卫生技术人员（人）	#医　生	医疗床位（张）	#医　院
总　计	**2252**	**60878**	**23588**	**38277**	**32227**
国有单位	277	39336	14087	29145	26685
集体单位	207	6881	2652	4012	440
私　营	1641	12069	5612	4013	4013
其　他	127	2592	1237	1107	1089

项　目	2020年				
	卫生机构数（个）	卫生技术人员（人）	#医　生	医疗床位（张）	#医　院
总　计	**2539**	**65608**	**25459**	**41102**	**34495**
国有单位	285	42442	15151	31022	28361
集体单位	261	7948	2459	4708	440
私　营	1947	14250	6576	5208	5208
其　他	46	968	1273	164	486

15-4 各类卫生事业机构医疗床位数

单位:张

项 目	1995年	2000年	2005年	2006年	2007年	2008年	2009年	2010年	2011年
总 计	**17137**	**19125**	**19425**	**19497**	**20159**	**22178**	**23389**	**24035**	**25886**
# 医院、卫生院	12360	13598	17461	17714	18595	20335	21746	22434	24175
疗养院、所	1020	1133	712	390	230	270	100	100	194
门诊部、所	127	6	10	28	35	10	30	20	20
社区卫生服务中心			160	205	155	268	336	278	168
专科疾病防治所、站	423	273	305	345	150	290	198	198	168
妇幼保健所、站	27	166	759	800	979	995	979	990	1161
其他卫生事业机构	650	721	18	15	15	10		15	
医学科研机构	100	100							
高等医药院校	30	40							

项 目	2012年	2013年	2014年	2015年	2016年	2017年	2018年	2019年	2020年
总 计	**28611**	**31175**	**31632**	**33106**	**33877**	**34878**	**37455**	**38277**	**41102**
# 医院、卫生院	26696	29146	29563	30946	31637	32843	35276	36075	38727
疗养院、所	284	299	299	299	299		1	0	
门诊部、所				2	2	27	0	0	
社区卫生服务中心	163	199	189	189	169	166	236	226	214
专科疾病防治所、站	195	207	257	258	258	322	283	263	253
妇幼保健所、站	1273	1324	1324	1412	1512	1520	1659	1713	1908
其他卫生事业机构									
医学科研机构									
高等医药院校									

注:1997年起"门诊部、所"数不包括"门诊所"数,仅包括"门诊部"数。(下同)

15-5 各类卫生事业机构数

单位:个

项目	1995年	2000年	2005年	2006年	2007年	2008年	2009年	2010年	2011年
总计	**1067**	**1633**	**1675**	**1875**	**1872**	**1988**	**1899**	**1837**	**1934**
医院、卫生院	199	242	240	225	221	207	216	202	204
疗养院、所	5	5	5	3	2	1	1	1	2
社区卫生服务中心			11	22	22	34	38	45	46
门诊部、所	32	32	51	52	49	75	80	98	130
急救中心(站)			2	2	2	2	3	1	1
专科防治所、站	11	11	11	10	9	10	10	9	8
疾病预防控制中心	17	16	15	15	15	15	15	14	15
卫生监督所			6	9	10	10	10	9	9
妇幼保健所、站	11	14	16	16	16	16	16	14	14
药品检验所、站	6	6							
其他卫生事业机构	10	15	3	1	4	2	7	5	7
医学科研机构	5	5	3	3	3	3	3	3	3
高等医药院校	2	2							
医学在职培训机构	11	12	2	1	3	1	1	1	1
诊所	740	1273	902	1079	1079	1259	1201	1105	1175
社区卫生服务站			136	147	147	137	129	136	127
其他			272	290	290	216	169	194	192

注:1997年起“门诊部、所”数不包括“门诊所”数,仅包括“门诊部”数。(下同)

15-5 续表

单位:个

项目	2012年	2013年	2014年	2015年	2016年	2017年	2018年	2019年	2020年
总计	**1950**	**1959**	**1908**	**2020**	**1995**	**1839**	**2065**	**2252**	**2539**
医院、卫生院	226	230	230	232	230	232	243	255	264
疗养院、所	2	2	2	2	2		1	0	
社区卫生服务中心	47	49	49	49	49	49	50	50	49
门诊部、所	129	131	129	128	143	170	259	301	373
急救中心(站)	1	1	1	1	1	1	1	2	2
专科防治所、站	8	7	7	7	7	9	7	7	6
疾病预防控制中心	15	15	15	15	15	15	15	15	15
卫生监督所	9	9	9	9	9	9	9	9	9
妇幼保健所、站	14	14	14	14	14	14	14	14	14
药品检验所、站									
其他卫生事业机构	7	8	8	159	71				
医学科研机构	3	4	4	4	4	4	4	4	4
高等医药院校									
医学在职培训机构	1	1	1	1	1	4	1		0
诊所	1178	1172	1135	1107	1145	1199	1312	1446	1636
社区卫生服务站	127	124	120	115	123	128	140	132	143
其他	183	192	184	177	181	5	9	17	24

15-6 各类卫生事业机构卫生技术人员数

单位：人

项目	1995年	2000年	2005年	2006年	2007年	2008年	2009年	2010年	2011年
总计	**24180**	**23034**	**25203**	**25695**	**27255**	**29496**	**32356**	**34366**	**38640**
医院、卫生院	16291	18024	17962	17930	19111	20302	22755	24678	27224
疗养院、所	389	361	200	50	49	48	15	23	37
门诊部、所	2983	652	714	738	845	1059	1093	1351	1945
社区卫生服务中心			187	516	611	939	1039	1160	1258
专科防治所、站	249	256	237	308	256	311	344	344	296
卫生疾病预防控制中心	1054	979	823	759	700	795	795	752	821
卫生监督所			156	192	210	188	184	172	258
妇幼保健所、站	256	383	966	990	1037	1162	1109	1183	1731
药品检验所、站	118	48							
其他卫生事业机构	353	408	107	74	109	127	188	68	89
医学科研机构	412	375	101	57	52	51	50	49	46
医学在职培训机构	679	451	2	2	9	2	2	1	1
中等医药院校	196	190							
诊所	1200	907	2330	2578	2632	3087	3423	2999	3341
其他			1418	1501	1634	1425	1359	1586	1593

15-6 续表

单位:人

项　目	2012年	2013年	2014年	2015年	2016年	2017年	2018年	2019年	2020年
总　计	**42397**	**46466**	**48830**	**49934**	**51703**	**53412**	**56607**	**60878**	**65608**
医院、卫生院	29750	32809	34389	35687	37235	39420	41387	43626	46236
疗养院、所	81	81	74	74	42		1	0	0
门诊部、所	2077	2193	2118	2038	2105	2461	3958	4580	5375
社区卫生服务中心	1283	1529	1497	1562	1689	1756	1879	1970	2146
专科防治所、站	303	303	314	313	326	364	333	330	333
卫生疾病预防控制中心	818	838	818	825	795	787	786	776	906
卫生监督所	269	232	214	210	189	143	199	200	197
妇幼保健所、站	1911	1992	2048	2255	2497	2616	2620	2664	2798
药品检验所、站									
其他卫生事业机构	107	123	111	688	138				
医学科研机构	44	120	101	68	59	38	40	39	31
医学在职培训机构	1	1	1	1	1	1	1		
中等医药院校									
诊　所	4083	4360	4287	4077	4143	3951	3977	4211	4823
其　他	1670	1885	2858	2136	2484	1875	1426	2482	2763

15-7 各类卫生事业机构医生数

单位:人

项　　目	1995 年	2000 年	2005 年	2006 年	2007 年	2008 年	2009 年	2010 年	2011 年
总　　计	**10275**	**10639**	**11056**	**11484**	**11601**	**12619**	**13413**	**13813**	**15004**
医院、卫生院	6479	7276	7329	7385	7569	7914	8558	8967	9502
疗养院、所	138	134	56	16	10	13	3	12	14
门诊部、所	1435	360	385	384	423	532	567	704	991
社区卫生服务中心			94	236	280	390	424	480	476
专科防治所、站	112	115	117	136	113	145	150	147	129
急救中心站			6	6	6	8	7	7	7
卫生疾病预防控制中心	683	621	482	397	403	411	468	446	467
卫生监督所			94	117	0	80			
妇幼保健所、站	134	181	366	452	430	501	493	515	602
药品检验所、站	5	2							
其他卫生事业机构	33	82	25	11	19	28	44	12	16
医学科研机构	176	164	30	27	27	29	28	27	24
高等医药院校	391	263							
医学在职培训机构			1	1	5	1	1		
诊　所	372	549	1307	1565	1565	1833	1990	1753	2001
其　他			764	751	751	734	680	743	775

15-7 续表

单位:人

项　目	2012年	2013年	2014年	2015年	2016年	2017年	2018年	2019年	2020年
总　计	**16140**	**16880**	**17847**	**18307**	**18841**	**19803**	**21189**	**23588**	**25459**
医院、卫生院	10039	10959	11530	11862	12349	13357	14091	15083	15949
疗养院、所	26	26	25	25	16		1	0	0
门诊部、所	1041	1104	1102	1054	1095	1254	2106	2421	2840
社区卫生服务中心	476	523	533	582	604	637	680	736	764
专科防治所、站	128	125	134	135	139	150	137	143	142
急救中心站	7	7	7	7	9	9	9	12	11
卫生疾病预防控制中心	439	432	437	465	447	450	448	446	494
卫生监督所									
妇幼保健所、站	669	681	699	765	826	938	943	987	1039
药品检验所、站									
其他卫生事业机构	15	14	16	273	83				
医学科研机构	23	71	54	45	39	28	25	25	20
高等医药院校									
医学在职培训机构									
诊　所	2389	2049	1958	2179	2185	1906	2106	2305	2655
其　他	888	889	1352	915	1049	1074	643	1430	1545

15-8 各类医院数

单位:个

项目	1995年	2000年	2005年	2006年	2007年	2008年	2009年	2010年	2011年
医院	**60**	**71**	**84**	**78**	**77**	**73**	**82**	**82**	**85**
综合医院	15	16	46	43	44	38	41	43	43
中医医院	10	10	14	12	12	12	13	12	14
中西医结合医院	4	5	1	1	1	1	1	1	1
传染病院	1	1	1	1	1	1	1	1	1
精神病院	2	2	2	3	3	4	4	4	4
结核病院	1	1	1	1	1	1	1	1	1
口腔医院	1	1	1	1	1	1	1	1	1
眼科医院			2	2	2	2	1	1	1
儿童医院	1	1	1	1	1	1	1	1	1
骨科医院			1	1	1	1	1		
美容医院	1	1	2	2	2	2	2	2	2
肿瘤医院	1	1	2	1	1	1	1	1	1
其他专科医院	1	1	5	5	7	8	14	14	15
其他医院	6	6	5	4					
卫生院	**152**	**171**	**156**	**147**	**144**	**134**	**134**	**120**	**119**

15-8 续表

单位:个

项　目	2012 年	2013 年	2014 年	2015 年	2016 年	2017 年	2018 年	2019 年	2020 年
医　院	**103**	**107**	**107**	**109**	**107**	**109**	**120**	**132**	**139**
综合医院	55	57	57	58	57	55	63	65	67
中医医院	15	16	16	16	16	16	16	16	17
中西医结合医院	1	1	1	2	2	2	3	3	2
传染病院	1	1	1	1	1	1	1	1	1
精神病院	6	6	6	5	5	5	7	8	10
结核病院	1	1	1	1	1	1	1	1	1
口腔医院	1	1	1	2	2	4	5	6	6
眼科医院	2	3	3	3	3	2	4	6	8
儿童医院	1	1	1	1	1	1	1	1	2
骨科医院	1	1	1	1	1	2	3	3	4
美容医院	2	3	3	3	3	4	3	4	4
肿瘤医院	1	1	1	1	1	4	1	1	1
其他专科医院	16	15	15	15	14	12	12	17	16
其他医院									
卫生院	**123**	**123**	**123**	**123**	**123**	**123**	**123**	**123**	**123**

15-9 各类医院卫生技术人员数

单位:人

项目	1995年	2000年	2005年	2006年	2007年	2008年	2009年	2010年	2011年
医院	**12762**	**13511**	**14522**	**14825**	**15958**	**16828**	**19049**	**20760**	**23088**
综合医院	4501	4913	9591	9785	10723	10871	12583	13880	14577
中医医院	780	814	1754	1722	1843	2161	2309	2498	3282
中西医结合医院	3065	3172	625	806	814	979	982	1153	1236
传染病院	288	221	238	244	245	246	252	272	277
精神病院	620	440	410	426	433	500	522	509	594
结核病院	313	306	291	281	295	303	302	308	332
口腔医院	418	444	110	113	112	123	129	140	151
眼科医院			127	134	166	207	210	212	254
儿童医院	151	137	155	152	154	156	171	193	226
骨科医院			8	17	14	12	19		0
美容医院			44	49	54	62	64	78	82
肿瘤医院	532	667	798	797	825	868	909	900	1242
其他专科医院	576	608	117	125	280	340	597	617	835
其他医院	883	939	254	174					
卫生院	**4424**	**4493**	**3440**	**3105**	**3153**	**3474**	**3706**	**3918**	**4136**

15-9 续表 单位:人

项目	2012年	2013年	2014年	2015年	2016年	2017年	2018年	2019年	2020年
医院	**25159**	**27900**	**29595**	**30879**	**32235**	**34281**	**36324**	**38346**	**40610**
综合医院	15616	17432	18295	19047	20027	21226	22141	23405	24000
中医医院	3749	4330	4615	4839	5002	5134	5485	5638	5845
中西医结合医院	1350	1452	1779	1782	1833	1938	2027	2007	2032
传染病院	407	454	476	487	521	541	555	591	588
精神病院	656	708	696	710	756	813	984	1137	1355
结核病院	337	350	348	346	337	350	531	511	505
口腔医院	149	164	330	364	389	456	566	667	704
眼科医院	230	342	322	337	337	319	482	649	708
儿童医院	263	264	264	274	295	365	390	401	1216
骨科医院	20	21	25	25	30	152	293	132	374
美容医院	65	90	96	112	108	174	140	166	218
肿瘤医院	1395	1467	1525	1650	1671	1636	1628	1717	1820
其他专科医院	922	826	824	906	929	1177	1102	1325	1245
其他医院									
卫生院	**4591**	**4909**	**4794**	**4808**	**5000**	**5139**	**5063**	**5280**	**5626**

15-10 各类医院医生数

单位：人

项目	1995年	2000年	2005年	2006年	2007年	2008年	2009年	2010年	2011年
医院	**4621**	**5226**	**5738**	**5948**	**6158**	**6460**	**7088**	**7494**	**8068**
综合医院	1744	1850	3782	3907	4014	4202	4675	4931	5016
中医医院	273	351	793	775	869	892	949	1013	1203
中西医结合医院	978	1229	279	367	343	348	311	377	475
传染病院	58	61	61	71	78	78	86	93	91
精神病院	110	102	104	108	119	131	137	146	153
结核病院	95	93	91	84	98	111	110	115	134
口腔医院	150	176	67	73	78	84	82	90	112
眼科医院			60	52	70	74	57	59	89
儿童医院	87	49	67	64	67	69	81	84	107
骨科医院			3	6	5	5	6		0
美容医院			19	24	19	28	24	27	29
肿瘤医院	224	214	246	282	291	309	340	337	361
其他专科医院	252	244	69	73	107	129	230	222	298
其他医院	393	420	97	62					
卫生院	**1813**	**2032**	**1591**	**1437**	**1411**	**1454**	**1470**	**1473**	**1434**

15-10 续表 单位:人

项　　目	2012 年	2013 年	2014 年	2015 年	2016 年	2017 年	2018 年	2019 年	2020 年
医　院	**8449**	**9369**	**9772**	**10290**	**10732**	**11708**	**12407**	**13323**	**14112**
综合医院	5133	5674	5857	6224	6564	7167	7423	8027	8409
中医医院	1364	1638	1741	1822	1828	1945	2113	2207	2295
中西医结合医院	442	532	594	581	608	634	654	716	710
传染病院	107	120	147	149	143	179	187	213	210
精神病院	183	183	179	188	190	201	259	272	318
结核病院	132	135	133	127	123	122	164	144	142
口腔医院	115	124	161	172	186	213	255	312	325
眼科医院	86	127	124	131	129	122	172	197	247
儿童医院	89	91	91	95	105	159	170	195	356
骨科医院		7	11	11	12	52	94	95	115
美容医院	33	42	45	46	47	76	62	83	83
肿瘤医院	381	401	410	441	469	471	476	494	485
其他专科医院	384	295	279	303	328	367	378	368	417
其他医院									
卫生院	**1590**	**1590**	**1558**	**1572**	**1617**	**1649**	**1684**	**1760**	**1837**

15-11 各类医院护士数

单位:人

项 目	1995年	2000年	2005年	2006年	2007年	2008年	2009年	2010年	2011年
医 院	**4707**	**5610**	**6201**	**6247**	**6928**	**7288**	**8495**	**9424**	**10673**
综合医院	1852	2164	4175	4139	4741	4774	5782	6500	7011
中医医院	199	243	633	630	661	800	889	978	1258
中西医结合医院	1002	1341	232	308	341	435	475	564	635
传染病院	100	109	127	122	116	116	116	126	131
精神病院	293	279	256	261	257	295	289	297	351
结核病院	170	162	163	144	143	149	149	151	155
口腔医院	159	167	29	29	28	28	28	28	26
眼科医院			33	53	63	65	87	87	101
儿童医院	56	58	62	60	58	57	59	67	79
骨科医院			3	4	4	6	6		
美容医院			21	20	18	25	27	31	31
肿瘤医院	200	313	357	367	391	406	369	371	564
其他专科医院	210	236	35	34	107	132	219	224	331
其他医院	305	321	75	76					
卫生院	**921**	**1083**	**1058**	**939**	**994**	**1106**	**1159**	**1254**	**1387**

15-11 续表

单位:人

项目	2012年	2013年	2014年	2015年	2016年	2017年	2018年	2019年	2020年
医院	**11844**	**13076**	**14034**	**14847**	**15902**	**16837**	**17913**	**18913**	**19818**
综合医院	7603	8456	8950	9430	10236	10634	11206	11840	11955
中医医院	1450	1709	1850	1925	2014	2124	2265	2339	2417
中西医结合医院	697	694	889	925	975	1032	1042	1031	1002
传染病院	217	232	252	254	258	265	266	278	279
精神病院	366	393	397	410	448	502	585	682	848
结核病院	156	159	159	162	160	158	260	253	245
口腔医院	27	27	120	158	164	202	271	313	343
眼科医院	132	190	177	182	174	162	243	297	316
儿童医院	125	126	126	130	140	141	148	142	606
骨科医院	8	11	11	11	12	72	163	169	201
美容医院	28	40	41	51	46	82	70	74	126
肿瘤医院	626	657	657	751	825	840	848	896	879
其他专科医院	409	382	405	458	450	623	546	599	601
其他医院									
卫生院	**1586**	**1685**	**1680**	**1737**	**1864**	**1935**	**1921**	**2025**	**2161**

15-12 各类医院医疗床位数

单位:张

项目	1995年	2000年	2005年	2006年	2007年	2008年	2009年	2010年	2011年
医院	**11713**	**13573**	**14667**	**15005**	**15710**	**17303**	**18579**	**19290**	**20689**
综合医院	4094	4533	9189	9287	10046	10631	11570	11701	12286
中医医院	570	810	1571	1521	1597	1872	2102	2242	2392
中西医结合医院	2239	2658	622	848	753	753	941	1200	1359
传染病院	300	300	300	300	300	450	350	446	516
精神病院	930	880	890	1090	1090	1366	1190	1290	1290
结核病院	500	500	355	355	355	555	597	564	566
口腔医院	300	289	30	30	30	30	30	30	30
眼科医院			70	100	90	99	90	90	90
儿童医院	100	100	100	100	100	200	200	218	245
骨科医院			20	20	20	20	20		0
美容医院			40	40	27	40	27	27	32
肿瘤医院	627	722	1030	1058	1088	1099	1069	1088	1300
其他专科医院	489	435	139	144	214	188	393	394	583
其他医院	1061	1083	311	112					
卫生院	**2884**	**3088**	**2794**	**2709**	**2885**	**3032**	**3167**	**3144**	**3486**

15-12 续表

单位:张

项目	2012年	2013年	2014年	2015年	2016年	2017年	2018年	2019年	2020年
医院	**22592**	**24926**	**25495**	**26932**	**27554**	**28887**	**31510**	**32227**	**34495**
综合医院	13529	14965	15165	16178	16270	16678	17922	18165	18849
中医医院	2592	3140	3215	3451	3466	3568	3983	4237	4526
中西医结合医院	1568	1568	1748	1716	1716	1713	1753	1743	1669
传染病院	516	556	556	584	570	534	549	552	550
精神病院	1490	1576	1608	1705	1875	2210	2930	2859	3780
结核病院	566	566	570	570	570	570	570	570	594
口腔医院	30	30	45	45	45	85	100	110	110
眼科医院	189	279	279	279	279	279	364	479	538
儿童医院	245	261	261	257	308	380	456	509	558
骨科医院	20	20	20	20	20	126	250	250	365
美容医院	32	60	60	60	60	80	60	80	80
肿瘤医院	1149	1300	1400	1400	1400	1536	1581	1668	1668
其他专科医院	666	605	568	667	975	1128	992	1005	1208
其他医院									
卫生院	**4104**	**4220**	**4068**	**4014**	**4083**	**3956**	**3766**	**3848**	**4232**

15-13 县及县以上医院工作基本情况

年　份	诊疗人数（人次）	#门(急)诊	入院人数（人）	出院人数（人）	病死率（%）	病床周转数（次）
1990	5625373	5576648	174436	174079	1.40	19.1
1993	5053064	4733380	132788	131257	0.80	18.6
1994	4675285	4336221	134944	134493	0.70	18.3
1995	4492111	4212624	124230	124017	0.70	17.1
1996	4838732	4508640	115656	115516	1.00	15.0
1997	4921130	4506292	111251	111370	0.57	14.4
1998	4960208	4580265	109636	109460	0.62	14.5
1999	4995665	4639718	116629	116048	0.65	13.0
2000	5542899	5123333	131586	132433	0.64	16.7
2001	5118519	4651382	134047	134328	0.61	17.4
2002	5441286	5051767	141038	140998	0.60	18.2
2003	5842174	5567886	157800	158143	0.47	21.5
2004	10729268	10467794	275582	275558	0.53	21.3
2005	11933688	11581875	294901	300831	0.53	23.6
2006	11863906	11704586	339960	341670	0.48	23.7
2007	13071508	12966732	393348	389684	0.43	26.1
2008	14018644	13845141	425068	454620	0.38	25.2
2009	15711417	15565915	488820	487759	0.32	26.3
2010	17411149	17282069	563722	562486	0.25	28.9
2011	19596512	19501695	637965	635741	0.22	30.8
2012	22297764	22083839	747587	746702	0.16	33.5
2013	23707151	23396453	780387	778388	0.15	32.2
2014	25049655	24792488	807117	805076	0.15	31.6
2015	24316429	24134919	824644	823293	0.13	30.2
2016	24333447	24167877	850444	848621	0.17	30.4
2017	24047991	23905118	903944	901735	0.11	31.7
2018	21607684	21404634	772888	771755	0.14	33.7
2019	25064126	24882656	1014984	1009437	0.18	37.4
2020	20761804	20516903	955080	955495	0.13	29.2

15-14 各类医院工作基本情况

(2020 年)

项　　目	诊疗人数（人次）	#门(急)诊	入院人数（人）	出院人数（人）	病床周转数（次）
医　院	**20761804**	**20516903**	**955080**	**955495**	**29.2**
综合医院	12659572	12440046	578981	580502	32.1
中医医院	4042134	4031641	111584	111909	27.4
中西医结合医院	1047146	1047146	51289	50623	29.9
传染病院	356808	356808	15019	15078	27.4
精神病院	368019	368019	16394	15128	4.6
结核病院	198946	198946	10320	10445	17.6
口腔医院	399861	399861	151	151	2.1
眼科医院	472681	471731	40593	40640	85.8
儿童医院	406832	406832	14214	14308	26.6
骨科医院	36130	35090	6149	6033	22.1
美容医院	76847	76847	8444	8444	104.9
肿瘤医院	280723	280723	80282	80457	48.2
其他专科医院					
其他医院	416105	403213	21660	21777	23.1
卫生院	**5095490**	**4473421**	**61932**	**61561**	**15.4**

15-15　体育设施情况

单位:个

年　份	体育场	体育馆	运动场	足球场	游泳池	有固定看台灯光球场
1995	185		6	1	36	10
2000	365	1	11	1	44	23
2005	403	1	16	1	79	14
2006	416	1	15	1	85	25
2007	418	1	17	1	88	27
2008	418	1	17	2	49	28
2009	418	1	18	2	86	28
2010	418	1	18	2	86	28
2011	418	3	18	2	86	28
2012	418	3	18	2	86	28
2013	419	17	365	58	166	135
2014	49	17	365	58	166	135
2015	50	20	356	70	167	135
2016	50	21	356	81	168	135
2017	50	21	356	85	182	135
2018	44	18	684	594	261	4774
2019	44	20	707	672	347	5214
2020	45	19	702	691	355	4560

备注:1、2014 年的体育场是指标准体育场,不含操场等不规范场地。

2、2018 年以后指标及数据来自全国体育场地统计调查,全市范围,不含平潭,含教育系统。

3、2018 年数据根据统计结果有进行修正。

15-16 县级以上运动会

年　　份	次　数 （次）	参加人数 （万人）
1995	21	8
2000	36	11
2005	22	10
2006	36	25
2007	270	60
2008	315	75
2009	13	9
2010	8	10
2011	5	8
2012	3	6
2013	4	7
2014	12	15
2015	14	18
2016	16	20
2017	18	22
2018	20	22
2019	20	20
2020	13	10

注：表中2010年起数据不含平潭县，下同。

15-17 获国际和全国比赛冠军数

（1990-2020年）

年份	全国冠军世界冠军		全国冠军	
	项数（项）	人数（人次）	项数（项）	人数（人次）
1990	7	14	7	8
1991	1	2	1	2
1992	1	2		
1993	5	6		
1994	3	4		
1995	3	4	4	8
1996	1	1		
1997	1	1	5	7
1998	4	4	6	14
1999	6	8	4	6
2000	6	15	4	15
2001	2	2	2	7
2002	12	12	36	36
2003	5	4	23	23
2004			2	2
2005			8	8
2006	3	1	11	13
2007	3	3	13	12
2008	1	1	10	11
2009			4	8
2010	5	3	19	14
2011	10	5	23	28
2012	10	8	46	23
2013	4	8	10	26
2014			4	4
2015	2	2	41	41
2016	5	6	16	16
2017	7	7	32	32
2018	6	5	15	11
2019	25	25	71	81
2020	0	0	30	28

15-18 律师 公证 调解工作基本情况

项 目	单位	2013年	2014年	2015年	2016年	2017年	2018年	2019年	2020年
一、律师工作									
律师事务所	个	118	130	139	195	216	230	270	293
取得法律职业资格	人	752	789	725	759	1029		1161	1040
#专职律师	人	980	1128	1250	2651	2912	3194	3673	3875
兼职律师	人	63	63	81	203	200	199	202	204
当年办理诉讼代理总数	件	12084	13061	15221	30314	45941	44747	60253	67184
#经济诉讼代理	件								
民事诉讼代理	件	8298	9439	11326	24525	37454	36519	48004	55201
刑事诉讼辩护及代理	件	3360	3138	3396	4356	6074	5797	9070	8630
行政诉讼代理	件	426	484	499	1433	2413	2431	3179	3353
聘请常年法律顾问单位	个	1372	1403	1765		4495	5838	6347	6708
非诉讼法律事务	件	1814	3461	3903	4213	5464	8490	15819	14876
代写法律事务文书	件	34172	32186	35081	3438	47889	21374	18558	17549
二、公证工作									
公证处	个	14	14	14	14	14	16	16	16
公证人员	人	240	245	257	248	272	325	341	334
#公证员	人	88	89	94	95	101	102	100	103
办理公证书	件	215468	216430	224785	245607	238795	235423	230089	104614
国内公证	件	55582	54261	55813	67894	79286	83526	68223	45812
涉港澳台公证	件	12169	12577	11995	11976	10730	10099	10532	3993
涉外公证	件	147717	149592	156977	165737	148779	141798	151334	54809
三、调解工作									
专职司法助理员	人	358	372	405	392	387	399	391	402
人民调解委员会	个	2947	4787	3068	3068	3129	3155	3149	2965
调解人员	人	15511	12529	13062	13071	13571	13646	11514	8325
调解民事纠纷	件	17157	15272	14958	15088	14762	15038	14805	21620

15-19 国内公证文书办理情况

单位:件

项目	2013年	2014年	2015年	2016年	2017年	2018年	2019年	2020年
合计	**55582**	**54261**	**55813**	**67894**	**79286**	**130379**	**134057**	**44523**
合同(协议)	2528	2118	2687	1749	1164	275	875	660
继承	7807	7844	6959	5184	5264	8818	9720	7314
单方法律行为	23774	10973	5960	13383	9133			17791
现场监督	67	28	75	42	39	108	237	171
保全证据	469	400	293	221	268	2079	2538	2643
公司章程	1	2	24	3	14	5	3	1
组织资格	3	123	11	7				42
财产权	25							58
身份		1	8	5	7			62
收养关系	10	9	36		10			1
婚姻状况	17	48	76	59	61			35
亲属关系	580	526	758	652	741			590
有无违法犯罪记录	2	8	51	16	27	24454	20250	7
其他有法律意义事实	1507	2477	596	280	2710			45
证书(执照)	134	161	121	173	3890	11694	24344	466
签名(印鉴)	3597	14781	20257	29748	11694	10609	8386	527
文本相符	7514	8309	11415	11524	36327	53952	66478	7248
赋予执行效力	390	82	31	28	3	220	74	181
执行证书				1		0	14	5
抵押登记	1					0	0	0
提存	1				1	0	7	11
保管						0	0	14
其他	7155	6371	6455	4819	7933	18165	1131	6649

15-20 工业企业污染治理情况

项目	单位	2018年	2019年
工业污染排放和处理利用情况			
废水排放总量	万吨	51881.98	57181.84
工业源废水排放量	万吨	4709.55	6254.67
工业废水处理量	万吨	12000.44	16944.27
工业废气排放量	亿立方米	3957.99	4361.67
一般工业固体废物产生量	万吨	695.27	751.19
一般工业固体废物综合利用量	万吨	678.87	721.65
一般工业固体废物处置量	万吨	19.17	31.24
危险废物产生量	万吨	14.86	
危险废物综合利用量	万吨	7.84	
危险废物处置量	万吨	8.61	
工业企业污染防治投资情况			
工业污染源项目治理本年施工总数	个	22	
工业污染源治理项目本年竣工总数	个	17	
工业污染源治理项目本年完成投资	万元	7902.62	
其中:工业废水治理项目	万元	132.21	
工业废气治理项目	万元	7449.92	
工业固体废物治理项目	万元	220	
噪声治理项目	万元	0	

注:以上工业污染源治理投资指调查年度内正式施工的、且没有纳入“三同时”项目管理的工业污染源治理项目投资。

主要统计指标解释

卫生机构 包括医疗机构、疾病预防控制中心(防疫站)、采供血机构、卫生监督及监测(检验)机构、医学科研和在职培训机构、健康教育所等。医疗机构包括医院、社区卫生服务中心(站)、疗养院、卫生院、门诊部、诊所(卫生所、医务室)妇幼保健院(所、站)、专科疾病防治院(所、站)、急救中心(站)和临床检验中心。

医院 包括综合医院、中医医院、中西结合医院、民族医院、各类专科医院和护理院。

卫生技术人员 指卫生机构中医生、护理人员、药剂人员、检验人员等卫生技术人员。

等级运动员人数 指经考核正式批准授予等级运动员称号的人数。运动员等级分为国际级运动健将、运动健将、一级运动员、二级运动员、三级运动员、少年级运动员。

等级裁判员人数 指经考核正式批准授予等级裁判员称号的人数。裁判员等级分为国际裁判、国家级裁判、一级裁判、二级裁判、三级裁判。

律师 指依法取得律师执业证书,担任法律顾问,民事(刑事、行政)案件代理人、刑事案件辩护人,办理非诉讼业务,解答法律询问,代写法律事务文书等,为社会提供法律服务的人员。

公证人员 指在公证处工作的人员总称,包括公证处主任、副主任、公证员、公证员助理(助理公证员)和其他从事辅助性工作的人员。

公证文书 指公证处根据当事人申请,依照事实和法律,按照法定程序制作的,具有法律效力的司法证明文书。根据公证书用途和使用地,公证书分为国内公证书、国内经济公证书、涉外民事公证书和涉外经济公证书四类。

调解员 指在人民调解委员会担负调解民间纠纷的工作人员,包括调解委员会的委员和调解小组的调解员。

调解民间纠纷 指调解委员会依照法律规定,根据自愿原则,用说服教育的方法调解民间发生的有关民事权利和义务的争执,促成当事双方达到协议和谅解,解决纠纷。包括婚姻家庭纠纷,财产权益纠纷等,不包括法院受理调解的民事案件数。

16 城市比较

16-1 全省及九个设区市主要经济指标

（2020 年）

指标	单位	全省		福州市		厦门市		莆田市	
		绝对数	比上年增长(%)	绝对数	比上年增长(%)	绝对数	比上年增长(%)	绝对数	比上年增长(%)
年末常住总人口	万人	4161.0	0.6	832.0	1.0	518.0	1.2	321.0	0.9
城镇化率	%	68.8	0.9	72.5	0.7	89.4	0.2	62.7	1.0
地区生产总值	亿元	43903.89	3.3	10020.02	5.1	6384.02	5.7	2643.97	3.3
第一产业	亿元	2732.32	3.1	560.70	4.0	28.89	2.5	125.66	1.4
第二产业	亿元	20328.80	2.5	3840.77	6.2	2519.83	6.1	1362.33	1.5
第三产业	亿元	20842.78	4.1	5618.55	4.4	3835.29	5.5	1155.98	5.8
农林牧渔业总产值	亿元	4901.07	3.3	1000.82	4.1	61.03	2.3	237.41	1.7
固定资产投资	亿元	-	-0.4	-	9.6	-	8.8	-	-2.3
一般公共预算总收入	亿元	5158.35	0.2	1108.36	1.2	1351.24	1.7	231.27	2.2
一般公共预算收入	亿元	3078.96	0.9	675.61	1.1	783.94	2.0	147.10	2.8
社会消费品零售总额	亿元	18626.45	-1.4	4225.6	0.6	2293.87	1.6	1612.26	-0.8
实际利用外资(验资口径)	亿元	347.91	10.3	70.07	7.3	166.05	23.8	9.62	6.8
出口总额	亿元	8474.4	2.3	1786.5	-1.1	3572.9	1.2	228.6	-0.8
城镇居民人均可支配收入	元	47160	3.4	49300	2.9	61331	3.9	41007	2.4
农村居民人均可支配收入	元	20880	6.7	22669	6.3	26612	7.3	20823	5.8
城镇非私营单位在岗职工平均工资	元	91072	7.9	96478	8.5	108554	11.0	75316	7.3

注：地区生产总值为快报数，下同。

16-1 续表1 (2020年)

指标	单位	三明市		泉州市		漳州市	
		绝对数	比上年增长(%)	绝对数	比上年增长(%)	绝对数	比上年增长(%)
年末常住总人口	万人	249.0	-0.4	879.0	0.3	506.0	0.0
城镇化率	%	63.2	1.3	68.5	0.5	61.4	0.7
地区生产总值	亿元	2702.2	4.1	10158.7	2.9	4545.6	-3.9
第一产业	亿元	314.6	3.9	226.6	1.8	498.7	3.1
第二产业	亿元	1401.9	4.2	5808.1	2.8	2056.8	-9.1
第三产业	亿元	985.7	4.1	4123.9	3.2	1990.1	1.1
农林牧渔业总产值	亿元	534.45	4.0	411.42	1.8	919.75	3.3
固定资产投资	亿元	-	7.1	-	-2.4	-	-27.8
一般公共预算总收入	亿元	170.15	1.0	813.32	-3.1	350.65	-1.6
一般公共预算收入	亿元	111.16	3.2	454.04	-0.8	218.56	-0.4
社会消费品零售总额	亿元	781.71	-0.3	5228.87	-2.3	1697.15	-5.0
实际利用外资(验资口径)	亿元	1.41	7.3	46.39	5.1	41.14	8.0
出口总额	亿元	106.6	-39.7	1503.6	3.4	538.2	14.6
城镇居民人均可支配收入	元	39259	3.5	50968	2.8	40008	2.7
农村居民人均可支配收入	元	19533	6.7	23459	6.0	21103	6.1
城镇非私营单位在岗职工平均工资	元	90508	4.6	76330	5.5	89060	6.8

16-1 续表 2 （2020 年）

指　标	单位	南平市		龙岩市		宁德市	
		绝对数	比上年增长(%)	绝对数	比上年增长(%)	绝对数	比上年增长(%)
年末常住总人口	万人	268.0	0.0	273.0	0.7	315.0	1.0
城镇化率	%	59.7	1.1	62.9	2.3	61.0	1.5
地区生产总值	亿元	2007.4	0.3	2870.9	5.3	2619.0	6.0
第一产业	亿元	329.8	3.9	319.7	3.3	325.9	3.0
第二产业	亿元	759.4	-3.5	1263.4	5.3	1319.7	6.6
第三产业	亿元	918.2	2.4	1287.8	5.7	973.4	6.3
农林牧渔业总产值	亿元	587.14	4.0	564.92	3.4	584.14	3.1
固定资产投资	亿元	-	0.1	-	2.4	-	0.7
一般公共预算总收入	亿元	146.12	-2.0	329.78	1.5	233.55	5.4
一般公共预算收入	亿元	98.18	2.0	158.61	1.9	137.79	8.7
社会消费品零售总额	亿元	702.37	-3.9	1259.21	-4.1	825.40	-2.7
实际利用外资(验资口径)	亿元	2.48	-54.9	2.73	-16.9	1.48	5.1
出口总额	亿元	115.1	1.0	228.6	27.0	335.2	17.9
城镇居民人均可支配收入	元	36492	3.8	40190	3.5	37121	3.4
农村居民人均可支配收入	元	18557	6.7	20150	6.8	19050	7.0
城镇非私营单位在岗职工平均工资	元	82487	8.2	82970	5.2	92223	11.1

16-2 全国26个省会城市主要经济指标

（2020年）

城市	地区生产总值		第一产业增加值		第二产业增加值	
	绝对数（亿元）	比上年增长（%）	绝对数（亿元）	比上年增长（%）	绝对数（亿元）	比上年增长（%）
福州	10020.02	5.1	560.70	4.0	3840.77	6.2
广州	25019.11	2.7	288.08	9.8	6590.39	3.3
成都	17716.68	4.0	655.17	3.3	5418.50	4.8
南京	14817.95	4.6	296.80	0.9	5214.35	5.6
哈尔滨	5183.80	0.6	615.80	2.1	1144.50	2.3
沈阳	6571.56	0.8	303.58	2.9	2160.41	2.9
长春	6638.03	3.6	533.82	-2.4	2758.12	8.0
济南	10140.90	4.9	361.70	2.2	3530.70	7.0
武汉	15616.06	-4.7	402.18	-3.8	5557.47	-7.3
西安	10020.39	5.2	312.75	3.0	3328.27	7.4
杭州	16106.00	3.9	326.00	-1.1	4821.00	2.3
石家庄	5935.10	3.9	498.60	3.5	1745.50	3.1
太原	4153.25	2.6	32.24	3.7	1504.19	3.0
合肥	10045.72	4.3	332.32	1.2	3579.51	6.4
南昌	5745.51	3.6	235.28	2.2	2676.89	3.8
郑州	12003.04	3.0	156.87	0.9	4759.54	4.5
长沙	12142.52	4.0	423.46	4.0	4739.27	5.0
南宁	4726.34	3.7	534.36	4.7	1084.32	5.3
贵阳	4311.65	5.0	178.31	6.4	1552.59	5.5
昆明	6733.79	2.3	312.35	5.6	2102.93	1.4
兰州	2886.74	2.4	57.43	5.0	933.42	3.7
西宁	1372.98	1.8	57.17	4.3	418.72	6.1
银川	1964.37	3.2	75.72	0.7	832.62	2.8
海口	1791.58	5.3	79.88	3.8	269.56	0.6
乌鲁木齐	3337.32	0.3	27.05	1.4	907.89	8.1
呼和浩特	2800.68	0.2	126.46	1.2	815.73	1.4

16-2 续表 1 （2020 年）

城市	第三产业增加值		社会消费品零售总额		固定资产投资额	出口总额
	绝对数（亿元）	比上年增长（%）	绝对数（亿元）	比上年增长（%）	比上年增长（%）	绝对数（亿元）
福州	5618.55	4.4	4225.61	0.6	9.6	1786.50
广州	18140.64	2.3	9218.66	-3.5	10.0	5427.67
成都	11643.00	3.6	8118.50	-2.3	9.9	4106.85
南京	9306.80	4.1	7203.03	0.9	6.6	3398.92
哈尔滨	3423.50	-0.4	-	-11.3	2.8	136.90
沈阳	4107.57	-0.6	3637.60	-5.4	4.1	274.40
长春	3346.09	0.3	-	-6.5	8.8	135.40
济南	6248.60	3.7	4469.10	1.1	4.0	755.00
武汉	9656.41	-3.1	6149.84	-20.9	-11.8	1421.70
西安	6379.37	4.2	4989.33	-2.9	12.8	1775.98
杭州	10959.00	5.0	5973.00	-3.5	6.8	3693.20
石家庄	3691.00	4.3	2382.70	-3.3	-18.8	785.60
太原	2616.82	2.3	1655.11	-6.4	11.3	724.71
合肥	6133.89	3.0	4513.76	3.1	4.7	1580.76
南昌	2833.35	3.4	2452.74	3.0	8.8	713.11
郑州	7086.63	1.7	5076.30	-4.7	3.6	2948.80
长沙	6979.79	3.3	4469.79	-2.6	6.2	1548.72
南宁	3107.67	2.9	2180.36	-6.3	-2.5	470.82
贵阳	2580.75	4.4	2188.26	6.6	2.7	357.98
昆明	4318.51	2.5	3070.44	-3.6	8.1	534.20
兰州	1895.90	1.5	1641.24	-1.8	3.4	32.70
西宁	897.09	-0.2	573.57	-9.3	-25.9	7.05
银川	1056.03	3.8	770.87	-7.1	1.1	45.27
海口	1442.14	6.4	835.89	1.5	9.9	110.29
乌鲁木齐	2402.38	-2.2	1043.50	-19.8	0.3	288.51
呼和浩特	1858.49	-0.5	1032.93	-4.0	-8.5	72.40

16-2 续表 2 （2020 年）

城 市	一般公共预算收入		城镇居民人均可支配收入		农村居民人均可支配收入	
	绝对数（亿元）	比上年增长（%）	绝对数（元）	比上年增长（%）	绝对数（元）	比上年增长（%）
福 州	675.61	1.1	49300	2.9	22669	6.3
广 州	1721.59	1.4	68304	5.0	31266	8.3
成 都	1520.40	2.5	48593	5.9	26432	8.5
南 京	1637.70	3.7	67553	4.9	29621	7.2
哈 尔 滨	339.60	-8.4	39791	-0.5	19631	7.6
沈 阳	736.08	0.8	47413	1.3	19598	8.1
长 春	440.40	1.5	40001	5.7	16636	7.6
济 南	906.10	3.6	53329	2.7	20432	5.0
武 汉	1230.29	-21.3	50362	-2.6	24057	-2.9
西 安	724.13	3.1	43713	4.5	15749	8.0
杭 州	2093.00	6.5	68666	3.9	38700	6.7
石 家 庄	632.20	11.1	40247	4.4	16947	6.9
太 原	378.44	-2.1	38329	5.4	19655	7.0
合 肥	762.90	2.3	48283	6.3	24282	8.1
南 昌	483.86	1.4	46796	6.0	20921	7.3
郑 州	1259.21	3.0	42887	1.9	24783	5.3
长 沙	1100.09	3.0	57971	5.0	34754	7.5
南 宁	263.61	-2.8	38542	2.3	16130	7.2
贵 阳	398.13	-4.6	40305	5.4	18674	8.1
昆 明	650.47	3.2	48018	3.7	17719	8.3
兰 州	247.13	6.0	40152	5.4	14652	7.7
西 宁	133.51	31.2	36959	6.1	13487	7.2
银 川	157.25	1.6	39416	3.1	16428	7.5
海 口	186.05	0.4	40049	2.8	17405	8.0
乌鲁木齐	392.64	-16.9	42770	0.2	22827	6.4
呼和浩特	217.10	6.9	49789	0.8	20489	8.0

16-3　福州与15个副省级城市主要经济指标

（2020年）

城　市	地区生产总值		固定资产投资额	社会消费品零售总额		出口总额
	绝对数（亿元）	比上年增长（%）	比上年增长（%）	绝对数（亿元）	比上年增长（%）	绝对数（亿元）
福　州	10020.02	5.1	9.6	4225.61	0.6	1786.5
广　州	25019.11	2.7	10.0	9218.66	-3.5	5427.7
成　都	17716.68	4.0	9.9	8118.50	-2.3	4106.9
南　京	14817.95	4.6	6.6	7203.03	0.9	3398.9
哈尔滨	5183.80	0.6	2.8	--	-11.3	136.9
沈　阳	6571.56	0.8	4.1	3637.60	-5.4	274.4
长　春	6638.03	3.6	8.8	--	-6.5	135.4
济　南	10140.90	4.9	4.0	4469.10	1.1	755.0
武　汉	15616.06	-4.7	-11.8	6149.84	-20.9	1421.7
西　安	10020.39	5.2	12.8	4989.33	-2.9	1776.0
杭　州	16106.00	3.9	6.8	5973.00	-3.5	3693.2
大　连	7030.40	0.9	0.1	--	-11.5	1672.6
青　岛	12400.56	3.7	3.2	5203.50	1.5	3876.8
宁　波	12408.70	3.3	5.5	4238.30	-0.7	6407.0
深　圳	27670.24	3.1	8.2	8664.83	-5.2	16972.7
厦　门	6384.02	5.7	8.8	2293.87	1.6	3572.9

16-3 续表 (2020年)

城市	一般公共预算收入		城镇居民人均可支配收入		农村居民人均可支配收入	
	绝对数（亿元）	比上年增长（%）	绝对数（元）	比上年增长（%）	绝对数（元）	比上年增长（%）
福州	675.61	1.1	49300	2.9	22669	6.3
广州	1721.59	1.4	68304	5.0	31266	8.3
成都	1520.40	2.5	48593	5.9	26432	8.5
南京	1637.70	3.7	67553	4.9	29621	7.2
哈尔滨	339.60	-8.4	39791	-0.5	19631	7.6
沈阳	736.08	0.8	47413	1.3	19598	8.1
长春	440.40	1.5	40001	5.7	16636	7.6
济南	906.10	3.6	53329	2.7	20432	5.0
武汉	1230.29	-21.3	50362	-2.6	24057	-2.9
西安	724.13	3.1	43713	4.5	15749	8.0
杭州	2093.00	6.5	68666	3.9	38700	6.7
大连	702.7	1.4	47380	2.0	21558	7.9
青岛	1253.80	1.0	55905	2.6	23656	4.8
宁波	1510.80	2.9	68008	4.8	39132	6.8
深圳	3857.39	2.2	64878	3.8	--	--
厦门	783.94	2.0	61331	3.9	26612	7.3

17 附　录

2020 年福州市国民经济和社会发展统计公报

福州市统计局
国家统计局福州调查队
(2021 年 3 月 25 日)

一、综　　合

初步核算,全年实现地区生产总值 10020.02 亿元,比上年增长 5.1%。其中,第一产业增加值 560.70 亿元,增长 4.0%;第二产业增加值 3840.77 亿元,增长 6.2%;第三产业增加值 5618.55 亿元,增长 4.4%。第一产业增加值占地区生产总值的比重为 5.6%,第二产业增加值比重为 38.3%,第三产业增加值比重为 56.1%。

图1　2016-2020年地区生产总值(GDP)及其增长速度

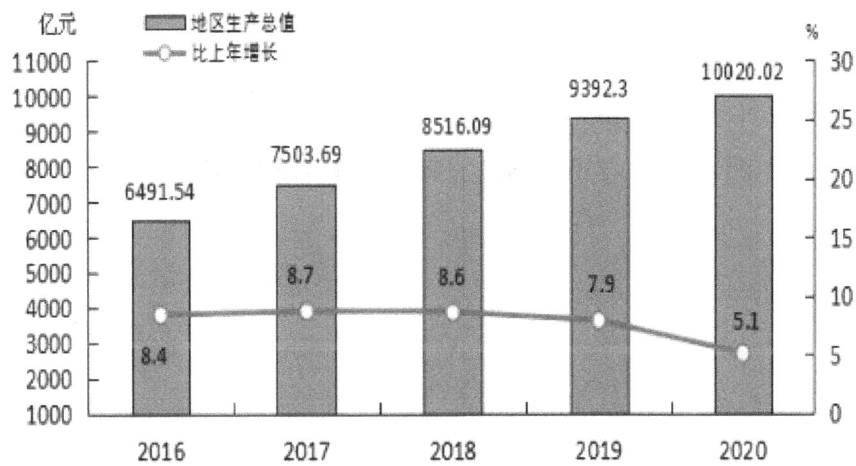

图2　2016-2020年三次产业增加值占地区生产总值比重

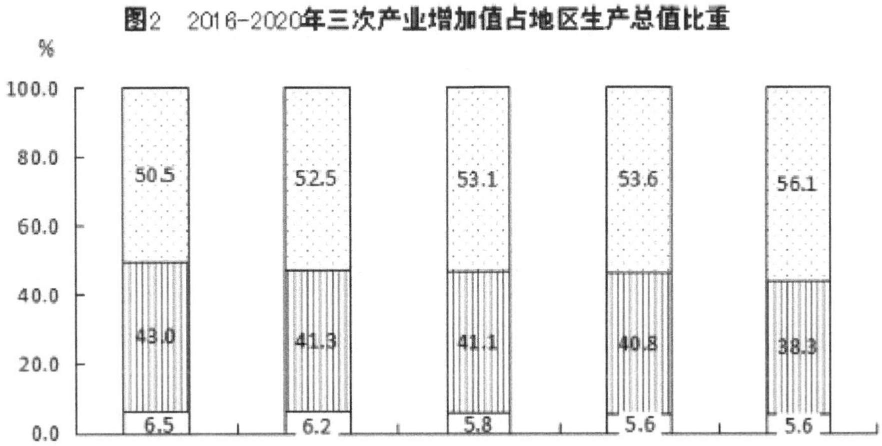

全年限额以上批发和零售企业实现网上商品零售额 264.62 亿元,比上年增长 8.1%。

年末户籍人口数为715.41万人，比上年末增加5.32万人。

全年城镇新增就业14.00万人，就业困难人员实现再就业6275人，失业人员再就业31051人，农业富余劳动力转移就业33499人。年末城镇登记失业率为3.0%，比上年末上升0.84个百分点。

图3　2016-2020年城镇新增就业人数

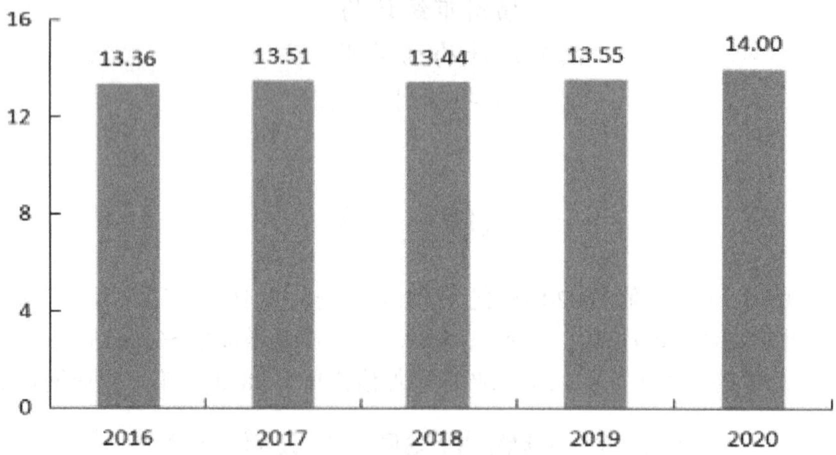

全年市区居民消费价格总水平比上年上涨2.4%，其中食品烟酒类价格上涨6.8%，衣着类下降0.4%，教育文化和娱乐类上涨4.0%，居住类上涨0.6%，医疗保健类同比持平，其他用品和服务类上涨4.4%，生活用品及服务类上涨0.3%，交通和通信类下降3.3%。

图4　2020年市区居民消费价格月度涨跌幅度

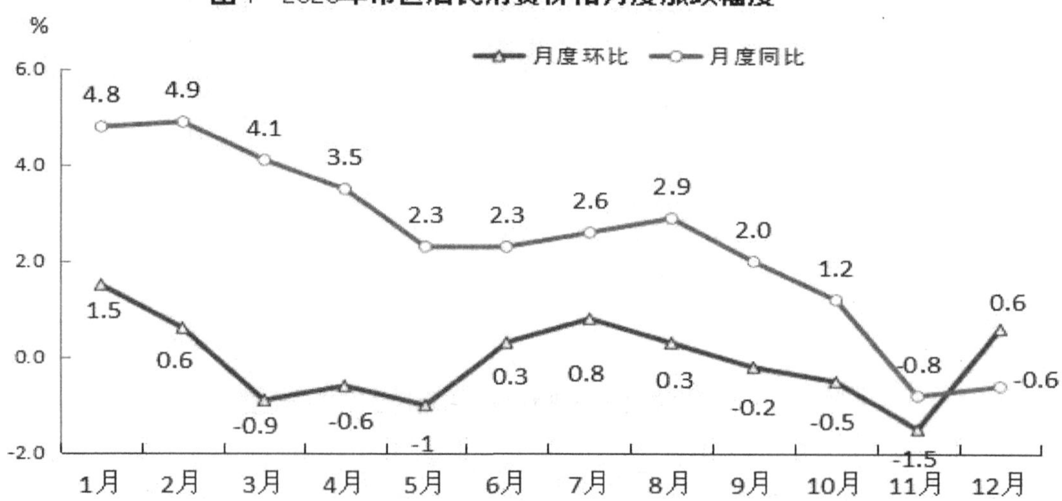

表1　2020年市区居民消费价格比上年涨跌幅度

指　　标	全　市(%)
市区居民消费价格总水平	2.4
食品烟酒	6.8
衣　着	-0.4
居　住	0.6
生活用品及服务	0.3
交通和通信	-3.3
教育文化和娱乐	4.0
医疗保健	0.0
其他用品和服务	4.4

表 2　2020 年福州市新建商品住宅销售价格涨跌幅度（月度同比）

月份	1 月	2 月	3 月	4 月	5 月	6 月	7 月	8 月	9 月	10 月	11 月	12 月
福州	3.5	4.0	4.0	3.8	3.4	3.7	3.6	3.3	3.2	3.1	3.5	4.4

全年全市一般公共预算总收入 1108.36 亿元，比上年增长 1.2%，其中，地方一般公共预算收入 675.61 亿元，比上年增长 1.1%；一般公共预算支出 950.20 亿元，增长 0.05%。全市税收收入 485.56 亿元，下降 1.3%。

图5　2016-2020年一般公共预算总收入及其增长速度

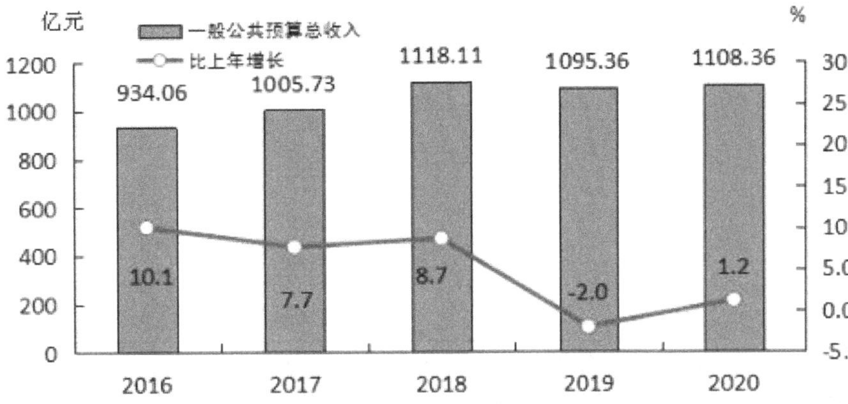

“十三五”期间，全市经济总量实现一年一千亿的跨越式突破，2020 年地区生产总值实现破万亿，年均增长 7.7%，全市经济保持在中高速发展区间。一般公共预算总收入累计达到 5261.62 亿元，地方一般公共预算收入累计达到 3257.14 亿元，一般公共预算支出累计达到 4593.51 亿元，分别是“十二五”时期的 1.54 倍、1.46 倍和 1.76 倍。

二、农　　业

全年农林牧渔业完成总产值 1000.8 亿元，比上年增长 4.1%。粮食种植面积 129.38 万亩，比上年增加 2.93 万亩，其中稻谷面积 58.81 万亩，比上年增加 0.33 万亩；油料种植面积 32.56 万亩，增加 0.89 万亩；蔬菜种植面积 216.53 万亩，比上年增加 6.72 万亩。

全年粮食产量 48.54 万吨，比上年增加 1.66 万吨，增长 3.5%。其中，稻谷产量 23.82 万吨，增加 0.33 万吨，增长 1.4%。

图6　2016-2020年粮食产量及其增长速度

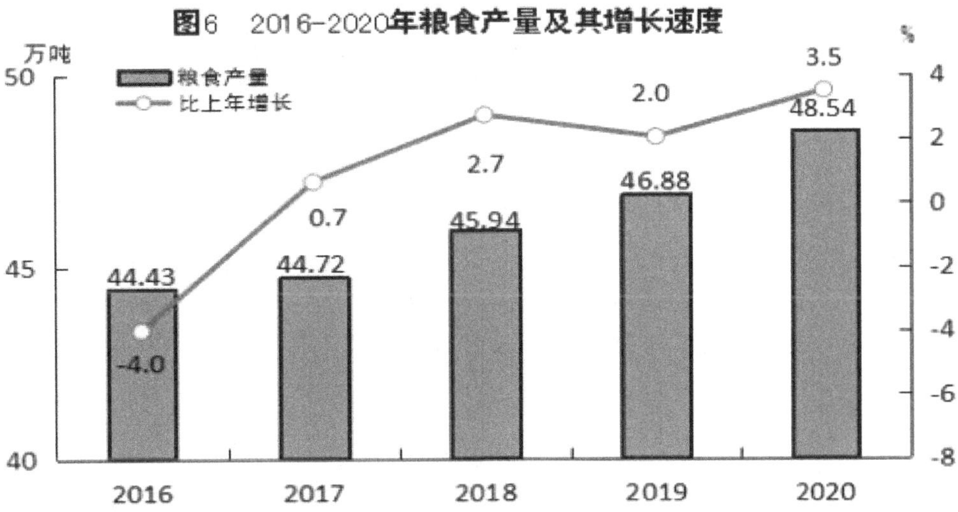

表3　2020年主要农产品产量

产品名称	产量(万吨)	比上年增长(%)
粮　食	48.54	3.5
春　收	5.68	9.7
夏　收	6	2.2
秋　收	36.86	2.9
油　料	5.39	3.4
其中:花　生	5.14	4.1
油菜籽	0.25	-8.9
甘　蔗	3.74	4.7
茶　叶	4.47	5.4
园林水果	89.92	7.4
蔬　菜	428.97	4.5
食用菌	25.73	7.5

全年肉蛋奶总产量29.16万吨,比上年同期增长3.6%。肉类总产量16.98万吨,增长1.6%。其中,猪肉产量12.27万吨,增长2.0%;禽肉产量3.44万吨,下降0.02%;牛肉产量0.34万吨,增长2.0%;羊肉产量0.64万吨,增长4.7%。年末生猪存栏107.72万头,增长51.3%;生猪出栏153.64万头,增长0.4%。牛奶产量0.61万吨,增长0.5%。

全年水产品产量283.75万吨,比上年增长4.5%。其中,淡水产品产量26.30万吨,增长1.6%;海水产品产量257.45万吨,增长4.8%。

农业产业化持续推进,324家农业产业化龙头企业销售收入918亿元,比上年增长2.8%,其中,挂牌院士(专家)工作站企业92家,"国家农产品加工技术研发中心"认定企业7家。全年新增获证无公害农产品15个、绿色食品44个、农产品地理标志登记保护产品2个。

三、工业和建筑业

全年工业增加值2532.16亿元,比上年增长5.1%。规模以上工业增加值增长5.3%。在规模以上工业中,分经济类型看,国有控股企业增长3.2%,大中型企业增长9.5%;国有企业下降13.0%,集体企业增长13.9%,股份制企业增长10.4%,外商及港澳台商投资企业下降6.3%;私营企业增长11.1%。分轻重看,轻工业增长3.1%,重工业增长7.8%。分门类看,采矿业增长15.2%,制造业增长5.5%,电力、热力、燃气及水生产和供应业增长3.4%。工业产品销售率96.5%,较上年回落0.2个百分点。

图7　2020年规模以上工业增加值增长速度
(月度同比)

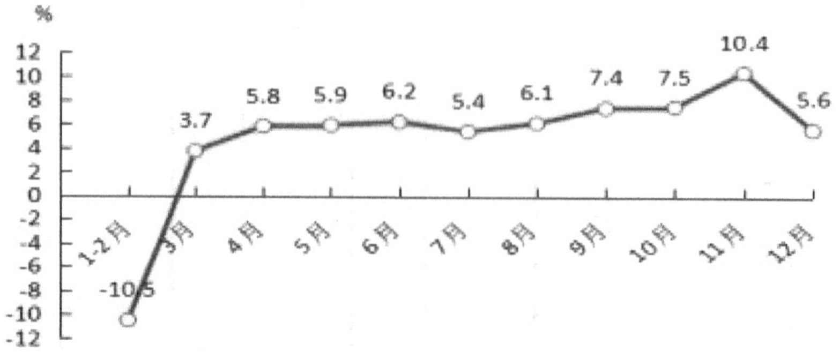

全市规模以上工业的 35 个行业大类中有 9 个增加值增速在两位数。其中,燃气生产和供应业增长 44.5%、有色金属冶炼和压延加工业增长 36.1%、废弃资源综合利用业增长 33.1%、化学纤维制造业增长 26.1%、化学原料和化学制品制造业增长 18.5%、非金属矿采选业增长 15.2%。

规模以上工业中十大主导行业增加值比上年增长 6.2%。其中,化学纤维制造业增长 26.1%、化学原料和化学制品制造业增长 18.5%、黑色金属冶炼和压延加工业增长 14.1%。

六大高耗能行业增加值比上年增长 10.6%,占规模以上工业增加值的比重为 27.9%。工业战略性新兴产业增长 10.2%,占规模以上工业增加值的比重为 29.6%。高技术产业增加值增长 5.2%,占规模以上工业增加值的比重为 11.5%。装备制造业增长 2.9%,占规模以上工业增加值的比重为 21.9%。

表 4　2020 年规模以上工业企业主要工业产品产量

产品名称	单　位	产　量	比上年增长(%)
纱	万吨	391.24	12.1
布	亿米	4.16	-4.4
化学纤维	万吨	580.38	6
彩色电视机	万台	2.37	-51.9
发电量	亿千瓦时	806.93	7.4
其中:火　电	亿千瓦时	393	15.2
水　电	亿千瓦时	57	-28.2
粗　钢	万吨	1142.05	16.8
钢　材	万吨	1432	19.7
水　泥	万吨	624	2.6
纯　碱(碳酸钠)	万吨	25.49	-12.3
烧　碱	万吨	10.09	-25.9
农用氮、磷、钾化学肥料(折纯)	万吨	54.47	3.0
发电设备	万千瓦	26.95	74.3
汽　车	万辆	4.66	-30.6
其中:轿　车	万辆	0.14	-81.7
集成电路	亿块	0.69	25.4

全年规模以上工业企业实现利润总额 480.97 亿元,比上年下降 6.3%。其中,集体企业 1.69 亿元,下降 2.3%;股份制企业 343.46 亿元,增长 6.2%;外商及港澳台商投资企业 135.20 亿元,下降 26.6%;非公有企业 418.14 亿元,下降 5.6%,国有控股企业亏损 34.04 亿元。规模以上工业企业资产负债率 53.4%,每百元营业收入中的成本为 88.27 元,提高 0.37 元,营业收入利润率为 4.83%。

全年建筑业实现增加值 1328.23 亿元,比上年增长 8.8%。全市具有资质等级的总承包和专业承包建筑业企业完成建筑业总产值 5214.71 亿元,增长 10.8%。

四、固定资产投资

全年固定资产投资比上年增长 9.6%。其中,第一产业投资增长 13.3%;第二产业投资增长 10.0%,其中,工业投资增长 9.9%;第三产业投资增长 10.3%。基础设施投资增长 4.3%,占固定资产投资的比重为 25.8%;民间投资增长 18.9%,占固定资产投资的比重为 62.3%。高技术产业投资增长 8.8%,占固定资产投资的比重为 4.9%。从到位资金情况看,全年到位资金比上年增长 11.0%。其中,国家预算资金增长 36.6%,国内贷款下降 20.2%,自筹资金增长 20.2%,其他资金增长 6.4%。

图8 2016-2020年固定资产投资增长速度

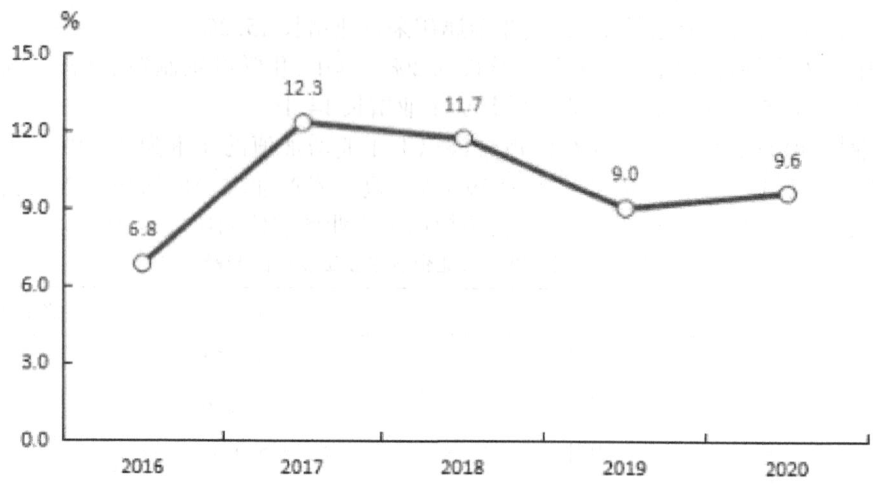

表 5 2020 年分行业固定资产投资情况

行　　业	投资额比上年增长(%)
农林牧渔业	13.8
采矿业	65.8
制造业	7.2
电力、热力、燃气及水生产和供应业	20.4
建筑业	143.7
批发和零售业	62.6
交通运输、仓储和邮政业	-17.9
住宿和餐饮业	131.2
信息传输、软件和信息技术服务业	8.6
金融业	162.4
房地产业	12.3
租赁和商务服务业	-53.3
科学研究和技术服务业	-41.3
水利、环境和公共设施管理业	13.3
居民服务、修理和其他服务业	254.6
教　育	29.5
卫生和社会工作	12.3
文化、体育和娱乐业	31.1
公共管理和社会组织	33.1

全年房地产开发投资 2070.23 亿元,比上年增长 14.2%。其中,住宅投资 1493.95 亿元,增长 15.9%;办公楼投资 87.65 亿元,下降 18.0%;商业营业用房投资 176.30 亿元,增长 43.4%。年末商品房待售面积 353.25 万平方米,比上年末减少 21.79 万平方米。年末商品住宅待售面积 70.96 万平方米,比上年末减少 23.43 万平方米。

全年新开工建设城镇保障性安居工程住房 5405 套(户),基本建成保障性安居工程住房 1771 套。

表 6　2020 年房地产开发和销售主要指标完成情况

指　　标	单　位	绝对数	比上年增长(%)
投资完成额	亿元	2070.23	14.2
商品房屋施工面积	万平方米	8662.6	2.1
其中:住　宅	万平方米	5445.4	-0.2
本年新开工面积	万平方米	1941.02	11.4
商品房屋竣工面积	万平方米	1092.27	180.2
其中:住　宅	万平方米	658.31	166.9
商品房屋销售面积	万平方米	1888.1	10.5
其中:住　宅	万平方米	1519.17	14.2

五、国内贸易

全年社会消费品零售总额 4225.61 亿元,比上年增长 0.6%。在限额以上零售额中,按销售单位所在地统计,城镇消费品零售额 2921.87 亿元,增长 2.2%;乡村消费品零售额 221.36 亿元,下降 4.0%;按消费形态统计,商品零售额 2947.03 亿元,增长 2.3%;餐饮收入 196.20 亿元,下降 5.4%。“十三五”期间,社会消费品零售总额年均增长 7.6%。

图9　2016-2020年社会消费品零售总额及其增长速度

在限额以上企业商品零售额中,通讯器材类零售额比上年增长 5.3%,化妆品类下降 10.5%,粮油食品类增长 8.1%,石油及制品类下降 4.1%,金银珠宝类增长 6.4%,体育、娱乐用品类下降 2.7%,日用品类增长 9.6%,家具类增长 2.9%,汽车类下降 1.8%,服装鞋帽针纺织品类增长 7.8%,家用电器和音响器材类下降 10.8%。

六、对外经济

全年进出口总额 2504.8 亿元,比上年下降 1.0%。其中,出口 1786.5 亿元,下降 1.1%;进口 718.4 亿元,下降 0.8%。进出口顺差 1068.1 亿元。

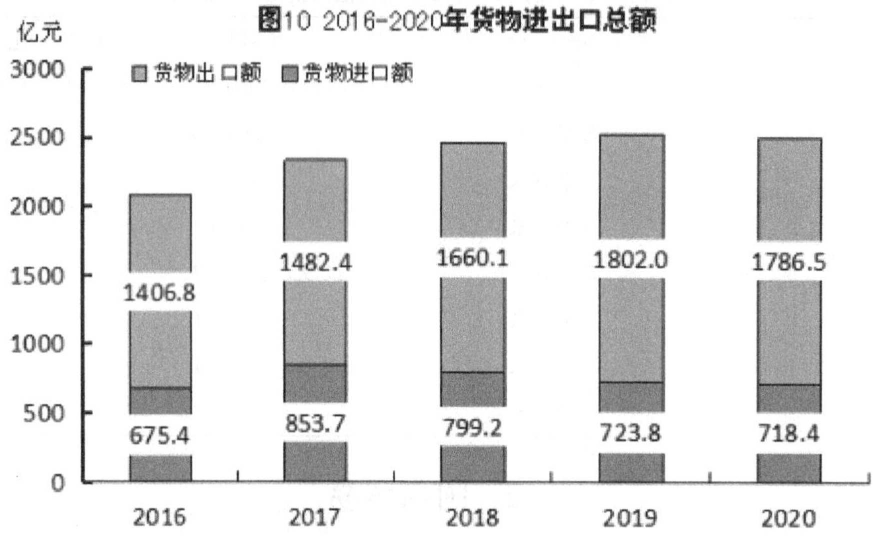

实际利用外商直接投资10.1亿美元,新批合同外资金额26.9亿美元。新批合同外资项目297项,比上年少13项。

表7　2020年分行业外商直接投资情况

行　　业	实际利用外资(万美元)
总　　计	101007
农、林、牧、渔业	811
制造业	10053
电力、热力、燃气及水生产和供应业	215
建筑业	2837
批发和零售业	8965
交通运输、仓储和邮政业	5008
住宿和餐饮业	831
信息传输、软件和信息技术服务业	17072
金融业	5727
房地产业	14117
租赁和商务服务业	30263
科学研究和技术服务业	5096
水利、环境和公共设施管理业	0
居民服务、修理和其他服务业	12
教　育	0
卫生和社会工作	0
文化、体育和娱乐业	0

新批境外投资项目24项,新批境外协议投资总额15.2亿美元,其中,中方协议投资额4.1亿美元。本年新批台资项目133项,增长7.3%。

全年对外承包工程完成营业额11.7亿美元,增长36.4%。对外承包工程期末在外人员1444人,下降15.4%。对外劳务合作完成营业额3.95亿美元,下降3.1%;对外劳务合作期末在外人员28065人,下降20.6%。

七、交通、邮电和旅游

全年交通运输、仓储和邮政业实现增加值331.26亿元，增长5.7%。年末公路里程(不含平潭)11617公里，下降0.36%。其中高速公路总里程756公里，增长12.3%；年末铁路总里程542.33公里(干线476.24公里、支线66.09公里)，其中高速铁路总里程409.64公里，增长19.8%。

表8　2020年各种运输方式完成运输量情况

指　　标	单位	绝对数	比上年增长(%)
公　路			
货物发送量	万吨	16442.95	5.4
旅客发送量	万人次	5155.61	-38.4
水　路			
货物发送量	万吨	10648.4	0.9
旅客发送量	万人次	61.4	-58.7
铁　路			
货物发送量	万吨	674.01	-2.2
旅客发送量	万人次	2017.55	-41.1
民　航			
货邮吞吐量	万吨	12	-8.5
旅客吞吐量	万人次	886.18	-40.0

全年沿海港口完成货物吞吐量19943.63万吨，比上年增长17.05%。其中外贸货物吞吐量5476.61万吨，下降0.17%。集装箱吞吐量337.96万标箱，下降0.84%，其中，对台直航集装箱吞吐量29.35万标箱，下降2.69%。

年末全市汽车拥有量149.87万辆(含三轮汽车和低速货车)，比上年末增长6.3%，其中私人汽车拥有量125.76万辆，增长5.7%。全市轿车拥有量87.58万辆，增长3.6%，其中私人轿车拥有量79.47万辆，增长4.2%。

全年完成邮政业务总量134.42亿元，增长12.83%；电信业务总量861亿元，增长13.84%。邮政业务收入67.67亿元，增长11.14%；电信业务收入110.7亿元，增长3.17%。邮政业全年完成邮政函件业务1170.18万件，快递业务量4.59亿件。年末全市电话用户总数1140.1万户，其中：固定电话用户158.5万户；移动电话用户981.6万户，其中4G电话用户809.2万户，全市年末互联网宽带接入用户(不含手机上网用户)371.49万户，增加1.71万户。

图11　2016-2020年快递业务量

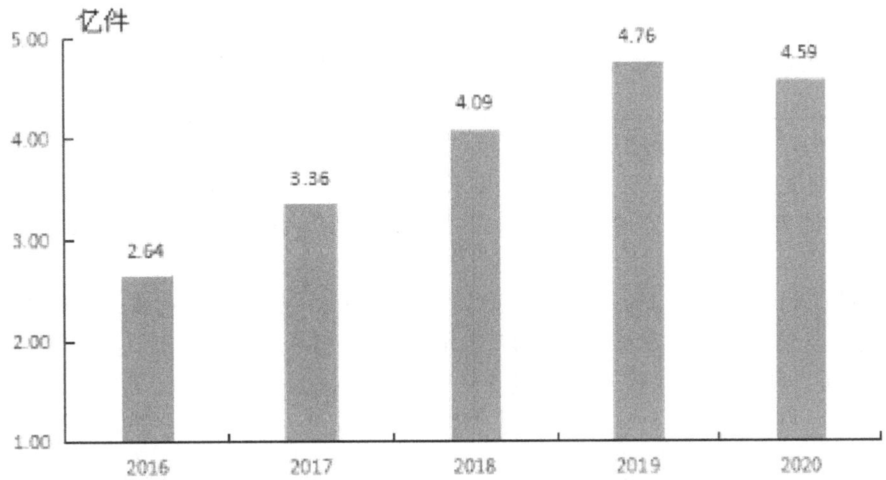

图12 2016-2020年末电话用户数

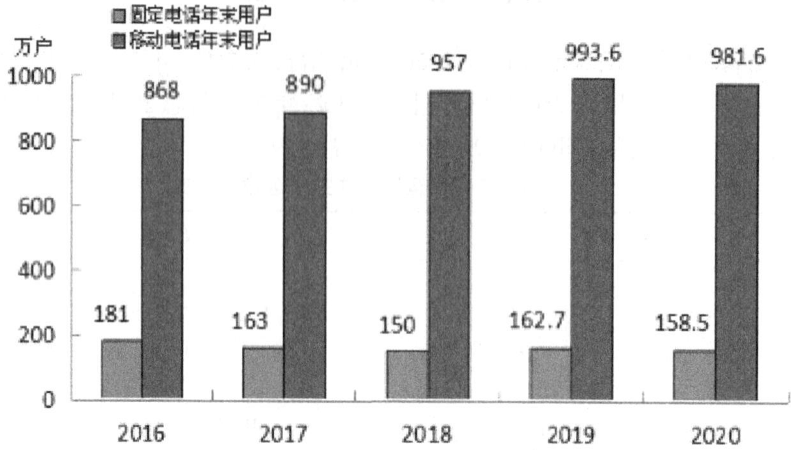

全年接待境内外游客(含一日游)6736.81万人次,比上年下降30.2%。其中,接待境外游客55.63万人次,下降67.9%;国内游客6681.18万人次,下降29.5%。旅游总收入921.89亿元,比上年下降36.4%,旅游外汇收入5.78亿美元,下降73.8%。年末星级酒店39家,星级酒店客房8269间,A级景区57个,全年经福州口岸赴台旅游482人次,下降98.6%。

八、金　融

年末全市金融机构本外币各项存款余额17738.03亿元,比上年末增长12.6%,其中,非金融企业存款5651.98亿元,比上年末增长14.7%,住户存款7074.78亿元,比上年末增长15.0%;金融机构本外币各项贷款余额19651.44亿元,增长12.7%,其中,短期贷款4472.07亿元,增长17.7%,中长期贷款14500.86亿元,增长12.6%。金融机构人民币存款余额17382.98亿元,比上年末增长13.1%,金融机构人民币贷款余额19308.02亿元,比上年末增长12.7%。

表9　2020年全部金融机构本外币存贷款情况

指　　标	年末数(亿元)	比上年末增长(%)
各项存款余额	17738.03	12.6
其中:住户存款	7074.78	15.0
非金融企业存款	5651.98	14.7
其中:人民币存款	17382.98	13.1
各项贷款余额	19651.44	12.7
其中:短期贷款	4472.07	17.7
中长期贷款	14500.86	12.6
其中:人民币贷款	19308.02	12.7

年末境内上市公司47家,比上年增加2家,市价总值9676.69亿元,增长14.9%;全市股票、基金交易额110345.76亿元,全年期货交易额48989.21亿元。年末股民资金开户数461.1万户,新增42.62万户;年末期货公司3家,期货营业部35个;证券公司2家,营业部138个;外资金融机构(不包含保险和证券机构)在福州设立的分行10个。

全年内外资保险公司保费收入369.22亿元,增长7.6%,其中:财产险保费收入101.34亿元;人身险保费收入267.89亿元。支付各类赔款及给付113.47亿元,比上年增长12.2%,其中:财产险赔款59.41亿元;人身险赔款54.06亿元。年末各类保险营业网点597个,外资保险机构在福州设立分公司15个,代表处1个。

九、人民生活和社会保障

全年全市居民人均可支配收入40477元，比上年增长4.5%。按常住地分，农村居民人均可支配收入22669元，比上年增长6.3%；城镇居民人均可支配收入49300元，比上年增长2.9%。全市居民人均生活消费支出27280元，比上年下降0.8%。按常住地分，农村居民人均生活消费支出17713元，与上年持平；城镇居民人均生活消费支出32019元，下降2.0%。

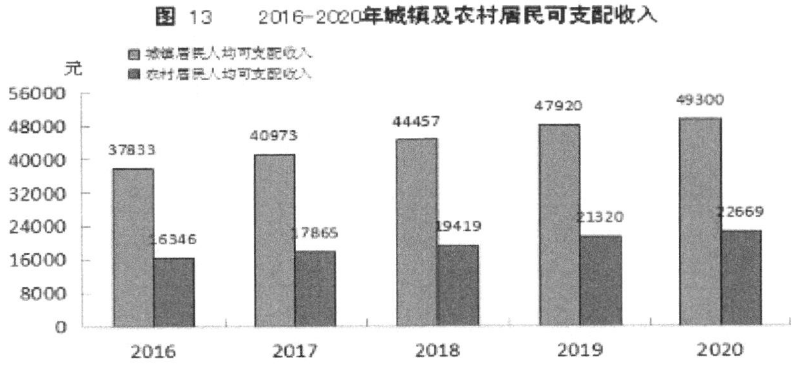

年末社会基本养老保险参保人数443.43万人，比上年增加6.19万人。其中参保城镇企业职工193.23万人，城乡居民养老保险人员229.65万人，被征地农民养老保障人员53.52万人，机关事业单位养老保险人员20.55万人。年末基本医疗保险参保人数682.83万人，其中职工基本医疗保险参保人数209.34万人，城乡居民基本医疗保险参保人数473.49万人。年末生育保险参保人数152.21万人，增加10.83万人。全市失业保险参保人数141万人，增加10.24万人。年末工伤保险参保人数181.4万人，增加3.79万人。

年末全市领取失业保险金人数35853人，比上年增加7480人；全市纳入城市最低生活保障的居民7621人，增加920人；纳入农村最低生活保障的居民49472人，增加5503人；全年保障特困人员供养对象6767人。

年末全市建立社区卫生服务中心（站）192个。各类养老床位数53955张，每千名老人拥有养老床位41.57张。

十、教育和科学技术

全年研究生教育招生13711人，在校研究生35522人。普通高等教育招生111566人，在校生363738人。中等职业教育招生33918人，在校生96992人。全市普通高中招生39417人，在校生110894人。初中招生91588人，在校生256732人。普通小学招生103436人，在校生597211人。特殊教育在校生1873人。学前教育在园幼儿287075人。市级示范园88所，省级达标中学90所。初中毕业升学率98.5%。

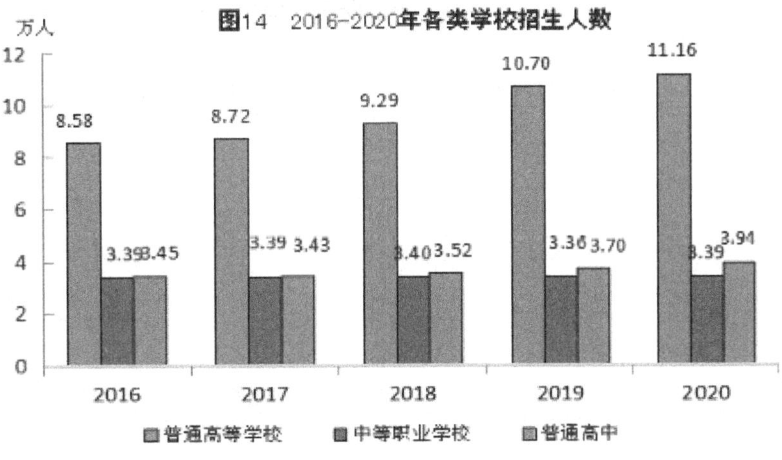

高新技术企业 2052 家。新认定省级企业技术中心 13 家,新认定市级企业技术中心 28 家。全市专利申请受理 36083 件,专利授权 25535 件,分别比上年增长 24.27%和 34.53%。全年共登记技术合同 4449 项,成交额 59.36 亿元。

十一、文化、卫生和体育

年末全市文化系统共有艺术表演团体 9 个,公共图书馆 14 个,文化馆 12 个,群艺馆 1 个,剧场、剧院数 1 个,博物馆、纪念馆 40 个。各类艺术表演团体演出 794 场,公共图书馆藏书量 1219.39 万册,博物馆、纪念馆收藏文物 2.6 万件,图书流动点 968 个,乡镇综合文化站 130 个,农家书屋 2702 个。

年末共有影院 64 个,新增 2 个。广播电台 8 座,广播节目 11 套,电视节目 13 套。年末有线电视用户 144.68 万户,入户率 62.3%。年末行政村有线电视联网率 90.98%,广播综合人口覆盖率、电视综合人口覆盖率均为 100%。

年末全市共有各级各类医疗卫生机构 4662 个,其中医院 139 个,乡镇卫生院 124 个,村卫生所 2123 个。年末卫生机构床位 41102 张。年末卫生技术人员 65608 人,其中,执业医生、执业(助理)医师 25459 人,注册护士 28735 人,乡镇卫生院卫技人员 5626 人,村卫生所卫技人员 868 人。每千人拥有卫生机构床位 5.55 张,每千人拥有医院床位 4.66 张,每千人拥有卫生技术人员 8.87 人,每千人拥有医生 3.44 人。

图15 2016-2020年卫生机构床位数和卫生技术人员数

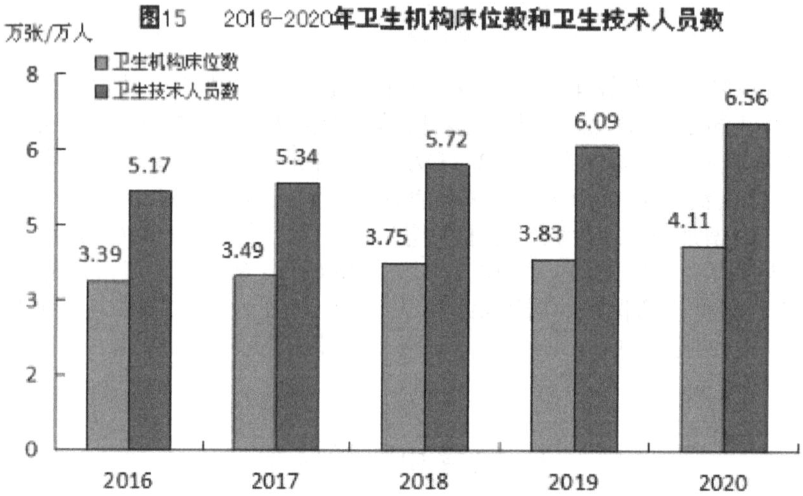

全年我市运动员在全国比赛中获得 11 金 5 银 8 铜。共有体育场馆数 24418 个,总面积 1838.27 万平方米。全年开展新年登高、万人健步行、福州马拉松比赛等大型活动,全市含 12 个县(市)区共举办龙舟、定向越野、羽毛球、气排球、笼式足球等 30 多项 300 多场全民健身活动。

十二、资源、环境和安全生产

初步核算,全市规模以上工业能耗 1790.02 万吨标准煤。全社会用电量增长 2.22%。万元地区生产总值能耗下降 2.11%。

图16 2016-2020年单位GDP能源消耗增长率

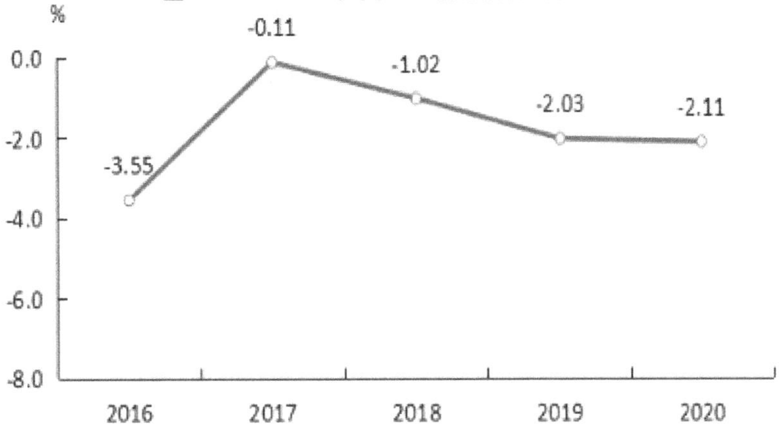

全年人工更新造林总面积 3382.87 公顷，新增 96.87 公顷。全市森林覆盖率 58.36%。商品材产量 29.38 万立方米，同比下降 2.29%。年末公园数 160 座，公园绿地面积 5259.22 公顷。年末建成区新增绿地面积 175.44 公顷，建成区绿地率 42.24%。全市新增公园绿地面积 455.02 公顷，人均公园绿地面积 15.35 平方米。

全市主要河流整体水质为优。闽江(福州段)干流水质功能区达标率、敖江(福州段)干流水质功能区达标率、龙江流域水质功能区达标率、5 个市级饮用水水源地水质达标率、县(市)级以上饮用水水源地水质达标率均为 100%。

区域环境噪声 57 分贝，区域交通噪声 66.8 分贝，城区环境空气达标天数 364 天，城区环境空气达标率 99.5%，空气质量综合指数 2.76。年末省级以上自然保护区 4 个，其中国家级自然保护区 2 个。

全市污水处理率 96.6%，城镇、农村生活垃圾无害化处理率均为 100.0%。

全市共发生各类生产安全事故 137 起、死亡 81 人，按可比口径，分别比上年下降 33.17%、13.83%。

注:1. 本公报未包括连江县的马祖列岛。
2. 本公报所列数据为初步统计数，部分合计数或相对数由于单位取舍不同而产生的计算误差，均不做机械调整。
3. 本公报福州市地区生产总值、各产业增加值按现价计算，增长速度按可比价格计算。
4. 本公报卫生机构数含村卫生室。

资料来源：

本公报中城镇新增就业、登记失业率、社会保障数据来自市人社局；医疗保险、生育保险数据来自市医疗保险管理中心；财政数据来自市财政局；新建公路里程、公路运输、水运数据来自市交通运输局；港口货物吞吐量数据来自福州港口管理局；铁路数据来自福州铁路(轨道)建设办公室；民航数据来自远翔(福州)国际航空港有限公司；户籍人口、民用汽车数据来自市公安局；保障性住房数据来自市住房保障和房产管理局；城市道路长度、城市污水处理来自城乡建设局；公园绿地面积数据来自市园林局；人工造林、森林覆盖率数据来自市林业局；货物进出口、外商直接投资、对外直接投资、对外劳务合作等数据来自市商务局；邮政业务数据来自市邮政管理局；互联网业务收入、电话用户、电信业务总量等数据来自市通信管理局；旅游数据来自市文化和旅游局；货币金融数据来自人行福州中心支行；上市公司数据来自市金融监督管理局；保险业数据来自福建保监局；企业技术中心数据来自市经信委；高新技术企业、创新型试点企业、现代农业科技创新基地、技术合同、专利申请量等数据来自市科技局；教育数据来自市教育局；广播、电视、电影、报纸、期刊、图书、艺术表演团体、博物馆、公共图书馆、文化馆数据来自市文化和旅游局；体育数据来自市体育局；卫生数据来自市卫健委；低保数据来自市民政局；农业产业化龙头企业数据来自市农业农村局；农业标准化示范区数据来自市市场监督管理局；环境监测数据来自市生态环境局；安全生产数据来自市应急管理局；林业数据来自市林业局；其他数据来自福州市统计局和国家统计局福州调查队。

《福州统计年鉴—2021》光盘（CD-ROM）介绍

《福州统计年鉴—2021》（光盘）是一部信息高度密集的统计资料书的电子版。全书系统收录了2020年福州市及所辖各县（市）、区、各部门经济和社会发展等方面的统计数据，以及历史重要年份福州市国民经济主要指标的统计数据。

全书内容分为17个篇目：(一)综合；(二)国民经济核算；(三)人口；(四)就业与职工工资；(五)农林牧渔业；(六)工业与交通；(七)房地产开发投资；(八)建筑业；(九)批发零售、住宿餐饮与旅游业；(十)对外经济；(十一)价格指数；(十二)财政金融；（十三）人民生活；(十四)科技、教育与文化；(十五)卫生、体育与其他；(十六)城市比较；(十七)附录。在城市比较部分，收集了福建省各设区市、全国省会城市及副省级城市主要经济指标对比资料，各篇末均附有《主要统计指标解释》。

系统要求：

中文Windows 2000/XP/Win7；建议使用IE浏览器

使用方法：

1.将《福州统计年鉴—2021》光盘插入光驱，光盘自动运行进入主页，如不能自动启动，请进入光盘所在的驱动器，点击Start.exe，即可启动。

2.光盘启动后，会自动运行FLASH，然后进入主页面，点击“浏览光盘”即可以进入光盘正文。

3.光盘分为两帧，左边目录，右边正文。目录分为两级，点击目录可以进入正文，显示于光盘的右边。

4.正文分WEB页和EXCEL两种格式的文档，点击左边目录上图标可以进行转换。

5.点击主页面的“退出动画”即可退出光盘。